重大工程安全风险管理丛书 | 李启明　主编　　本研究受以下项目资助：
河海大学社科青年文库项目(2018B38714)
国家自然科学基金青年项目(71802071、71801082)
教育部人文社科青年项目(18YJCZH166、18YJCZH148)
国家自然科学基金面上项目(71871116)

乘客行为干扰下地铁车站运行脆弱性分析与仿真研究

万　欣　李启明　袁竞峰　著

东南大学出版社
SOUTHEAST UNIVERSITY PRESS
·南京·

内 容 提 要

随着我国各大城市地铁投入运行使用,频繁发生的运行事故严重影响了人们的安全正点出行和城市的健康运转。通过事故案例分析发现,有相当数量的地铁运行事故是由乘客行为直接或间接导致的,并且几乎全部发生于地铁车站内。因此,本研究基于车站运行易受乘客行为干扰的事实,以乘客行为影响为研究主线,以脆弱性分析为研究视角,从行为与事故关系和车站运行对行为影响敏感性的角度,运用Petri网模型构建乘客异常行为引发事故的致因模型,基于社会心理学模型和工具分析乘客不安全行为的表现、影响及心理机制,基于系统动力学构建地铁车站运行脆弱性仿真模型和实验平台,最终目的是识别并评估地铁车站运行过程中的脆弱情景以及对应的临界阈值,从减少乘客不安全行为和改善车站运行环境两方面提出降低车站运行脆弱性的改进目标和应对措施。

本书适合轨道交通设计、施工、运维等单位的管理人员和技术人员参考,也可供科研机构的专家学者及高等院校相关专业的教师、研究生和高年级本科生阅读,还适合对工程项目安全风险管理感兴趣的广大科技工作者阅读。

图书在版编目(CIP)数据

乘客行为干扰下地铁车站运行脆弱性分析与仿真研究/万欣,李启明,袁竞峰著. —南京:东南大学出版社,2018.12
(重大工程安全风险管理丛书)
ISBN 978-7-5641-8189-5

Ⅰ.①乘… Ⅱ.①万… ②李… ③袁… Ⅲ.①地下铁道车站-安全管理-研究-中国 Ⅳ.①U231

中国版本图书馆 CIP 数据核字(2018)第 291972 号

乘客行为干扰下地铁车站运行脆弱性分析与仿真研究
著　　者　万　欣　李启明　袁竞峰

出版发行	东南大学出版社
社　　址	南京市四牌楼2号　邮编:210096
出 版 人	江建中
责任编辑	丁　丁
编辑邮箱	d.d.00@163.com
网　　址	http://www.seupress.com
电子邮箱	press@seupress.com
经　　销	全国各地新华书店
印　　刷	虎彩印艺股份有限公司
版　　次	2018年12月第1版
印　　次	2018年12月第1次印刷
开　　本	787 mm×1092 mm　1/16
印　　张	10.25
字　　数	249 千
书　　号	ISBN 978-7-5641-8189-5
定　　价	48.00元

本社图书若有印装质量问题,请直接与营销部联系。电话(传真):025-83791830

总　序

　　建筑业是我国国民经济的重要支柱产业和富民安民的基础产业。与其他安全风险较高的行业(例如航空业、石化工业、医疗行业等)相比,建筑工程事故的规模相对较小,但其发生频率相对较高,危险源类型具有多样性。工程安全一直是项目管理人员和相关研究人员关注的重点。虽然建筑工程事故率的不断下降表明工程安全管理水平正在逐步提升,然而频繁发生的工程伤亡事故还是说明工程安全问题尚未从根本上得到解决,与"零事故"(Zero Accident)或者"零伤害"(Zero Harm)的终极目标相去甚远。相关研究结果表明,建筑工程现场的工作人员受伤或者死亡的概率要远远大于其他行业。从事建筑工程的劳动力约占总数的7%,但是其伤亡事故却占了总数的30%～40%。高事故率是全球建筑工程面临的普遍问题,建筑工程人员工作的危险系数相对较高,其生存工作环境相对恶劣。研究发现,如今愿意从事建筑工程生产的年轻人越来越少,重要原因可以归结为建筑行业糟糕的工作环境和相对较高的事故率,使得年轻人对此行业望而却步。目前,建筑行业的老龄化现象愈发严重,作为劳动密集型的建筑行业如果老龄化趋势继续延续,整个建筑产业的萎缩将是必然的。因此,为了能够使建筑业持续稳定发展,改善其工作环境,提高工程安全管理绩效显得十分重要,这样才能吸引年轻人返回这个古老的行业,给建筑行业不断注入新的活力。

　　与传统建筑工程相比,重大工程(Megaproject)往往具有投资额度大、技术复杂度高、利益相关者多、全生命周期长等特征。随着重大工程的建设规模越来越大、建设内容越来越多,技术(前期策划、设计、施工、运行)难度越来越高,影响面也越来越广,既包括了质量、成本、进度、组织、安全、信息、环境、风险、沟通等内容,也涉及政治、经济、社会、历史、文化、军事等多个层面。近三十年,各种类型的重大工程如雨后春笋般,在世界各地持续开展,例如中国的三峡大坝工程、日本的福岛核电站灾害处理项目、阿联酋的马斯达尔城项目、尼加拉瓜的大运河工程、美国的肯珀电站项目等。保守估计,目前全球重大工程市场的年均生产总值大约为6万亿～9万亿美元,约占全球GDP的8%。重大工程的持续发展,不断突破工程极限、技术极限和人类操控极限,增加了其安全管理与安全实施的难度,重大工程的安全问题显得尤为突出。1986年4月乌克兰切尔诺贝利核电厂第四号反应堆发生的大爆炸、2008年11月中国杭州地铁1号线土石方坍塌事故、2011年7月中国甬温线动车追尾事故等一系列重大安全事故,给国家、企业和人民造成了巨大损失,给重大工程发展抹上了无形的阴影。因此,研究如何保证重大工程安全,杜绝重大工程安全事故发生,具有非常重要的理论价值和现实意义。

　　与一般工程相比,重大工程安全管理对安全管理的理论与方法提出了新的挑战,原有的理论与方法已经难以满足环境和系统复杂性带来的新问题对重大工程安全管理新理论与新方法的渴求,对传统的工程安全管理理论和方法进行反思和创新势在必行。本丛书总结了东南大学研究团队多年的研究成果,基于重大工程全生命周期的维度,从计划、设计、施工、运营、维护等方面对重大工程安全管理进行全面的阐释。研究重点从传统的施工阶段拓展到包括设计、运营的全生命周期阶段的安全风险管理;从传统安全风险管理内容深化到安全风险的预测和预警;从一般风险事件聚焦到国际重大工程的政治风险、重大工程的社会风险、PPP项目残值风险等特定风险。本丛书作者来自东南大学、南京航空航天大学、中国矿业大学、河海大学、北京科技大学等单位。作者李启明教授、邓小鹏副教授、吴伟巍副教授、陆莹副教授、周志鹏博士、王志如博士、邓勇亮博士、万欣博士,以及季闯博士、贾若愚博士、宋亮亮博士等长期从事重大工程安全管理的研究工作。由于本丛书涉及重大工程安全管理的多个方面,限于作者们的水平和经验,书中不妥之处在所难免,欢迎读者批评指正。

李启明
2016 年 10 月 9 日

前　言

由于地铁能够有效地利用地下空间,并且具有高效、快捷的特点,现今越来越受到城市规划者和交通使用者的青睐,地铁已经成为(特)大城市的标配,在(特)大城市交通运输体系中发挥着骨干和主导作用。近年来我国地铁城市数量不断增加,城市地铁里程也在不断攀升。截止到 2017 年年底,全国有 34 个城市开通城市轨道交通并投入运营,共计开通城轨交通运营线路 165 条、投入运营使用车站数量 3 100 多座、总运营里程达到 5 033 千米。与此同时,2017 年全国城轨交通项目在建里程达到 6 246 千米,获得可行性研究报告批复的城轨交通项目累计投资额达到了 3.8 万亿元。上述一系列数据表明,我国正处于城市地铁建设和运营的爆发式增长时期,其已成为全球最大的地铁建设市场,建设和投产规模之大、速度之快、范围之广堪称史无前例。

随着各大城市地铁大量投入使用,各类原因导致的地铁运行事故频繁发生,造成地铁运输服务中断、交通瘫痪、人员伤亡等严重后果,给国家、企业和人民带来了巨大损失。因此,研究如何保证城市地铁安全、可靠地运行具有重要的理论价值和现实意义。通过收集和分析地铁运行事故案例发现,乘客不安全甚至不文明乘坐行为导致的运行事故占据相当的数量比例,并呈上升趋势。本书的主要目标就是以脆弱性分析和仿真为切入点,从减少乘客危险行为和改善车站运行管理环境两方面入手,提出降低地铁车站运行脆弱性的改进目标和应对措施。基于脆弱性理论和模糊 Petri 网模型分析乘客异常行为引发地铁运行事故的机理和脆弱情景,运用行为量表工具识别和评估地铁乘客异常行为,并采用计划行为理论分析危险性较高的几种乘客行为产生的心理机制,基于系统动力学构建地铁车站运行脆弱性仿真实验平台。本书主要由以下 6 部分内容组成:

(1) 对地铁运行安全管理、脆弱性理论及评估方法以及地铁乘客行为及行为心理的国内外研究现状进行分析,指出地铁运行安全性、可靠性现有研究的不足:缺少对干扰源的区分以及基于干扰源特征的地铁运行安全管理研究;缺少对非极端状态下地铁运行安全的研究;忽视乘客行为对地铁运行安全影响的重要性。同时,针对现有研究的不足及地铁运行实践中存在的问题,界定了本书的研究目标和研究内容,并设计了本书研究的基本框架结构。

(2) 界定了地铁车站运行脆弱性(Metro Station Operation Vulnerability, MSOV)的内涵及原理。在全面构建地铁系统运行脆弱性理论体系的基础上,明确本书对脆弱性研究的层次和范畴,并全新界定乘客行为影响下 MSOV 的概念和基本原理;通过对乘客异常行为(Passenger Aberrant Behavior, PAB)引发地铁事故案例的分析,明确 PAB 事故的形成机理和影响因素。

(3) 构建 PAB 事故的分析模型,以此识别地铁乘客行为引发运行事故的脆弱情景。根据 PAB 事故的形成机理,识别导致事故发生和发展的主要影响因素,以及因素之间的因果逻辑关系,据此构建 PAB 引发地铁事故的模糊 Petri 网(Fuzzy Petri Net, FPN)模型,并规定 FPN 的推理规则,利用 Matlab 实现模型的计算过程,根据输出的可达标识图识别出以较大可能性导致事故的脆弱情景,并根据脆弱度大小对脆弱情景进行优先排序。

(4) 全面识别与评估乘客异常行为(PAB)。通过文献回顾、访谈和实地观察,首次系统、全面地识别 PAB 的行为表现,并据此设计地铁乘客行为量表(Metro Passenger Behavior Questionnaire,MPBQ),调查 PAB 的发生频率,进而基于频率数据分析 MPBQ 的因子结构;设计地铁员工评估量表(Metro Staff Estimation Questionnaire,MSEQ),根据地铁工作人员的经验,对每项 PAB 的危险水平和可能造成影响的对象进行评估;通过方差分析法(ANOVA)分析不同人群在不同种类行为发生频率上的差异性,并构建 Logistic 模型解释不同种类行为与事故发生之间的关联性。

(5) 剖析两种重要乘客危险行为(Passenger Risky Behavior,PRB)的产生机理。在传统计划行为理念(The Theory of Planned behavior,TPB)中引入了道德规范、过去行为、风险感知、自我认同 4 个额外变量,以此为理论框架,提出 PRB 产生机理的理论假设模型;构建两种 PRB 的典型行为场景,进而设计乘客危险行为心理认知量表(Passenger Risky Behavior Cognition Questionnaire,PRBQ),对两种 PRB 的心理认知变量进行测量;采用独立样本 t 检验法识别可最大程度区分两种 PRB 意向者和非意向者的关键信念,并基于结构方程模型(Structural Equation Model,SEM)对理论假设模型进行验证,以确定两种 PRB 的心理认知结构。

(6) 构建 PRB 随车站运行的演化仿真模型,以识别危险行为水平激增的脆弱情景。首先从系统建模的角度,对基于乘客危险行为演化的地铁车站运行脆弱性(PRB-MSOV)进行系统分析;然后,通过构建 PRB-MSOV 系统的因果关系图,确定系统动力学(System Dynamic,SD)模型中的变量和反馈结构,并对系统所包含的 6 个子模块内部以及子模块之间所有变量的关系进行描述,进而构建 PRB-MSOV 系统总体流图,利用 AnyLogic 软件并结合北京五棵松地铁站的数据进行实例仿真分析;最后,基于 PRB-MSOV 模型建立敏感性分析实验平台,通过多次仿真分析发车间隔时间、客流高峰峰值、屏蔽门形式和现场管理人员数量等车站运行要素对 PRB 影响的敏感性,从而识别车站运行的脆弱情景和对应的阈值。

本书在资料收集和内容撰写过程中得到了众多学术界和实业界有关人士的大力支持与帮助,研究得到相关科研基金项目的资助,包括国家自然科学基金青年项目(71802071、71801082)、教育部人文社科青年项目(18YJCZH166、18YJCZH148)、河海大学社科青年文库项目(2018B38714)、国家自然科学基金面上项目(71871116),特此致谢。限于笔者水平和经验,书中不妥和谬误之处在所难免,欢迎读者不吝指正。

万 欣

2018 年 11 月 1 日

目 录

1 绪论 ··· 1
  1.1 研究背景及意义 ··· 1
  1.2 国内外研究现状及启示 ··· 2
    1.2.1 地铁系统运行安全研究现状 ·· 2
    1.2.2 脆弱性理论及评估方法研究现状 ··· 3
    1.2.3 地铁乘客行为及行为心理研究现状 ·· 5
    1.2.4 现有研究评述 ··· 8
  1.3 研究目标、内容及方法 ··· 9
    1.3.1 课题来源 ··· 9
    1.3.2 研究目标 ··· 9
    1.3.3 研究内容 ··· 9
    1.3.4 研究内容的框架结构 ··· 10
  1.4 本章小结 ·· 12

2 地铁系统运行脆弱性原理分析 ·· 13
  2.1 地铁系统运行脆弱性理论体系构建 ··· 13
    2.1.1 内部自发脆弱性 ·· 14
    2.1.2 外部引发脆弱性 ·· 14
  2.2 基于乘客行为的地铁车站运行脆弱性分析 ·· 15
    2.2.1 脆弱性概念 ··· 15
    2.2.2 脆弱性原理 ··· 16
  2.3 PAB 引发地铁安全事故分析 ·· 17
    2.3.1 PAB 引发事故分类 ·· 17
    2.3.2 基于案例的 PAB 分类与特征分析 ··· 18
    2.3.3 PAB 事故形成机理分析 ··· 19
  2.4 本章小结 ·· 20

3 基于 FPN 的乘客异常行为引发事故脆弱情景识别 ·· 22
  3.1 模糊 Petri 网适用性分析 ··· 22
  3.2 模糊 Petri 网定义与标识方法 ·· 22
    3.2.1 模糊 Petri 网定义 ··· 23
    3.2.2 模糊 Petri 网特点 ··· 24
    3.2.3 Petri 网可达标识图 ··· 24
  3.3 FPN 推理规则及算法 ·· 25

    3.3.1 专家语言处理 ··· 25
    3.3.2 FPN 推理规则及算法规定 ····························· 27
  3.4 PAB 事故的 FPN 模型 ·· 29
    3.4.1 建模范畴 ·· 29
    3.4.2 FPN 模型构建 ·· 29
    3.4.3 FPN 模型解释 ·· 32
  3.5 PAB 事故脆弱情景识别及分析 ··································· 33
    3.5.1 计算机程序设计 ·· 33
    3.5.2 模型计算结果 ··· 34
    3.5.3 脆弱情景识别与分析 ···································· 37
    3.5.4 基于脆弱情景的建议 ···································· 38
  3.6 本章小结 ·· 39

4 基于调研的乘客异常行为识别与危险性评估 ······················· 40
  4.1 调研及分析思路概述 ··· 40
  4.2 PAB 识别及行为因子结构 ·· 41
    4.2.1 行为量表工具 ··· 41
    4.2.2 地铁乘客行为量表(MPBQ) ····························· 41
    4.2.3 抽样对象与过程 ·· 45
    4.2.4 样本基本信息 ··· 45
    4.2.5 MPBQ 因子结构 ·· 46
  4.3 PAB 危险性评估 ·· 49
    4.3.1 地铁车站员工评估量表(MSEQ) ······················· 49
    4.3.2 抽样对象与过程 ·· 49
    4.3.3 样本基本信息 ··· 50
    4.3.4 PAB 危险等级划分 ······································· 50
  4.4 人口统计及乘坐特征对 PAB 的影响 ··························· 53
    4.4.1 确定考察的行为类 ······································· 53
    4.4.2 方差分析(ANOVA) ······································ 53
  4.5 PAB 与地铁事故的关系 ··· 55
  4.6 本章小结 ·· 56

5 基于改进 TPB 的乘客危险行为产生机理分析 ······················ 58
  5.1 PRB 心理认知结构假设 ··· 58
    5.1.1 计划行为理论(TPB)基础 ································ 58
    5.1.2 对 TPB 的改进 ·· 60
    5.1.3 理论假设模型 ··· 60
  5.2 PRB 调研 ··· 61
    5.2.1 典型行为场景构建 ······································· 61

	5.2.2 引出突显信念	62
	5.2.3 乘客危险行为心理认知量表(PRBQ)	63
	5.2.4 抽样对象与过程	63
	5.2.5 样本基本信息与描述性统计	63
5.3	区分PRB的意向者与非意向者	66
	5.3.1 信念识别方法及结果	66
	5.3.2 行为信念差异	66
	5.3.3 规范信念差异	71
	5.3.4 控制信念差异	71
5.4	基于SEM的实证分析	72
	5.4.1 结构方程模型(SEM)概述	72
	5.4.2 基于LR行为的模型修正	73
	5.4.3 基于DR行为的模型修正	77
	5.4.4 模型结论分析	80
5.5	本章小结	81

6 基于PRB演化的地铁车站运行脆弱性SD仿真 …… 82

6.1	系统动力学及基本建模过程	82
	6.1.1 系统动力学概述	82
	6.1.2 基本建模过程	82
	6.1.3 基本建模方法	83
6.2	PRB-MSOV的系统分析	84
	6.2.1 建模目的	84
	6.2.2 系统边界	85
	6.2.3 模型假设	85
	6.2.4 PRB-MSOV系统因果关系图	85
6.3	PRB-MSOV系统动力学模型结构分析及方程式构建	86
	6.3.1 车站危险行为子模块	86
	6.3.2 列车运行子模块	87
	6.3.3 乘客流量子模块	88
	6.3.4 安全设施子模块	90
	6.3.5 工作人员管理子模块	90
	6.3.6 乘客心理认知子模块	92
	6.3.7 PRB-MSOV系统总体流图	94
6.4	实例仿真	94
	6.4.1 模型参数赋值	94
	6.4.2 模型有效性检验	97
	6.4.3 基本模拟分析	98
6.5	车站运行脆弱性分析	100

- 6.5.1 发车间隔时间（interval）分析 ········· 101
- 6.5.2 客流高峰峰值（peak_Max）分析 ········· 102
- 6.5.3 屏蔽门形式（Door_type）分析 ········· 105
- 6.5.4 现场管理人员数量（Superv_no.）分析 ········· 106
- 6.5.5 脆弱情景综合分析 ········· 108
- 6.6 本章小结 ········· 109

7 结论与展望 ········· 110
- 7.1 研究结论 ········· 110
- 7.2 创新点 ········· 112
- 7.3 研究不足及展望 ········· 112

参考文献 ········· 114

附录 ········· 125
- 附录A 典型城市地铁乘客守则及乘车规定 ········· 125
- 附录B 地铁乘客行为量表（MPBQ） ········· 135
- 附录C 地铁车站员工评估量表（MSEQ） ········· 137
- 附录D 突显信念引出的先导调研设计 ········· 140
- 附录E 地铁乘客危险行为心理认知量表（PRBQ） ········· 143
- 附录F PRB-MSOV系统动力学模型涉及AnyLogic函数表 ········· 150

彩图附录 ········· 151

1 绪 论

1.1 研究背景及意义

自 1863 年世界上第一条地铁在英国伦敦开通以来,城市轨道交通已经走过了近一个半世纪的发展历程。由于地铁能够有效地利用地下空间,并且具有高效、快捷的特点,现今越来越受到城市规划者和交通使用者的青睐,在一些(特)大城市的交通运输体系中发挥着骨干和主导作用。截止到 2017 年年底,我国有 34 个地铁城市共有 160 多条线路、3 100 多座车站正在运营使用,通车里程达 5 000 多千米。以上数据表明,我国正处于城市地铁建设和运营的高速发展时期。地铁有效缓解了城市地面交通压力,是一种绿色环保、高效快捷的交通方式。但与此同时,由于地铁在密闭空间内承载短时大客流,其运行容易受小事件的干扰,从而导致运行中断或人员伤亡事故频繁发生[1]。笔者在全国范围内收集了 2008 年 1 月到 2018 年 10 月十年间发生的 349 起地铁运行安全事故,这些事故造成至少 542 人伤亡和 6 000 多分钟地铁运行延误,为地铁运营管理者和使用者敲响了警钟。城市地铁运行的安全性和可靠性牵涉千百万乘客安全正点出行,牵涉整个城市的正常健康运转,因此,研究如何不断提高地铁运行的安全性和可靠性是相关利益主体乃至整个社会的迫切需要。

地铁网络由车站和线路组成,线路的主要功能是为列车运行提供设备和场地支持,车站主要是为旅客乘降、换乘和候车提供场所。地铁车站作为整个地铁系统客流集散的中心,往往需要在狭小的空间内容纳大密度、强流动性的客流,并且地铁列车运行需要严格遵照提前设定的时间表,微小的扰动可能对运行产生很大的影响[2]。因此,与其他交通系统的运行相比,地铁车站运行具有较强的脆弱性。然而,系统的脆弱性需要在一定的危害事件或干扰源的作用下才能显现出来[3-7],即系统是否脆弱以及脆弱性的大小,不仅决定于系统自身的状态,如敏感性、抵抗力、恢复力等,也依赖于作用于系统的干扰源的类型和特点。事故案例的分析结果显示,地铁车站的运行很容易受到乘客行为的影响。在上述 349 个事故案例中,有 204 个(58%)是由乘客行为直接或间接导致的,其他 145 个主要是由设备系统故障或工作人员失误直接或间接导致的。进一步的案例研究发现,在与乘客行为有关的事故中,除个别发生于正在线路上运行的列车车厢内,其他几乎全部发生于车站内。

车站的运行易受乘客行为干扰并不是偶然的,一方面是车站内乘客行为复杂多变,并且直接作用于地铁运行,具有发生频率高和重复性强的特点;另一方面是由于车站运行环境中存在漏洞或薄弱环节,即具有脆弱性。鉴于乘客行为对车站影响的关键性,以及车站系统的复杂性和易受干扰性特点,将脆弱性理论应用于地铁车站运行安全管理的研究是必要且可行的。已有学者将脆弱性的概念或理论引入交通运输领域,但主要集中于交通运输网络拓扑结构脆弱性的分析[8],鲜有将脆弱性理论应用于地铁系统或地铁车站系统的研究成果。从乘客行为影响的角度,找出车站运行中存在的脆弱环节,从减少乘客危险行为和改善车站运行两方面入手,提出降低车站运行脆弱性的改进目标和应对措施,是预防损失事故发生、提高城市地铁系统运行安全性和可靠性的快速有效途径。本研究将为地铁安全管理提供一个有价值的分析维度,为地铁管理者制定相关安全政策提供科学的参考和依据,因此,具有重要的理论价值和现实意义。

1.2 国内外研究现状及启示

1.2.1 地铁系统运行安全研究现状

国外对地铁安全问题的研究还比较少,由于我国地铁的建设发展处于世界领先水平,国内学者对如何提高地铁项目的安全性作了大量的研究和探讨。然而,相关研究的焦点主要集中于地铁施工安全,详细综述参见文献[9],对运行安全的研究相对较少,对后者的研究现状可以归纳为以下3个方面:

1) 建立运行安全评价体系或安全管理模式的相关研究

该方面研究的数量颇多,主要集中于硕士、博士论文[10-13]。这些研究从影响地铁系统运行安全的人、设备、环境和管理因素入手,借助物元法、模糊综合评价法、PDCA循环法、解释结构(ISM)模型等指标设定和分析方法,建立静态或动态的系统运行安全评价体系或安全管理模式。

2) 基于事故分析技术对运行安全的相关研究

事故情景分析方法是基于对事故案例的剖析,分析系统运行中可能导致事故的危险情景,以达到事故预防和诊断的目的。事故情景分析最初起源于交通运输、化工生产等高危险性领域,随后延伸到其他领域安全、风险的研究,目前,在地铁运行安全领域的应用还比较少[14-15]。

对于交通运输领域,Fleury 和 Brenac[16] 提出典型事故情景(Protatypical Scenario)的概念,并阐述了如何将其应用于道路事故诊断;Tsai 等[17] 根据司机年龄、车辆类型和道路类型,建立了8种事故情景,用广义线性模型识别了台湾地区货运事故危险性最大的情景;Shibuya 等[18] 基于事故案例提取影响因素,对司机装卸货物过程建立危险情景,找到4个事故多发区域作为安全改进目标。对于化工领域,Kim 等[19] 将事故情景区分为最坏可能性和最坏可信度情景,开发出基于多因素自动生成化工事故情景的模拟工具,随后,Kim 等[20] 应用该情景技术模拟生成化工生产过程中的潜在危险情景,用多目标优化法识别了成本—风险最优的情景;Arunraj 和 Maiti[21] 综合运用事故树分析(Fault Tree Analysis, FTA)、事件树分析(Event Tree Analysis, ETA)和 ALOHA(Area Location of Hazardous Atmospheres)建立评估框架,计算不同场景下的整体损失,并对损失情景排序。

一些学者对事故情景分析的方法作了改进和比较研究。Hale 等[22] 将事故树分析(FTA)和事件树分析(ETA)融入蝴蝶结模型,建立了事故预防措施的优化模型;Brændeland 等[23] 将模型驱动的威胁图与FTA结合生成事故风险图,并以实例验证了该法对处理系统依赖关系的有效性;Khakzad 等[24] 则对FTA方法和贝叶斯网络(BN)方法进行比较，认为 BN 可适应更多种类的事故情景，是更有效的事故分析工具；Kontogiannis[25]等建立了一套事故分析技术评估标准，以此对 FTA、时间事件绘图法（Sequentially Timed Events Plotting，STEP）和 Petri 网 3 种事故分析技术进行了对比，发现 Petri 网的建模性能最优；基于 Kontogiannis 提出的评估标准，Nivolianitou 等[26]继续对 ETA、FTA 和 Petri 网 3 种方法的事故建模能力进行比较，同样发现 Petri 网的建模性能最优。

然而，目前 Petri 网主要应用于设备系统的故障诊断，在事故分析中的应用还比较少，与脆弱性分析相结合的应用几乎没有。在事故分析的应用中，Centrone 等[27]采用有色 Petri 网，对正常交通流、高密度交通流以及有交通中断情景下危险品运输的风险进行了仿真分析；Cheng 和 Yang[28]基于模糊 Petri 网，建立了异常状态下铁路列车调度的决策支持系统，对调度集中指挥控制系统（CTC）、列车自动保护系统（ATP）和列车头故障情景进行了讨论；Nývlt 等[29]采用随机 Petri 网对复杂事故情景建模，实现了对事故系统动态行为的分析。国内学者何杰等[30]、李珊珊等[31]、牟海波等[32]、杨萌萌等[33]基于 Petri 网对事故形成过程建模，分别对地铁火灾、船舶碰撞、公路交通、煤矿爆炸等事故的关键致因进行了分析。还有学者将 Petri 网应用于计算机网络脆弱性的分析，识别网络系统的薄弱环节，并提出相应的修补措施，如文献[34]至文献[36]等。

3）基于仿真技术对运行安全的相关研究

在地铁运行安全领域，仿真分析被大量应用于地铁火灾等应急状态下，对车站的疏散时间、设施瓶颈，以及乘客的疏散行为等相关问题的模拟分析中。Li 等[37]和 Cai 等[38]基于 FDS+Evac 技术建模，分析了地铁火灾时烟雾的扩散速度对乘客逃生数量的影响。Qu 和 Chow[39]对不同火势下的可用疏散时间进行仿真实验，通过可用疏散时间和需求疏散时间相比的差距，评估地铁的安全风险水平；Jiang 等[40]基于 Building-EXODUS 软件仿真车站的疏散过程，分析了疏散时间与站台、扶梯等设施的最大客流承载力之间的关系；Gao 等[41]采用流体力学的大涡模拟计算方法，对 9 种不同火源位置下，车站穹顶对火灾烟雾控制的影响进行了分析。此类研究还包括文献[15][42][43]等。

1.2.2 脆弱性理论及评估方法研究现状

1）脆弱性理论发展概述

脆弱性（Vulnerability）的研究最早集中于自然科学领域，如生态系统、灾害学、水资源、地下水等领域。自 1968 年 Margat 首次使用"地下水脆弱性"这一术语，到 20 世纪 90 年代脆弱性的研究大量涌现，脆弱性的内涵随之不断延伸，被广泛应用于公共健康、可持续性科学、经济学、工程学等不同研究领域。脆弱性的研究也从最初仅以自然环境系统为对象，从生态环境破坏的角度定义脆弱性[44-46]，延伸到探讨人文系统的脆弱性，从造成人类脆弱性的经济、社会关系、政治文化和权力结构等角度去定义脆弱性[5,47-50]。

我国学者李鹤等[51]将脆弱性的概念归纳总结为 4 类：①脆弱性是暴露于不利影响或遭受损害的可能性，与自然灾害研究中"风险"的概念类似[7,52]；②脆弱性是遭受不利影响损害或威胁的程度，强调系统面对不利扰动的结果，常用于自然灾害和气候变化的研究中[53-54]；③脆弱性是承受不利影响的能力，侧重对脆弱性产生的人文驱动因素进行分析[55-56]；④脆弱性是一个概念集合，包含了"风险""敏感性""适应性""恢复力"等一系列相关概念，即考虑了系统内部状态对脆弱性的影响，也包含系统与外界扰动的相互作用[47,57-59]。

2) 交通领域脆弱性的相关研究

对交通系统的脆弱性研究,最早源于1995年日本阪神大地震,兴盛于美国"9·11"恐怖袭击事件之后。目前,已有研究多集中于对道路交通网络脆弱性的分析。对于交通系统脆弱性的概念及评估方法大致可以分为3种情况。

(1) 认为交通运输网络脆弱性与网络中某些部分失效所产生的后果有关,而不考虑其失效的概率。例如,Berdica[8]最早提出了道路网络脆弱性的定义,认为道路网络的脆弱性是其对能够导致道路网络服务水平极大下降事件的敏感性,这些事件是人为或自然的,是可以或不可以预测的;Garrick等[60]将威胁与脆弱性整合,认为脆弱性是资产或目标对恐怖袭击后果的反应;Husdal等[61]将脆弱性定义为在某些特定情况下网络的不可运转性;随后,Husdal等[62]将道路网络脆弱性视为风险的一部分,将威胁发生的脆弱性与威胁发生的概率相乘得到风险;Taylor和D'Este[63]区分了两种形式的道路网络脆弱性,一种是从出行广义成本增加角度衡量的脆弱性,另一种是从连接失效导致可达性下降角度衡量的脆弱性;D'Este和Taylor[64-65]提出可靠性强调的是连通性和连通的概率,而脆弱性则强调网络的薄弱处和失效的后果;Yang等[66-67]学者认为道路网络的脆弱性分析就是识别相同攻击水平下,网络中损失最大的关键点。

(2) 认为交通运输网络脆弱性与风险的概念紧密相关,脆弱性的量化计算可以参照风险计算的方法,同时考虑网络失效后果和网络失效概率。例如,Bell[68]利用博弈论方法考虑路段失效的概率,分析了道路网络的脆弱性;Sohn[69]用可达性退化与洪水灾害发生概率的乘积表征路网的可达性,以此评估了马里兰高速公路在洪水灾害下的连通性;Apostolakis等[5]以目标的可接近性近似衡量恐怖袭击的成功概率,提出一种识别和评估基础设施对恐怖袭击脆弱性的方法;Jenelius等[4,6,70]认为脆弱性的评估应包含两个部分,分别是发生危险事件的概率和在特定地点发生事件的后果,后者即为暴露;Chen等[71]从可达性的角度,考虑网络失效的后果和概率,分析了降级运行道路网络的脆弱性;Erath[49]等在研究瑞士道路网络脆弱性时,认为脆弱性是某种给定危险发生的概率与结构对该危险的抵抗力,以及危险对运输造成后果的结合。

(3) 对要素系统(即非网络系统)脆弱性的研究,通常是从系统的某个或某些属性来定义和评估脆弱性,认为脆弱性是系统面对不利扰动情况的一种客观状态。目前,国外对要素系统脆弱性的研究还比较少,更未见针对地铁车站系统的相关研究。在关键基础设施领域,Ezell[48]认为脆弱性是系统对某特定威胁的敏感性,并提出一种基于领域专家评估价值函数和权重的脆弱性评估模型(I-VAM);Piwowar等[72]通过总结不同的脆弱性分析方法,提出基础设施系统对于恶意行为影响下脆弱性分析的五大步骤为:①系统分析,②行为者特征与系统状态的作用关系,③脆弱性评估与关键因素识别,④情景建立,⑤安全防护系统更新;Apostolakis[5]等基于决策者和使用者的感知价值,对基础设施不同情景下面对恐怖袭击的敏感性进行排序,从而评估了系统的脆弱性。国内北京交通大学宋守信教授及其团队,对地铁车站运行脆弱性评价[73]、大客流条件下地铁车站脆弱性[74-75]、火灾扰动下地铁车站脆弱性[76]等进行了一系列研究。根据Adger[3]以及Smit和Wandel[7]在全球气候变化研究中对脆弱性的解释,他们将地铁车站脆弱性统一描述为车站对不利扰动的暴露程度、感知程度和适应程度,即从暴露度、敏感度、适应度3个维度上测量地铁车站的脆弱性。

1.2.3 地铁乘客行为及行为心理研究现状

1) 地铁乘客行为测量的相关研究

大多数关于行人(乘客)行为的研究,是通过建立仿真模型,对行人交通行为进行模拟实现的。行人行为仿真研究经历了由宏观、中观向微观的发展历程,由于微观行为仿真能够对行为进行更详细的描述,在过去的 20 年里引起了更多的关注[77-78]。国外学者提出了诸多微观行为仿真模型,为应急行为的分析提供了丰富的理论基础和有力的方法支撑。这些模型可以分为离散和连续两类,离散空间模型如元胞自动机(CA)模型[79]和格子气(LG)模型[80]等,连续空间模型如社会力模型[81]、流体动力学模型[82]、基于代理的模型[83]和行人惯常行为模型[84]等。国内对行人微观行为的仿真研究基本上是对上述基本理论和建模方法的改进和延伸。

目前,国内外从社会学角度研究地铁乘客行为的还比较少。国外对地铁乘客的自杀行为有一定的研究,包括对地铁自杀行为分类、特征、影响因素、致死性和预防方法等定性或定量的分析。这些研究表明,地铁自杀事件中以男性居多[85-87],并且选择地铁作为自杀方式的多为年轻人[85,88];除了个人因素,地铁自杀行为还与时间、地理位置和车站环境有关[86,89-90];车站站务员和司机的工作能力,车站监控、屏蔽门等安全设施是预防地铁自杀行为的关键因素[86,89-92]。除了 Wan 等[1]和万欣等[93]对地铁乘客行为危险性以及行为与事故的关系作了定量分析,国内的其他研究均以定性分析为主。例如,刘艳等[94]首次使用"乘客不安全行为"的概念并对其进行分类,分析了乘客侵入限界、携带禁止性物品、在站内吸烟 3 种行为的特征;张琦等[95]和李逊[96]探讨了地铁车站乘客个体行为和群体行为的特征,以及行为与车站环境的相互影响;郭雩等[97]对地铁乘客疏散行为进行了调查,发现行为关键预测因素包括性别、年龄、受教育程度等。

西方学者对道路使用者(如司机、行人等)的行为表现,以及行为与交通事故的关系作了大量研究。其中,最具影响力的是曼彻斯特(Manchester)研究团队提出的司机行为量表(Driver Behavior Questionnaire,DBQ)工具[98]。异常行为首先可以分为两大类,即非故意行为和故意行为,如图 1-1 所示。前者是在个体认知过程(Cognitive Process)中非故意的失败,根据失败发生的位置可以进一步区分为疏忽、失误和错误;后者是对维持系统安全运转所必需的正式或非正式惯例、规则和规范的偏离。由于不同类型的异常行为有不同的心理起源,也就适用于不同的行为纠正方法。例如,违反行为涉及动机因素,可通过改变行为者的态度、信念等进行纠正;而错误行为是认知失败导致的,需要通过技能或规则训练进行纠正[1]。因此,对异常行为按"违反—错误"模式进行合理分类,可为行为纠正和事故预防提供基本框架指导。Reason 等[98]首次使用 DBQ 的分析结果得出了故意违反、危险错误和愚蠢错误 3 因子结构,验证了 DBQ 工具对区分两类行为的有效性。随后,Parker 等[99]再次确认了 Reason 的 3 因子结构,并证明 DBQ 随时间变化仍有效。对异常行为进行区分的意义还在于允许研究者分析不同行为对事故的贡献大小,如在司机行为导致的交通事故中,违反行为被普遍发现是事故的关键预测变量[99-101]。

继 Reason 的研究之后,各国学者使用 DBQ 对本国司机驾驶行为进行了研究,不断地验证 DBQ 的有效性。研究覆盖英国[99]、澳大利亚[102]、中国[103-104]、希腊[105]、新西兰[101]、芬兰[102]、西班牙[100,106]、荷兰[107]等。近些年,有学者以 DBQ 为基本框架,开发出可用于其他道路使用者行为研究的量表工具,如行人行为量表(PBQ)[108-111]、摩托车手行为量表(MBQ)[112-114]和道路使用者行为量表(RBQ)[115-116]等。由于不同交通主体的行为表现各异,这些研究得到的行为因子结构与驾驶行为的因子结构差异较大。例如,Elliott 和 Baughan[115]将 43 项青少年道路使用者的异常行为区分为不安全过街行为、在马路上危险玩耍行为和有计划的保护行为 3 类;Granié 等[110]对 47 项行人异常行为进行分析,发现 4 因子的解决方案最为合适:一般性违反行为、疏忽行为、攻击性违反行为和积极行为。

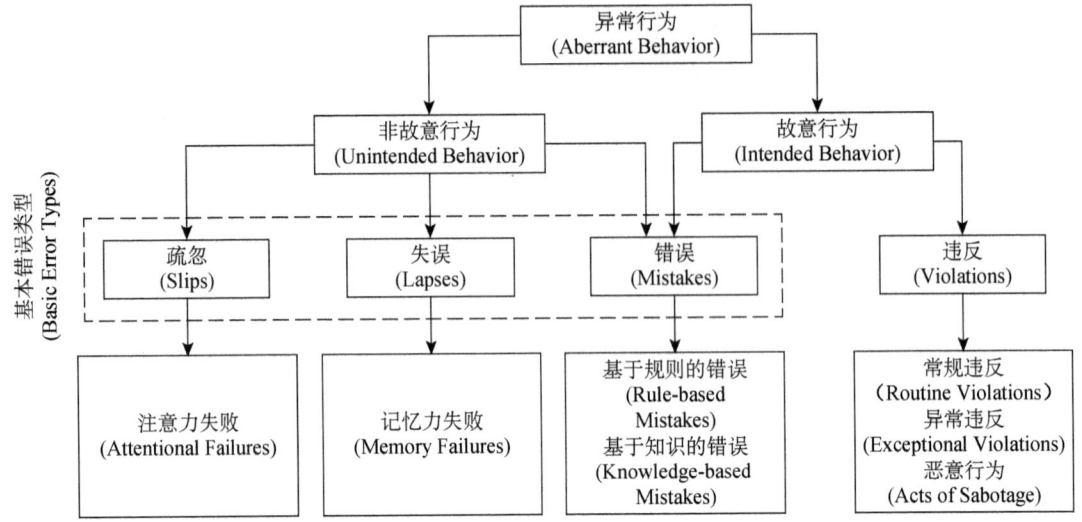

图 1-1　异常行为基本类型

2) 地铁乘客行为心理的相关研究

探究行为产生的内在动机是进行行为预测及实施行为干预的基础和前提。为此,学者们提出各种各样的社会心理学模型,用于预测和解释人的违反行为,其中应用最为广泛的是计划行为理论(Theory of Planned Behavior, TPB)。TPB 由 Ajzen[117]教授于 1985 年在理性行为理论(Theory of Reasoned Action, TRA)基础上提出,不同于后者假设个体行为完全由个人意志控制,前者认为行为不仅依赖于动机因素(意向),也决定于个体的能力(行为控制)。对 TPB 应用于各类社会行为研究成果的荟萃分析(Meta-analysis),一致验证了 TPB 对行为预测和解释的有效性[118-120]。TPB 可采用直接测量法和间接测量法,前者主要用于行为预测;后者也称为信念测量,对于解释行为产生的内在机理有重要意义[121]。在交通安全领域,有些学者采用直接测量法[122-124, 114],而有些学者采用信念测量法[125-127],对司机超速、行人闯红灯等违反行为的意向进行了探讨。

此外,比较有影响力的行为心理模型还有人际关系行为理论(TIB)、健康信念模型(HBM)和保护动机理论(PMT)。对 4 种行为模型所包含测量变量的总结见表 1-1。TIB 非常类似于 TPB,最大的区别是 TIB 包含对"习惯"的测量,认为随着习惯的增加个体的意志控制水平在下降[128],HBM 的测量与 TPB 相比更为广泛,因为前者包含了更多的情绪反应变量。HBM 认为,个体想要避免负面的健康结果是其采取积极行为的根本动机[109],然而,该理论忽略了人们有时会因为其他原因采取积极行为,如为了欣赏风景而缓慢驾驶等。PMT 认为对威胁大小和应对能力的评估决定个体的保护动机,当个体通过威胁评估知觉到威胁存在,并知觉到应对能力充足有效,则保护动机增加,从而导致保护行为发生[129]。总体而言,不同的行为心理模型有相同之处,也存在诸多差异,在使用时根据所研究行为的特点进行选择,但不可忽视任何有重要影响的因素和变量(见表1-1)。

表1-1 不同行为心理模型中测量的变量

测量变量	TPB	TIB	HBM	PMT
态度 (Attitudes)	√	(Perceived Consequences)	(Cost Benefit Analysis & How Serious)	(Extrinsic & Intrinsic Rewards & Response Cost)
情感 (Affect)	(Affective Attitudes)	√		(Vulnerability)
风险感知 (Perceived Risk)			√	(Severity)
威胁感知 (Perceived Threat)			√	
社会因素 (Social Factors)	(Subjective Norms)	√	(Cues to Action)	
知觉行为控制 (Perceived Behavioral Control)	√			
自我效能 (Self-efficacy)	(Perceived Behavioral Control)		√	√
意向 (Intention)	√	√	(Likelihood of Taking Action)	(Protection Motivation)
习惯 (Habit)		√		
便利条件 (Facilitating Conditions)	(Perceived Behavioral Control)	√		
障碍感知 (Perceived Barriers)	(Perceived Behavioral Control)	√		
生理激发 (Physiological Arousal)		√		
人口统计因素 (Demographic Factors)			√	
行为 (Behavior)	√	√		√

注:"√"表示与所列变量名称相同;在()中的变量名称与所列变量名称类似,但不完全相同。
数据来源:根据Delhomme等[121]整理。

1.2.4 现有研究评述

总体而言，国内外对地铁运行阶段安全性、可靠性的研究还比较少，相比之下，对地铁施工阶段安全风险的研究是目前研究的热点。然而，随着地铁大量投入运营使用，地铁运行安全事故时有发生，尤其在中国有相当数量的城市地铁承受着巨大的客流压力，在此背景下，寻求提高地铁运行安全性和可靠性的有效途径已经成为理论研究和实践指导的迫切需要。笔者通过对现有研究成果的回顾，发现存在如下不足：

(1) **从总体上评估地铁运行安全性的研究居多，缺少具体区分研究对象的有针对性的研究**。国外对地铁安全的研究成果较少，而绝大多数国内研究仅笼统建立运行安全的评价体系或管理模式，虽然对地铁安全管理有一定的指导意义，但大而全的分析并不能深入到具体问题中进行有的放矢的研究。地铁系统本身是由多系统、多设备构成的复杂大系统，其运行又受到诸多因素的综合作用和影响，在这些复杂关系中明确界定研究的层次和范畴，是对安全问题进行深入挖掘和探索的前提。

(2) **对应急状态下地铁运行安全仿真的研究居多，几乎没有对正常状态下地铁运行安全的仿真研究**。仿真是模拟实际系统的运行状态对系统行为模式进行分析的一种重要手段。通过对应急状态下地铁系统行为模式的分析，可为应急方案优化、地铁设计优化等提供科学依据。然而，应急是地铁运行的极端状态，在绝大多数情况下地铁处于常态运行状态，识别常态运行中的安全隐患对预防安全事故、提高地铁日常安全管理水平同样具有重要性和实用性。

(3) **脆弱性理论多被用于分析网络拓扑结构的薄弱环节，较少有针对要素系统脆弱性的研究**。在工程系统领域，脆弱性分析的对象往往是具有脆弱特点的网络，如交通运输网络、关键基础设施网络等，这些分析通常利用网络特性指标来评估网络拓扑结构的脆弱性，如可达性、连通性、可服务性等。地铁车站系统是具有潜在危险性的要素系统，其运行容易受到小事件的干扰，对于此类系统从脆弱性角度分析系统中的漏洞或薄弱环节，寻求提高系统安全性、可靠性的方法，是必要而且可行的。

(4) **现有脆弱性研究缺少对干扰源或危害事件本身，以及它们与系统之间作用关系的考量**。脆弱性通常被认为是系统固有的属性，以至于脆弱性分析中通常不区分具体的干扰源，即不关注是什么导致了系统受损，只关注不同位置受损时系统损失大小的差异。然而，不同的干扰源作用于系统，系统会作出不同的反应，脆弱性自然也不同。本研究认为脆弱性存在于系统本身，但哪些脆弱环节得以显现是相对于干扰源而言的，例如，乘客行为引发列车运行中断与设备故障引发列车运行中断，两个过程涉及的系统脆弱环节显然是不同的。因此，深入理解系统干扰源的特点，基于具体的干扰源分析系统现状中存在的问题，是对系统脆弱性的合理有效分析。

(5) **乘客行为作为干扰地铁车站运行的重要因素未引起足够重视，并且现有对地铁乘客行为的研究多数是从交通工程的角度，缺少从社会学角度的分析**。国内有少量研究尝试基于大客流影响分析地铁车站的脆弱性，然而这些研究从本质上还是对地铁车站系统状态的孤立分析，在评估方法中并未体现对大客流影响的考虑。乘客行为是地铁车站运行的重要干扰源之一，明确乘客行为的产生机理及其与事故的关系对脆弱性分析至关重要。现有对行人(乘客)微观行为的研究主要关注行为的交通属性，如路径选择、跟随行为、期望速度等，较少有研究从社会属性的角度分析乘客行为的特征、影响及产生机理等。在道路安全领域,有大量关于此方面的研究成果,可为本研究提供有益参考。

1.3 研究目标、内容及方法

1.3.1 课题来源

本研究选题来源于河海大学社科青年文库项目"乘客行为干扰下地铁车站脆弱性分析与仿真研究"(2018B38714);国家自然科学基金青年项目"城市高密度区关键基础设施项目社会风险动态演化规律与网络化治理模式研究"(71802071)、"城市地铁系统韧性塑造、仿真与提升策略研究"(71801082);教育部人文社科青年项目"城市高密度区关键基础设施项目社会风险演化机制与网络化治理对策研究"(18YJCZH166)、"城市地铁系统韧性塑造机制与提升策略研究"(18YJCZH148);国家自然科学基金面上项目"本体驱动下的建设工程安全事故网络模型构建、解析与应用研究"(71871116)。

1.3.2 研究目标

确保城市地铁提供安全、可靠的运输服务,避免运行安全事故发生,是相关利益主体乃至整个社会的共同诉求。在地铁系统中,车站作为乘客乘降、换乘的集散中心,居于重要地位,而事故案例分析结果表明,在众多干扰车站运行的因素中,乘客行为是重要干扰源之一。因此,本研究致力于解决以下几个关键问题:

(1) **如何界定乘客行为作用下地铁车站运行脆弱性的原理?** 界定在乘客行为作用下地铁车站运行脆弱性的概念,阐述脆弱性产生的原理,为本研究的脆弱性分析和评估提供基本理论支撑。

(2) **如何识别、评估乘客行为以及明确乘客行为的产生机理?** 全面识别乘客行为,评估乘客行为对车站运行的影响程度,分析乘客行为产生的内在动机和外在影响因素,为脆弱性分析建模提供要素基础。

(3) **如何基于乘客行为的影响识别和评估地铁车站运行的脆弱性?** 以乘客行为影响为主线构建事故模型和行为演化的系统动力学模型,分析各要素对行为发生、发展的影响情况,识别发生关键影响时各要素的状态,从而实现对车站运行脆弱性的评估。

1.3.3 研究内容

1) 地铁系统运行脆弱性原理分析

为了清晰界定本研究的研究对象——地铁车站运行脆弱性(Metro Station Operation Vulnerability, MSOV),首先,构建整个地铁系统运行脆弱性分析的理论体系,明确本研究在该理论体系中所处的位置和覆盖的研究范畴;然后,给出考虑乘客行为影响下 MSOV 的概念,以及 MSOV 产生的基本原理;最后,通过对乘客异常行为(Passenger Aberrant Behavior, PAB)引发地铁事故案例的分析,初步探索 PAB 的基本类型和特征,以及 PAB 事故的形成机理和影响因素。

2) 基于模糊 Petri 网(FPN)的 PAB 事故脆弱情景识别

行为与事故相连是体现 MSOV 的一个重要方面,为了识别此过程中可达事故的脆弱情景,首先,基于 PAB 事故的形成机理,以及进一步的文献回顾和案例研究,提取对行为产生和事故发展有重要影响的因素,并厘清各因素之间的因果逻辑关系;其次,在对 FPN 进行定义,对其推理规则进行规定的基础上,构建 PAB 引发地铁事故的 FPN 模型;再次,通过专家知识对 FPN 模型赋初值,利用 Matlab 编程实现对该模型的计算过程,最终根据可达标识图确定以较大可能性导致地铁事故的脆弱情景,并按脆弱度的大小对脆弱情景排序;最后,针对脆弱情景中涉及的因素以及因素之间的关系,提出减少 PAB 事故的应对措施。

3) 基于调研的 PAB 识别与危险性评估

为了全面深入分析 PAB 的特征和影响,首先,通过文献回顾、访谈和实地观察建立 PAB 清单,据此设计地铁乘客行为量表(Metro Passenger Behavior Questionnaire,MPBQ),对 PAB 的发生频率进行调查,基于调查数据探索 MPBQ 的因子结构;其次,设计地铁员工评估量表(Metro Staff Estimation Questionnaire,MSEQ),根据地铁工作人员的经验评估 PAB 的发生频率、后果影响和可能造成影响的对象,借鉴风险评估的方法将 PAB 按危险性分级;最后,用方差分析法(ANOVA)分析不同人群对不同种类行为发生频率的差异,并建立 Logistic 模型分析不同种类行为与事故发生之间的关系。

4) 基于改进 TPB 的乘客危险行为(Passenger Risky Behavior,PRB)产生机理分析

PAB 的表现形式多样,选择其中危险性最高的两项行为作进一步的调查和分析。为了剖析两种 PRB 的产生机理,首先,对 TPB 进行改进,引入道德规范、过去行为、风险感知、自我认同 4 个额外变量,据此提出 PRB 产生机理的理论假设模型;其次,对两种行为构建典型的行为场景,并基于信念测量法设计乘客危险行为心理认知量表(Passenger Risky Behavior Cognition Questionnaire,PRBQ),对 PRB 的心理认知情况进行调查;再次,用独立样本 t 检验法对两种行为的意向者和非意向者差异最大的关键信念进行识别;最后,基于调查数据,运用结构方程模型(Structural Equation Model,SEM)方法,对理论假设模型在两种行为下进行检验和修正,确定两种行为的心理认知结构。

5) 基于 PRB 演化的 MSOV 系统动力学(System Dynamics,SD)仿真

基于 FPN 模型的脆弱性分析是对离散事件的静态分析。为了在脆弱性分析中加入对 PRB 时变特征的考量,并更全面地包含车站运行的构成要素,首先,对基于乘客危险行为演化的地铁车站运行脆弱性(PRB-MSOV)进行系统性的描述和分析,明确建模目的、系统边界(即系统构成要素)以及对模型简化的前提假设;其次,构建 PRB-MSOV 系统的因果关系图,从而确定模型的变量和动态反馈机制;然后,对系统各子模块内部以及有关系的子模块之间,所有变量的关系进行数学描述,即构建 PRB-MSOV 系统各子模块的流图和总体流图;再次,利用 AnyLogic 仿真平台,以北京五棵松地铁站的相关数据进行实例仿真,验证 SD 模型的有效性,并对基本模拟的输出结果进行分析;最后,基于 PRB-MSOV 模型建立敏感性分析实验平台,分析发车间隔时间、客流高峰峰值、屏蔽门形式和现场管理人员数量对乘客危险行为水平影响的大小和方式,从而识别各因素变动时车站运行的脆弱情景。

1.3.4 研究内容的框架结构

上述研究内容构成一个有机的整体,共同实现本研究的目标。研究各部分之间的逻辑关系,以及所依据的理论和采用的方法,可以用图 1-2 所示的框架结构来表示。

1 绪 论

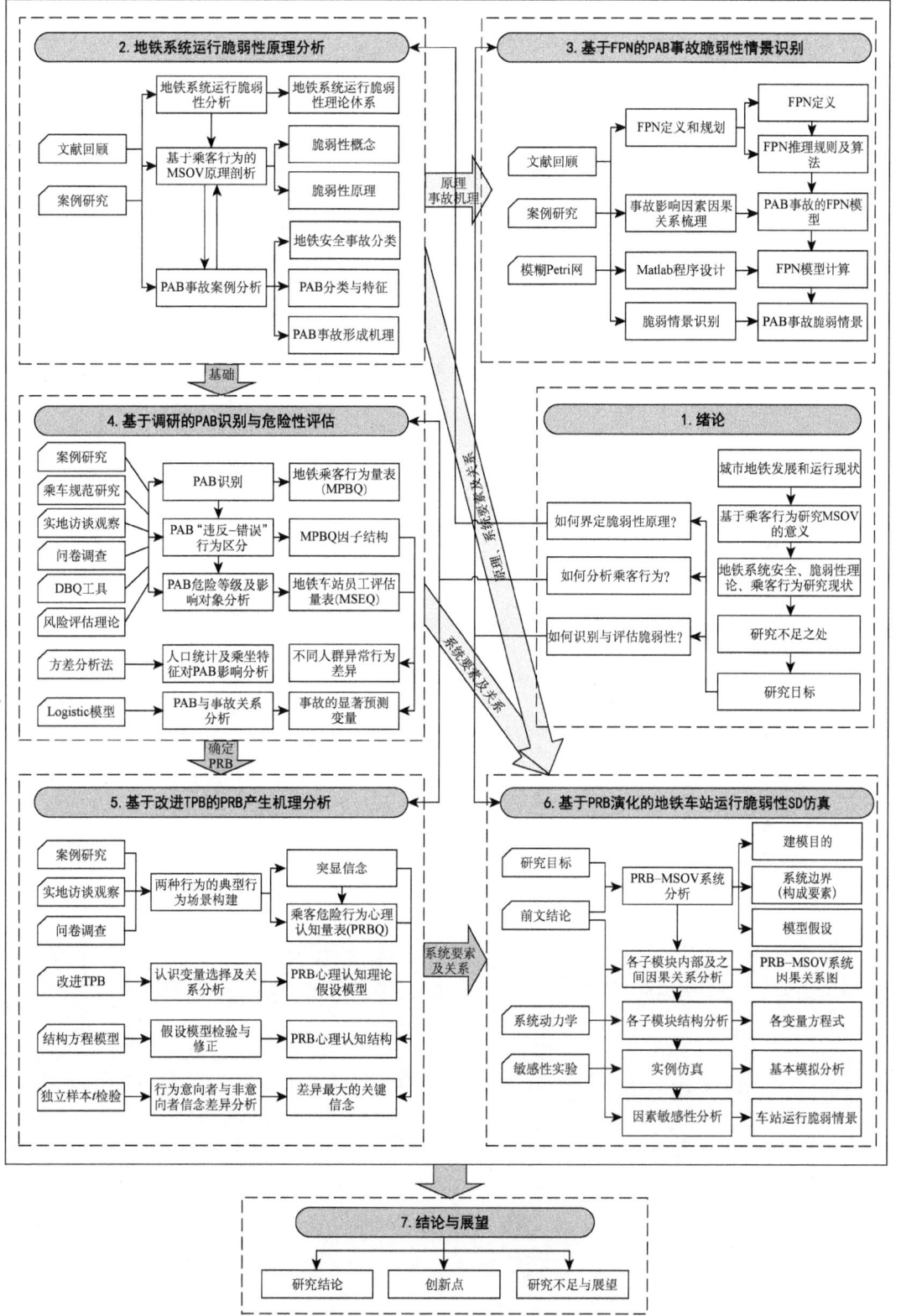

图 1-2 论文的框架结构图

1.4　本章小结

本章通过事故案例分析，阐述了乘客行为对地铁车站运行影响的关键性，并强调了基于乘客行为对车站运行脆弱性进行研究的理论和现实意义。通过详细的文献综述，对地铁系统运行安全、脆弱性理论及评估方法、地铁乘客行为及行为心理等国内外研究现状进行了分析，指出目前研究中存在的不足：(1)地铁运行安全研究缺少深入、具体、有针对性的研究；(2)缺少对正常状态下地铁运行安全的研究；(3)对网络拓扑结构脆弱性的研究较多，较少有对要素系统脆弱性的研究；(4)脆弱性研究中缺少对干扰源及其与系统之间作用关系的考量；(5)乘客行为对地铁安全的影响未引起足够重视，缺少从社会学角度分析乘客行为的研究。针对现有研究的不足之处，本章明确了本书的研究目标和研究内容，并据此建立了本书研究的框架结构。

2 地铁系统运行脆弱性原理分析

由于地铁是一个复杂的大系统,其运行受到人、设备、管理和环境因素的共同影响和作用,在脆弱性研究中需要明确研究对象以及研究的层次和范围。首先,从整体上构建地铁系统运行脆弱性的理论体系;然后,界定"地铁系统运行脆弱性"的内涵及原理;最后,基于案例分析乘客异常行为引发地铁运行事故的机理。本章为后续研究提供理论支撑和要素基础。

2.1 地铁系统运行脆弱性理论体系构建

对于地铁系统运行阶段的脆弱性,目前没有一个统一的概念,本研究在对多领域、多学科"脆弱性"内涵归纳和理解的基础上,根据脆弱性的来源不同和地铁系统的层次特征,构建了如图 2-1 所示的地铁系统运行脆弱性理论体系。整个地铁系统的运行涉及 4 个方面要素的协调配合,包括物理设备系统、地铁工作人员、乘客(客流)行为和运行环境。若将地铁的

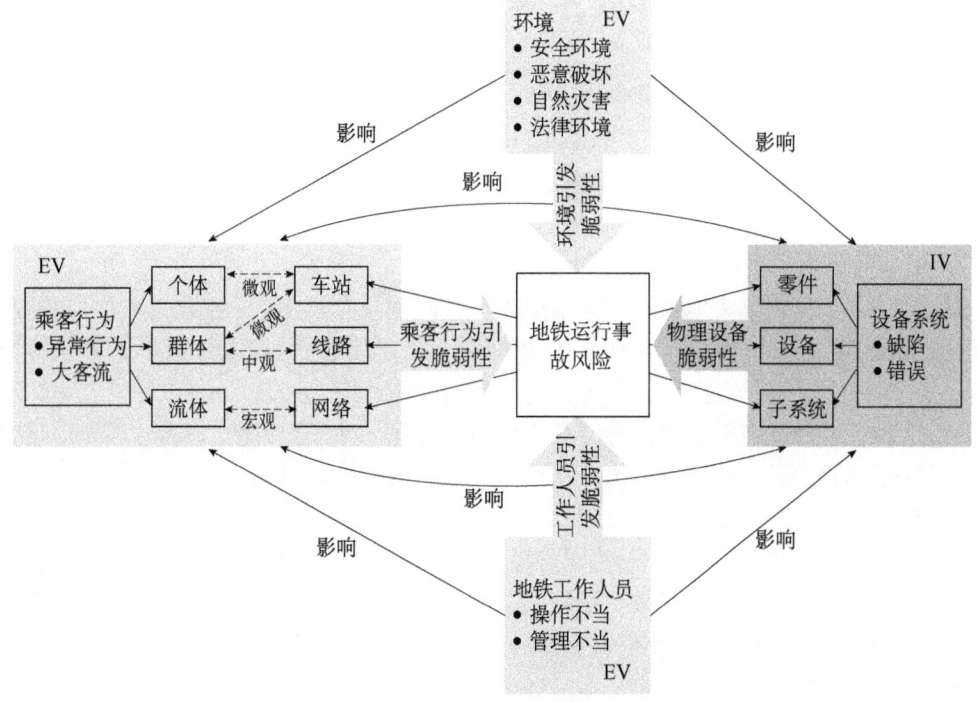

图 2-1 地铁系统运行脆弱性理论体系图

物理设备系统看作系统内部,该理论体系从整体上将地铁系统的脆弱性分为内部自发脆弱性(Internal-derived Vulnerability,IV)和外部引发脆弱性(External-derived Vulnerability,EV),前者脆弱性的大小仅取决于系统自身的缺陷和错误,而不由外部因素引发;后者脆弱性的大小取决于作用于系统的主体的活动情况或系统所在环境的状况。本研究认为外部引发脆弱性是相对于干扰源而言的概念,根据研究和观察的视角不同,乘客、地铁工作人员和环境3个要素既可能是引发脆弱性的干扰源,也可能是对其他干扰源造成阻碍或促进作用的影响因素,而任何来源的脆弱性增加将会提高地铁运行事故的风险。因此,地铁系统运行脆弱性的内涵与研究范畴和视角有关,不同的研究范畴和视角会对脆弱性有不同的定义和解释。

2.1.1 内部自发脆弱性

地铁系统的正常运行需要依赖于众多子系统和设备的相互联系和密切配合。内部自发脆弱性(IV)即物理设备脆弱性,是指由于系统的零件、设备或子系统自身缺陷、错误等纯物理原因引起的系统故障的状态。内部自发脆弱性涉及物理零部件或系统的可靠性问题,但与可靠性分析的区别是,可靠性通常仅仅关注对象无故障执行指定功能的能力或可能性,也即发生故障的概率,脆弱性则强调对象提供服务或功能时最薄弱的环节或状态。具体来说,内部脆弱性的研究目的是识别地铁系统中的薄弱子系统、某个子系统中的薄弱设备或某个设备中的薄弱零件;研究方法通常是评估不同位置的故障或中断对系统影响的差异[49,130],或者用类似于度量风险的方式同时考虑故障发生的概率和故障在特定位置发生的后果[130,60]。

2.1.2 外部引发脆弱性

外部引发脆弱性(EV)是指非物理设备、系统自身原因导致的,由外部潜在的干扰因素作用于地铁系统的正常运行而产生的不稳定或不安全的状态,表现为在一定程度上增加了地铁运行事故的风险。按照干扰的来源不同,外部引发脆弱性可分为乘客行为引发脆弱性、地铁工作人员引发脆弱性和环境引发脆弱性,见图2-1。

1) 乘客行为引发脆弱性

从系统的角度,可以将地铁承载体划分为点、线、网三个层次,分别对应车站、线路和地铁网络。乘客异常行为的干扰,包括个体、群体乘客的异常行为,以及任何原因导致的异常大客流。将两条主线对应起来,则乘客行为引发的脆弱性应包括微观、中观和宏观三个研究层次,依次为乘客个体或乘客群体异常行为作用于地铁车站的脆弱性、乘客群体异常行为作用于地铁线路的脆弱性,以及异常大客流作用于地铁网络的脆弱性。

2) 地铁工作人员引发脆弱性

地铁运营公司对员工培训不到位或员工自身原因造成的操作不当、管理不当可激发地铁运行脆弱性,直接导致地铁事故。例如,"9.27"上海地铁10号线追尾事故就是由于信号故障改为人工调度后调度员操作失误导致的事故。

3) 环境引发脆弱性

可能导致地铁运行脆弱性的环境干扰因素包括地铁的安全环境、人为的恶意破坏和自然灾害等。地铁安全环境主要是指为确保地铁安全性所采取的预防和保护措施,例如,车站屏蔽门、视频监控、警示标语、安全提示广播、紧急制动设备等；自然灾害是指可能影响地铁运行的自然现象，例如，暴雨、地震等；法律环境主要指与地铁运营安全或运营管理相关的法律法规的完善程度和执行力度；人为恶意破坏是指以造成伤害或损失为目的的蓄意人为干扰，例如，恐怖袭击、报复社会等。

在脆弱性理论体系中人的行为对地铁运行的影响可分为三种：(1)乘客行为；(2)地铁工作人员行为；(3)恶意者行为。其中，第一种和第二种行为各自独立地构成脆弱性的外部干扰因素，恶意者行为则与安全环境、自然灾害一起被归为环境干扰因素。

在多数情况下，以上外部干扰因素不是独立存在的，它们之间存在影响或相互影响的关系。乘客使用地铁设备系统达到出行目的，地铁设备系统则为乘客提供运输服务，两者的状态必然存在相互影响；地铁工作人员对乘客行为起到管理和监督作用，并负责对设备系统进行操作和维护；环境因素会影响乘客行为和客流状态，并对设备系统的运行有直接或间接的影响。

2.2 基于乘客行为的地铁车站运行脆弱性分析

2.2.1 脆弱性概念

如前所述，探讨地铁系统脆弱性问题，首先应明确研究所关注的原发性干扰因素或称根源性干扰因素，即导致风险或事故的初始原因或者根本原因，其他要素则作为影响原发性干扰因素形成和发展的因素存在。例如，在图 2-1 构建的脆弱性研究体系中，本研究关注的是乘客异常（危险）行为引发的地铁车站层面的脆弱性，也就是说原发性干扰因素是地铁乘客的异常（危险）行为，这些行为从产生到导致地铁安全事故，受到人、设备、环境、管理等诸多因素的共同影响。

在本研究背景下，地铁车站运行脆弱性（MSOV）是指构成地铁车站运行的人、设备、环境、管理等要素所处的状态，在此状态所构成的情景下，乘客异常（危险）行为以很大的可能性与运行事故相连，或使乘客异常（危险）行为水平大幅增加。MSOV 的内涵包括以下几个重要方面：

(1) 脆弱性是一种度的概念，它能够描述系统中有危险存在，但仍呈现出安全状态的情况。通过脆弱性分析，能够找到危险对系统产生影响的程度，帮助运行管理者了解运行过程中脆弱状态或者脆弱环节的存在。

(2) 地铁车站运行要素：地铁车站系统从结构上来说，包括出入口、站厅、通道、设备用房、站台等；从设备上来说，包括各种技术设备，如环境与设备监控系统（BAS）、火灾报警系统（FAS）、自动售检票系统（AFC）、屏蔽门系统（PSD）等。而本研究中脆弱性的载体是地铁车站运行，不同于上述结构或设备系统的概念，它强调车站作为一个有机整体为乘客提供安全可靠运输服务的功能，所以车站运行要素包含为了实现此功能所涉及的人—机—环境—管理多方面的要素。

(3) 乘客异常行为（PAB）：是指在地铁运行中，能够直接、间接或有潜在的风险导致人员伤亡、设备损坏、行车中断或造成其他不良影响的乘客行为[93]。乘客危险行为

(PRB)：是指 PAB 中危险性较高的行为①。乘客异常行为包括一切与正常的安全乘坐行为相偏离的行为，显然它包含乘客危险行为。

（4）脆弱情景：对 MSOV 的评估即是对具有逻辑关系的影响因素状态的评估，将影响因素的特定状态称为"情景"。在各种情景中，使乘客行为导致事故或使乘客行为影响激增的情景，称其为"脆弱情景"。可见，脆弱性分析是一种基于事故的情景分析，也是一种因素敏感性分析。

2.2.2 脆弱性原理

乘客异常（危险）行为引发地铁车站运行脆弱性的原理，可以形象地用改进的"瑞士奶酪模型（Swiss Cheese Model）"[5]来解释，如图 2-2 所示。模型中每一片奶酪代表一种与乘客异常（危险）行为有关的安全屏障、防御措施或其他影响要素，它们涉及地铁工作人员对车站的组织管理，车站的安全环境、客流状态，以及设备系统的运行状态等多个方面。奶酪上的孔洞代表这些影响要素中的漏洞，例如，工作人员组织管理不当、安全防护措施缺陷、乘客处于急躁状态等。孔洞的大小和位置根据要素的实际状态不断变化，乘客异常（危险）行为的形成和发展随之受到阻碍或促进，此过程描述了脆弱性随 PAB 或 PRB 的演化过程。当乘客行为突破所有防御，即箭头刚好穿过所有孔洞时，地铁运行安全事故发生。

由此可知，脆弱性分析和评估的关键在于，以乘客异常（危险）行为演化过程为主线，分析乘客—车站系统在事故发生前，即图 2-2 中箭头穿过所有安全屏障前，系统状态由安全向不安全的演变过程，识别系统最可能发生事故的状态，以及使系统事故风险激增的状态，这里所谓的状态即为前文提到的"脆弱情景"。因此，对地铁车站运行脆弱性评估的意义在于，在有实质性影响或损失的事故发生前，从乘客行为影响的角度找出系统的脆弱环节，防止异常（危险）行为继续发展最终酿成安全事故。

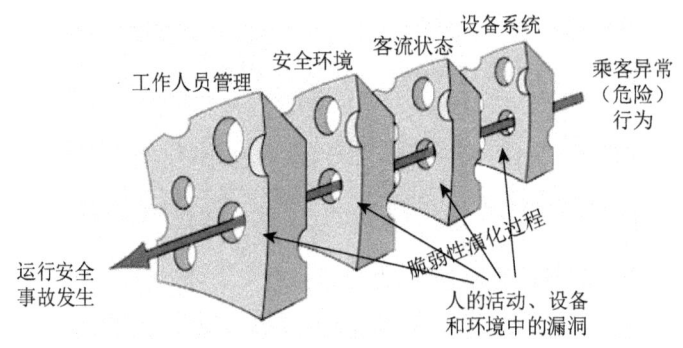

图 2-2 基于 PAB 的地铁车站运行脆弱性原理

---

① 在后文分析中，乘客异常行为按危险性大小被分为高危险行为、中等危险行为和低危险行为 3 类，如无特殊说明，本研究所谓的"乘客危险行为（PRB）"或"危险行为"均指被划为高危险类别的乘客异常行为。

2.3 PAB引发地铁安全事故分析

虽然脆弱性分析是事故前分析,但地铁运行事故案例作为脆弱性增加的结果,为脆弱性分析提供了客观的历史数据,可作为识别脆弱性影响因素的切入点。

2.3.1 PAB引发事故分类

PAB引发的地铁安全事故(简称为"PAB事故")是指在地铁运行过程中,从根本上是由乘客异常行为引起的,危及人员和设备安全的事件。城市地铁系统对运行安全性的要求较高,结合地铁事故分级的国家和地方标准,表2-1从事故后果影响的角度给出了事故等级分类。根据列车运行延误时长、设备损坏或故障程度,以及人员伤亡程度等后果影响的不同,将地铁安全事故分为重大、大、一般、轻微和险性事故5个等级。前4级事故或多或少地造成了实质性损失,可称为"损失事故"。第5级事故通常不会导致明显的损失,严格来说不能称为事故,但危险事件在很大程度上具有造成损失的可能,因此称为"险性事故",有些研究称其为"险兆事件"或"未遂事件"[133]。

损失事故当然是事故分析的重点,但险性事故对认识事故形成机理、预防严重事故发生具有重要意义,却容易被人忽视。因此,本研究对PAB事故案例收集和PAB的识别也将险性事故纳入考虑,以期全面分析PAB事故的影响因素。在收集的204个PAB案例中有82个属于险性事故,例如,乘客被车门夹住,站务员或司机及时发现;乘客随身物品被车门夹住,但未影响运营;乘客间冲突、醉酒等原因导致乘客侵入轨道区,站务员及时处理等。总体而言,险性事故通常有两种情况:一种是危险事件本身未导致严重后果;另一种是事件得到及时纠正,未造成严重后果。

表2-1 地铁安全事故等级分类

事故等级	名称	说明
1	重大事故	部分路段60 min以上停运/列车救援/设备重大损坏/有人员死亡
2	大事故	单列或多列车30~60 min晚点/有清客发生/设备损坏或故障造成立即检修/有人员重伤
3	一般事故	单列或多列车10~30 min晚点/有休运发生/设备轻微损坏或设备故障但可控制运行/列车终点回库检修/有人员轻伤
4	轻微事故	单列或多列车10 min内晚点/设备故障但不影响当日正常运营,运营结束后非计划性维修/有人员微伤
5	险性事故	没有但险些造成列车延误/设备损坏或故障/人员伤亡(如开门走车、夹人走车、信号错误、乘客进入轨道区等危险但未造成任何损失的事件)

注:表中分类根据国家标准[131]和上海市标准[132]总结得到。

2.3.2 基于案例的 PAB 分类与特征分析

从收集的 204 个 PAB 事故中筛选出 165 个比较具有代表性且事故信息较为完整的事故作为研究案例分析 PAB 事故的特征。表 2-2 是根据筛选出的 165 个事故案例对乘客异常行为的分类,包括行为具体表现、导致事故数量,以及危险发生的位置和可能造成的影响。六种 PAB 可以分为两大类:A 类行为是与乘坐地铁直接相关的异常行为,包括 A1、A2、A3 和 A4 四种;B 类行为是由个人的心理、情感、生理或身体原因导致的异常行为,与地铁乘坐行为本身并无直接关系,包括 B1 和 B2 两种。从事故统计来看,"强行上下车(A1)"和"自杀行为(B1)"是导致事故最多的两种行为,其次是"乘客间冲突行为(A4)"和"生理或身体异常行为(B2)",再次是"携带有安全隐患物品或随身物品掉入轨道(A2)"和"非紧急状态下使用应急设备(A3)"。几乎所有 PAB 的危险都发生在站台、列车、轨道三个区域,说明此三个区域是地铁车站中最容易发生异常行为的区域,也是最容易产生事故损失的危险区域。

PAB 事故的影响主要表现为乘客伤亡和列车延误,165 个事故共造成 123 人伤亡和 1 770 min 列车延误。列车延误几乎是所有 PAB 事故共有的影响,由于社会和媒体往往更关注事件中人的伤亡情况,很多案例没有关于列车延误时长的报道,或者有些情况下无法确切计算延误时长,如列车跳站运行、增加发车间隔等,因此,实际的延误损失要远远大于表 2-2 中的统计值。"强行上下车(A1)"和"自杀行为(B1)"既是造成伤亡最多也是导致延误最多的行为;"携带有安全隐患物品或随身物品掉入轨道(A2)"和"非紧急状态下使用应急设备(A3)"可能导致设备故障、列车延误或乘客恐慌,鲜有造成人的伤亡;行为 A2、B1、B2 除了造成实质性损失外,还可能导致人群恐慌,例如,2013 年广州地铁 1 号线有大量汽油从乘客旅行箱漏出,全车人四散躲避,数名男乘客暴力踢门,致使列车紧急制动。

表 2-2 乘客异常行为分类及后果

异常行为类别	行为表现	危险发生地点	一般后果	事故数量	伤亡/人	延误时间/min
A1:强行上下车	扒车门、关门警铃响后继续上下车	站台、列车、轨道	伤亡、设备损坏、延误	41(25%)	31	451
A2:携带有安全隐患物品或随身物品掉入轨道	携带禁止性或引发恐慌的物品、随身物品掉入轨道等	列车、轨道	设备损坏、延误、恐慌	17(10%)	4	159
A3:非紧急状态下使用应急设备	乱拉紧急拉手等	站台、列车	延误	16(10%)	0	96
A4:乘客间冲突行为	因乘车发生口角、打架等	站台、列车、轨道	伤亡、延误	24(15%)	33	50

续表

异常行为类别	行为表现	危险发生地点	一般后果	事故数量	伤亡/人	延误时间/min
B1:自杀行为	跳轨、卧轨等	轨道	伤亡、延误、恐慌	48(29%)	41	896
B2:生理或身体异常行为	突发疾病、意外摔倒、醉酒等	站台、列车、轨道	伤亡、延误、恐慌	19(11%)	14	118

图 2-3 给出了 PAB 的时间分布特征。总的来看,各种行为引发的事故中,都有超过半数发生在早、晚高峰期,并且早高峰事故多于晚高峰事故。说明上下班的客流高峰期人多拥挤,容易发生异常行为,尤其是上班高峰期,不仅客流更为集中,而且大多数乘客匆忙赶时间,更容易发生异常行为,导致安全事故。另外发现,A 类行为比 B 类行为表现出更为明显的高峰多发性,特别是 A1、A2 和 A3 引发的事故,有接近 80% 发生在高峰期。说明在时间、空间有限的情况下,乘客更容易选择不安全行为,以达到省时、省力的目的,而忽略或没有意识到行为的危险性。

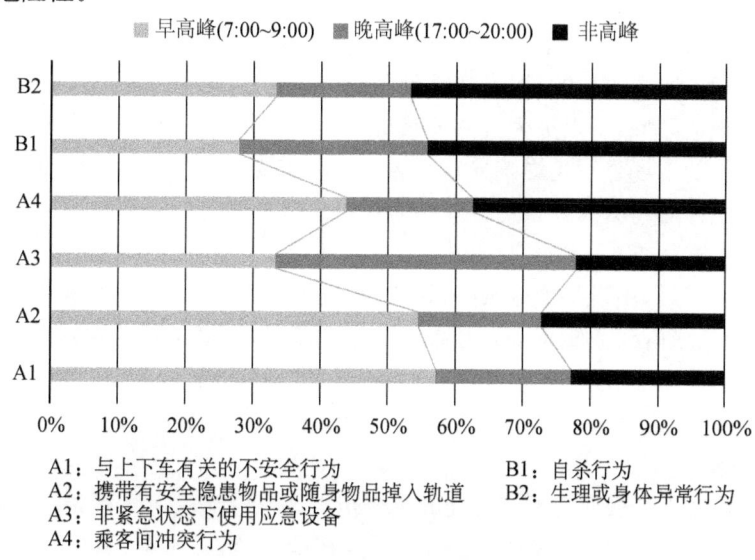

A1:与上下车有关的不安全行为
A2:携带有安全隐患物品或随身物品掉入轨道
A3:非紧急状态下使用应急设备
A4:乘客间冲突行为
B1:自杀行为
B2:生理或身体异常行为

图 2-3 乘客异常行为时间分布特征

2.3.3 PAB 事故形成机理分析

根据 PAB 作用下的脆弱性形成原理(参见图 2-2),对 165 个 PAB 事故案例从人、设备、环境和管理几个角度,深入分析事故发展过程的主要影响因素,得到图 2-4 所示的 PAB 事故形成机理图。

整个事故的形成和发展过程可以分为三个阶段,即干扰源产生、事故发生和后果影响,MSOV 分析主要涉及事故发展的前两个阶段。

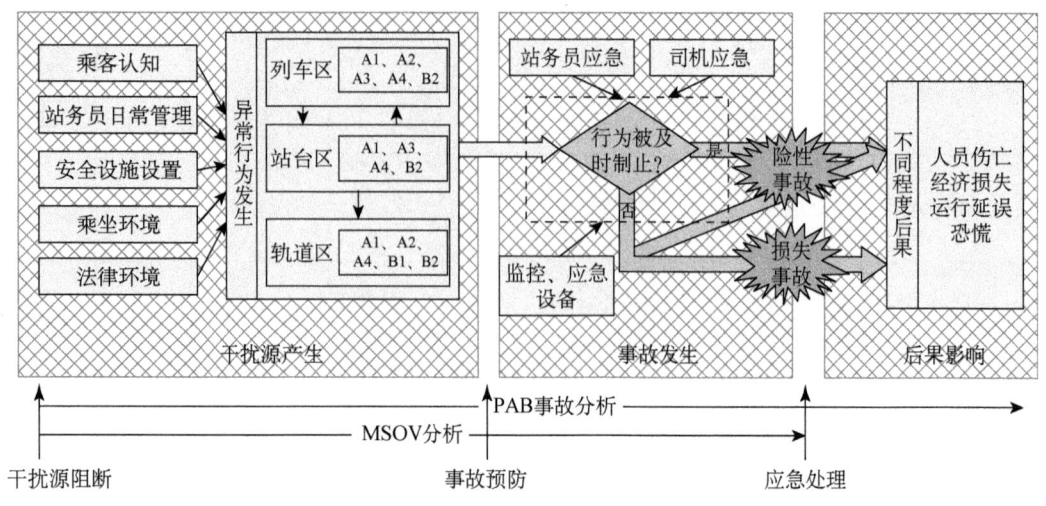

图 2-4　PAB事故形成机理图

1) 干扰源产生

此阶段的应对措施体现为干扰源阻断，即防止异常行为发生。PAB受乘客心理认知、站务员日常管理、安全警示及保护设施、乘坐环境和法律环境等因素的影响。乘客心理认知是指乘客对异常行为的认知水平，是异常行为产生的内在动机因素。例如，乘客采取异常行为可能是出于省时、便捷等目的，而未知觉到危险或低估了行为的危险性[60]。PAB多发生在站台、列车或轨道区域，所以更为具体地来讲，屏蔽门、防夹感应、安全黄线等安全设施的设置，以及站务员的现场管理是影响异常行为产生的重要因素。另外，乘坐环境的拥挤程度和有序性，以及法律对行为的约束力也对乘客是否采取异常行为有影响。

2) 事故发生

在PAB发生之后，由于某个或某些抵抗措施发挥作用，及时阻止了事件发展，可以将原本可能导致严重后果的事故转化为险性事故。在此阶段，可能的抵抗措施包括站务员应急反应、司机应急反应，以及利用监控和应急设备及时发现和处置险情等。但如果所有抵抗措施都失效，PAB继续发展，则可能造成后果较为严重的损失事故。

3) 后果影响

PAB事故后果主要表现为不同程度的乘客伤亡、经济损失、运行延误、人群恐慌等。事故发生后，实施合理有效的应急处理预案，包括乘客疏导、行车调整、紧急救援等，是最后一次减少事故损失的机会。

2.4　本章小结

本章作为本研究的理论基础，清晰界定了研究范畴和研究对象。

(1) 构建了地铁系统运行脆弱性理论体系，按干扰的来源不同，将地铁系统运行的脆弱性分为内部自发脆弱性和外部引发脆弱性，乘客行为引发的脆弱性属于后者中的一种。

(2) 在整体脆弱性理论体系的基础上，阐述了PAB引发MSOV的内涵及原理，指出在本研究的背景下脆弱性分析与评估的本质在于，识别系统状态由安全向不安全的演变过程中使乘客行为影响最大或影响激增的脆弱情景。

（3）基于收集的 165 个 PAB 事故案例，对 PAB 的表现形式和特征进行初步分析，发现"强行上下车"和"地铁自杀"是导致事故最多的行为，并且这些行为和事故多发生在站台、列车和轨道区域，事故影响主要表现为乘客伤亡和列车延误。

（4）构建了 PAB 事故形成机理图，将乘客行为引发的地铁安全事故的过程分为三个阶段：干扰源产生、事故发生和后果影响，分析了各阶段事故发展的影响因素，可为脆弱性分析提供因素识别基础。

3 基于 FPN 的乘客异常行为引发事故脆弱情景识别

在明确 MSOV 内涵及影响因素的基础上,本章从事故分析的角度,构建描述 PAB 事故形成过程的模糊 Petri 网模型,通过对事故网络的计算,识别可能导致 PAB 事故的脆弱情景,并根据脆弱度(即真值度)的大小对脆弱情景进行排序。

3.1 模糊 Petri 网适用性分析

在事故机理和成因分析中,最常用的方法是故障树分析(Fault Tree Analysis, FTA),或者将 FTA 与事件树分析(Event Tree Analysis, ETA)相结合进行概率风险评价(Probabilistic Risk Assessment, PRA)[134]。虽然相关研究和应用已经比较成熟,但这些方法只能对事故结构做静态分析,且需要大量的基础单元失效率数据支持,所以应用受到限制。Petri 网在 1962 年由德国学者首先于计算机通信领域提出,对离散事件组成的系统具有良好的建模能力,并能较好地描述系统的并发行为,适合于本研究对 PAB 事故的建模分析。

某个事故影响因素的状态往往是前面一系列因素状态的结果,或者是后面一系列因素状态的原因,也就是说,根据事故影响因素之间的因果关系,可以抽象出一个基于规则的事故系统。该系统的产生式规则由模糊数学定义,结构关系由 Petri 网表示[135],系统中推理发生就是事件向前发展的过程。如前文所述,模糊 Petri 网建模方法已被用于道路交通事故[32]、海上交通事故[31]、地铁火灾事故[28,30]致因的分析,并取得了良好效果。本研究基于模糊 Petri 网建立 PAB 事故模型,采用可达标识图分析方法,识别事故形成中的脆弱情景。

3.2 模糊 Petri 网定义与标识方法

Petri 网是一种网状信息流模型,包括表示状态和状态变化的两类元素,状态用库所(Place, 或 S_元)表示,在图形上表现为空心的圆圈"○",状态变化用变迁(Transition, 或 T_元)表示,在图形上表现为实心矩形"▮"。变迁的发生改变状态,即改变库所函数的值,库所表示的状态又决定了变迁能否发生。将两者之间的这种流关系(Flow Relation)用有向弧(Arc)表示,就组成了 Petri 网的基本静态结构 $N = (P, T, F)$。在网络上添加表示资源或信息的托肯(Token),通过托肯在库所中的流动反映系统动态运行过程。在不同时刻,托肯在各个库所中的分布不同,这种不同的分布称为标识(Marking),标识反映了系统所处的状态。

3.2.1 模糊 Petri 网定义

模糊 Petri 网(FPN)是在基本 Petri 网的基础之上扩展形成的,适用于人类知识和推理规则的表示。基于规则的 FPN 将规则的前提或结论作为 Petri 网的库所,前提和结论之间的因果关系作为一个变迁。在本研究背景下,对 PAB 事故的 FPN 系统作如下定义:

定义 3-1:将 FPN 表示为一个九元组: $FPN = (P, R, I, O, H, \theta, \mu, \lambda, M)$,其中:

(1) $P = \{p_1, p_2, \cdots, p_n\}$ 是一个模糊命题或库所的有限集, n 为模糊命题或库所个数; $R = \{r_1, r_2, \cdots, r_m\}$ 是一个模糊规则或变迁的有限集, m 为模糊规则或变迁个数; $P \cap R = \varnothing$。

(2) $I: P \times R \to \{0, 1\}$ 为 $n \times m$ 的输入矩阵,如果存在一个有向弧从命题 p 到规则 r, $I(p, r) = 1$,否则 $I(p, r) = 0$;

$O: P \times R \to \{0, 1\}$ 为 $n \times m$ 的输出矩阵,如果存在一个有向弧从规则 r 到命题 p,则 $O(r, p) = 1$,否则 $O(r, p) = 0$;

$H: P \times R \to \{0, 1\}$ 是一个 $n \times m$ 的抑止弧矩阵,如果 p 到 r 有抑止弧连接,则 $H(p, r) = 1$,否则 $H(p, r) = 0$。抑止弧的作用是使得只要 p 中有托肯,规则 r 就不被触发;

$I \cap O \cap H = \varnothing$。

(3) $\boldsymbol{\theta} = (\theta_1, \theta_2, \cdots, \theta_n)^T$ 是一个模糊真值度向量, $\boldsymbol{\theta}: P \to (0, 1]$ 是一个关联函数,映射命题到一个 0 至 1 的实数,反映了命题 p 的实际真值度;

$\boldsymbol{\mu} = (\mu_1, \mu_2, \cdots, \mu_m)^T$ 是一个模糊置信度向量, $\boldsymbol{\mu}: R \to (0, 1]$ 是一个关联函数,映射变迁到一个 0 至 1 的实数,反映了命题 p 对规则 r 成立的理论支持度;

$\boldsymbol{\lambda} = (\lambda_1, \lambda_2, \cdots, \lambda_m)^T$ 是变迁阈值向量, $\lambda \in (0, 1]$ 规定了规则 r 被触发的最低要求值;

$M = \{M(p_1), M(p_2), \cdots, M(p_n)\}$ 是 Petri 网的一个标识,描述 FPN 系统的标识情况,如果 p 中有托肯,则 $M(p) = 1$ 表示命题发生,否则 $M(p) = 0$,初始标识为 M_0。

定义 3-2:模糊 Petri 网系统 $FPN = (P, R, I, O, H, \theta, \mu, \lambda, M)$ 的变迁规则是:

(1) 对于变迁 $r \in R$,如果 $\forall p \in \cdot r$ 都有

$$M(p) = 1 \text{ 且 } \theta(p) \circ \mu(p, r) \geqslant \lambda \tag{3-1}$$

则变迁 r 在标识 M 有发生权(Enabled),记为 $M[r>$。其中 $\cdot r$ 为 r 的前集或输入集,表示两函数之间的某种运算关系(见 3.2.2), $\theta(p) \circ \mu(p, r)$ 为获得托肯或标识的库所的模糊真值度。

(2) 变迁 r 发生,产生新的标识 M',记为 $M[r > M'$。

$$M'(p) \begin{cases} 0, & \text{若 } p \in \cdot r \\ F\left(\dfrac{\min\{\theta(p) \circ \mu(p, r)\}}{\lambda(r)}\right), & \text{若 } p \in r \cdot \\ M(p), & \text{其他} \end{cases} \tag{3-2}$$

其中

$$F(a) \begin{cases} 0, & \text{若 } 0 < a < 1 \\ 1, & \text{若 } a \geqslant 1 \end{cases} \tag{3-3}$$

FPN 的运行从 M_0 开始,只要有变迁可以发生推理就在进行。显然,每个变迁只能发生一次。如果运行到达某个标识 M_k 时,任何变迁都不能发生,则运行终止,推理过程结束,M_k 就是系统最终的状态。

3.2.2 模糊 Petri 网特点

根据 3-1 的定义,FPN 与基本 Petri 网相比,具有以下特点[136]:

(1) 对含有托肯的库所赋予一个[0,1]上的实数作为它的真值度(Truth Value),并且对每个变迁赋予一个[0,1]上的实数作为可信度因子(Certainty Factor)。

(2) 变迁的触发在理论上并不引起输入库所中模糊托肯值的变化,因为事故推理以事实为依据,推理进行并不改变初始给定的事实。然而,为了防止系统运行时变迁反复发生,在公式(3-2)中仍规定变迁 r 发生后,所有输入库所($p \in \cdot r$)的模糊托肯值为 0,即令 $M'(p) = 0$。

(3) 由于事实不会因为规则的成立而消失,所以同一个命题可作为不同推理规则的前提,并且可同时触发多个变迁,不存在基本 Petri 网的冲突问题。如图 3-1 所示,p_1 作为 r_1 和 r_2 的前提命题,只要满足公式(3-1)的变迁发生规则,即可同时触发 r_1 和 r_2,不存在资源争夺。如果在客观逻辑上,r_1 和 r_2 不应该同时被触发,可以通过添加抑止弧予以调整。

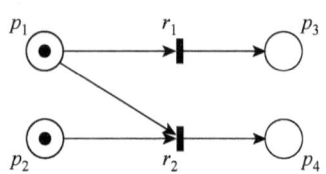

图 3-1 同一命题可触发多个变迁

3.2.3 Petri 网可达标识图

PAB 事故分析的目的是找到事故网系统可能达到的状态和状态之间的关系。Petri 网的可达标识图是描述系统状态的重要工具。由 FPN 的特点可知,FPN 与基本 Petri 网的主要区别在于对托肯值的计算是模糊的还是确定的,对于可达标识图的规定两者并无区别。

定义 3-3:设 $PN = (P, R, I, O, M)$ 为一个 Petri 网。如果存在 $r \in R$,使 $M[r > M'$,则称 M' 为从 M 直接可达。如果存在变迁序列 $r_1, r_2, \cdots, r_k$ 和标识序列 $M_1, M_2, \cdots, M_k$ 使得

$$M[r_1 > M_1[r_2 > M_2 \cdots M_{k-1}[r_k > M_k \tag{3-4}$$

则称 M_k 为从 M 可达。从 M 可达的一切标识的集合称为可达标识集(Reachable Marking Set),记为 $RS(M)$。约定 $M \in RS(M)$。

初始标识 M_0 表示系统的初始状态,以 $RS(M_0)$ 作为顶点集,以标识之间的直接可达关系为弧集构成一个有向图,这种有向图称为 Petri 网可达标识图(Reachable Marking Graph)。通过一个 Petri 网的可达标识图可以分析这个网系统的状态变化和变迁序列的情况。

定义 3-4:设 $PN = (P, R, I, O, M_0)$ 为一个 Petri 网。PN 的可达标识图定义为一个三元组 $RG(PN) = (RS(M_0), E, F)$,其中

$$E = \{(M_i, M_j) \mid M_i, M_j \in RS(M_0), \exists t_k \in T : M_i[t_k > M_j\} \tag{3-5}$$

$$F: E \to R, \quad F(M_i, M_j) = t_k \quad 当且仅当 M_i[t_k > M_j \tag{3-6}$$

称 $RS(M_0)$ 为 $RG(PN)$ 的顶点集，E 为 $RG(PN)$ 的弧集；若 $F(M_i, M_j) = t_k$，则称 t_k 为弧 (M_i, M_j) 的旁标。

3.3 FPN 推理规则及算法

3.3.1 专家语言处理

专家对事件可能性及因果关系的评价语言具有不确定性和模糊性，为了尽可能包含专家语言所表达的信息，首先需要恢复数据的模糊性，对数据做模糊化处理。经过模糊推理，输出的往往是两个或多个隶属度函数的并集，需要再做解模糊化处理，将模糊输出转换成一个确定的输出量。

1) 模糊化方法

定义 3-5：评语模糊集 $W = \{w_1, w_2, \cdots, w_L\}$，模糊子集 $w_l (l = 1, 2, \cdots, L)$ 表示命题的真值度和规则的可信度依次增加。专家调研使用五级量表，则论域 $S = \{1, 2, 3, 4, 5\}$，$W = \{w_1, w_2, w_3, w_4, w_5\}$ = {非常不真实/非常不可信，比较不真实/比较不可信，中立/中立，比较真实/比较可信，非常真实/非常可信}。

用适合于描述专家语言模糊特性的三角形隶属度函数 $\delta_w(s)$ 表征分值 s 对各模糊子集 w_1, w_2, w_3, w_4, w_5 的隶属程度。三角形隶属度函数曲线和评语对应的模糊解析式分别见图 3-2 和表 3-1。

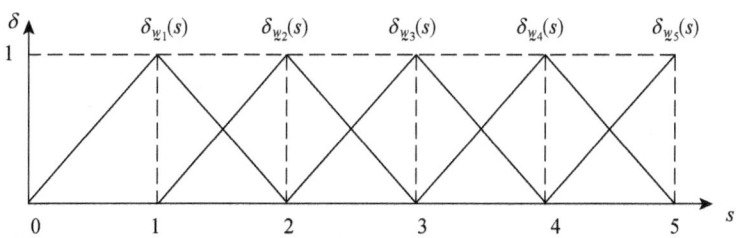

图 3-2 五等级三角形隶属度函数

表 3-1 专家语言的分级模糊解析式

命题及推理规则评语	分值	模糊解析式
非常不真实/非常不可信	1	$\delta_{w_1}(s) = \begin{cases} s, & 0 \leqslant s \leqslant 1 \\ 2-s, & 1 < s < 2 \\ 0, & 2 \leqslant s \leqslant 5 \end{cases}$
比较不真实/比较不可信	2	$\delta_{w_2}(s) = \begin{cases} 0, & 0 \leqslant s \leqslant 1, 3 \leqslant s \leqslant 5 \\ s-1, & 1 < s < 2 \\ 3-s, & 2 \leqslant s < 3 \end{cases}$

续　表

命题及推理规则评语	分值	模糊解析式
中立/中立	3	$\delta_{\underset{\sim}{w}_3}(s) = \begin{cases} 0, & 0 \leqslant s \leqslant 2, 4 \leqslant s \leqslant 5 \\ s-2, & 2 < s < 3 \\ 4-s, & 3 \leqslant s < 4 \end{cases}$
比较真实/比较可信	4	$\delta_{\underset{\sim}{w}_4}(s) = \begin{cases} 0, & 0 \leqslant s \leqslant 3 \\ s-3, & 3 < s < 4 \\ 5-s, & 4 \leqslant s \leqslant 5 \end{cases}$
非常真实/非常可信	5	$\delta_{\underset{\sim}{w}_5}(s) = \begin{cases} 0, & 0 \leqslant s \leqslant 4 \\ s-4, & 4 < s \leqslant 5 \end{cases}$

根据表 3-1 的五级模糊解析式,定义 3-1 的部分变量可采用矩阵形式重新描述如下:

(1) 模糊真值度向量 $\boldsymbol{\theta} = (\theta_1, \theta_2, \cdots, \theta_n)^T$ 可转变为模糊真值度矩阵 $\underset{\sim}{\boldsymbol{\theta}} = \begin{bmatrix} \underset{\sim}{\boldsymbol{\theta}}_1 \\ \underset{\sim}{\boldsymbol{\theta}}_2 \\ \vdots \\ \underset{\sim}{\boldsymbol{\theta}}_n \end{bmatrix} = \begin{bmatrix} \underset{\sim}{\theta}_{11} & \underset{\sim}{\theta}_{12} & \cdots & \underset{\sim}{\theta}_{15} \\ \underset{\sim}{\theta}_{21} & \underset{\sim}{\theta}_{22} & \cdots & \underset{\sim}{\theta}_{25} \\ \vdots & \vdots & & \vdots \\ \underset{\sim}{\theta}_{n1} & \underset{\sim}{\theta}_{n2} & \cdots & \underset{\sim}{\theta}_{n5} \end{bmatrix}$,$\underset{\sim}{\theta}_{il}$ 是命题 p_i 对第 l 级评语 w_l 的隶属度。

(2) 同理,规则 R 的模糊置信度向量 $\boldsymbol{\mu} = (\mu_1, \mu_2, \cdots, \mu_m)^T$ 转变为模糊置信度矩阵 $\underset{\sim}{\boldsymbol{\mu}} = \begin{bmatrix} \underset{\sim}{\boldsymbol{\mu}}_1 \\ \underset{\sim}{\boldsymbol{\mu}}_2 \\ \vdots \\ \underset{\sim}{\boldsymbol{\mu}}_m \end{bmatrix} = \begin{bmatrix} \underset{\sim}{\mu}_{11} & \underset{\sim}{\mu}_{12} & \cdots & \underset{\sim}{\mu}_{15} \\ \underset{\sim}{\mu}_{21} & \underset{\sim}{\mu}_{22} & \cdots & \underset{\sim}{\mu}_{25} \\ \vdots & \vdots & & \vdots \\ \underset{\sim}{\mu}_{m1} & \underset{\sim}{\mu}_{m2} & \cdots & \underset{\sim}{\mu}_{m5} \end{bmatrix}$,$\underset{\sim}{\mu}_{jl}$ 是规则 r_j 对第 l 级评语 w_l 的隶属度。

(3) 变迁阈值向量 $\boldsymbol{\lambda} = (\lambda_1, \lambda_2, \cdots, \lambda_m)^T$ 成为变迁阈值矩阵 $\underset{\sim}{\boldsymbol{\lambda}} = \begin{bmatrix} \underset{\sim}{\boldsymbol{\lambda}}_1 \\ \underset{\sim}{\boldsymbol{\lambda}}_2 \\ \vdots \\ \underset{\sim}{\boldsymbol{\lambda}}_m \end{bmatrix} = \begin{bmatrix} \underset{\sim}{\lambda}_{11} & \underset{\sim}{\lambda}_{12} & \cdots & \underset{\sim}{\lambda}_{15} \\ \underset{\sim}{\lambda}_{21} & \underset{\sim}{\lambda}_{22} & \cdots & \underset{\sim}{\lambda}_{25} \\ \vdots & \vdots & & \vdots \\ \underset{\sim}{\lambda}_{m1} & \underset{\sim}{\lambda}_{m2} & \cdots & \underset{\sim}{\lambda}_{m5} \end{bmatrix}$,$\underset{\sim}{\lambda}_{jl}$ 是命题 p_i,$p_i \in \cdot r_j$ 对评语 w_l 隶属度的阈值。

2) 解模糊化方法

常用的解模糊化方法有最大隶属度法、重心法（或称质心法）、加权平均法等，采用适合于隶属度函数是对称情况的加权平均法，对输出命题的模糊真值解模糊化，得到系统最终的输出结果。解模糊值计算公式为

$$S_* = \frac{\sum_{l=1}^{L}(\delta_{\underline{w}_l}(s)s_l)}{\sum_{l=1}^{L}\delta_{\underline{w}_l}(s)} \tag{3-7}$$

公式中 s_l 和 $\delta_{\underline{w}_l}(s)$ 分别表示各对称隶属度函数的质心和隶属度函数值，对于图 3-2 ($L=5$) 有

$$S_* = \frac{\delta_{\underline{w}_1}(s)s_1 + \delta_{\underline{w}_2}(s)s_2 + \delta_{\underline{w}_3}(s)s_3 + \delta_{\underline{w}_4}(s)s_4 + \delta_{\underline{w}_5}(s)s_5}{\delta_{\underline{w}_1}(s) + \delta_{\underline{w}_2}(s) + \delta_{\underline{w}_3}(s) + \delta_{\underline{w}_4}(s) + \delta_{\underline{w}_5}(s)}$$

$$= \frac{\delta_{\underline{w}_1}(s) \times 1 + \delta_{\underline{w}_2}(s) \times 2 + \delta_{\underline{w}_3}(s) \times 3 + \delta_{\underline{w}_4}(s) \times 4 + \delta_{\underline{w}_5}(s) \times 4.7}{\delta_{\underline{w}_1}(s) + \delta_{\underline{w}_2}(s) + \delta_{\underline{w}_3}(s) + \delta_{\underline{w}_4}(s) + \delta_{\underline{w}_5}(s)}$$

前四个是对称的隶属度函数，质心 s_1、s_2、s_3、s_4 分别是各自三角形图形的平均值，第五级隶属度函数的图形是非对称的情况，需要求出对应的三角形质心 s_5。

3.3.2 FPN 推理规则及算法规定

推理算法和模糊产生式规则是模糊推理的基础。参考已有研究[135-137]，并结合推理的需要定义合成、取小和取大三个算子。

定义 3-4：设 A、B、C 为 $1 \times L$ 的行向量，D 为 $2 \times L$ 维矩阵。

合成算子 $\underline{\times}$：$C = A \underline{\times} B \Leftrightarrow c_l = MAX(a_l, b_l), c_l \in C, l \in L$。

取小算子 $\underline{\wedge}$：$C = A \underline{\wedge} B \Leftrightarrow$ 令 $d_{il} = \begin{cases} 1, a_l < b_l, l < l^* \\ 0, a_l \geqslant b_l, l < l^* \end{cases}$，$d_{il} = \begin{cases} 1, a_l > b_l, l \geqslant l^* \\ 0, a_l \leqslant b_l, l \geqslant l^* \end{cases}$，

l^* 为评语等级高低的分界点，这里 $l^* = 3$，用 f_k 表示最小 e_i 的序号，其中 $f_k = \#\underset{i=1}{\overset{2}{MIN}}(e_i)$，

$e_i = \sum_{i=1}^{2}\sum_{l=1}^{L}(d_{il})$，则有 $c_l \in C, c_l = \begin{cases} a_l, f_k = 1 \\ b_l, f_k = 2 \end{cases}$。

取大算子 $\underline{\vee}$：$C = A \underline{\vee} B \Leftrightarrow$ 令 $d_{il} = \begin{cases} 1, a_l < b_l, l < l^* \\ 0, a_l \geqslant b_l, l < l^* \end{cases}$，$d_{il} = \begin{cases} 1, a_l > b_l, l \geqslant l^* \\ 0, a_l \leqslant b_l, l \geqslant l^* \end{cases}$，

l^* 为评语等级高低的分界点 ($l^* = 3$)，用 f_k 表示最大 e_i 的序号，其中 $f_k = \#\underset{i=1}{\overset{2}{MAX}}(e_i)$，

$e_i = \sum_{i=1}^{2}\sum_{l=1}^{L}(d_{il})$，则有 $c_l \in C, c_l = \begin{cases} a_l, f_k = 1 \\ b_l, f_k = 2 \end{cases}$。

FPN 的模糊产生式规则是描述命题之间逻辑关系的规则。基本推理规则有如下四种类型，用"∧"表示逻辑与关系，"∨"表示逻辑或关系。

类型 1：$R_j(\mu_j): p_1(\underline{\theta}_1) \wedge p_2(\underline{\theta}_2) \wedge \cdots \wedge p_n(\underline{\theta}_n) \rightarrow p_k(\underline{\theta}_k)$，该推理过程由 FPN 表示

见图 3-3。以式(3-1)判断规则是否可被触发,如满足条件则规则触发,按式(3-8)计算命题 p_k 的模糊真值:

$$\underset{\sim}{\theta}_k = (\underset{\sim}{\theta}_1 \underset{\sim}{\wedge} \underset{\sim}{\theta}_2 \underset{\sim}{\wedge} \cdots \underset{\sim}{\wedge} \underset{\sim}{\theta}_n) \underset{\sim}{\times} \underset{\sim}{\mu}_j \quad (3\text{-}8)$$

其中 $\underset{\sim}{\theta}_i = (\underset{\sim}{\theta}_{i1} \quad \underset{\sim}{\theta}_{i2} \quad \underset{\sim}{\theta}_{i3} \quad \underset{\sim}{\theta}_{i4} \quad \underset{\sim}{\theta}_{i5})$ 为命题 p_i 的模糊真值度,$\underset{\sim}{\mu}_j = (\underset{\sim}{\mu}_{j1} \quad \underset{\sim}{\mu}_{j2} \quad \underset{\sim}{\mu}_{j3} \quad \underset{\sim}{\mu}_{j4} \quad \underset{\sim}{\mu}_{j5})$ 为规则 r_j 的模糊置信度。下同。

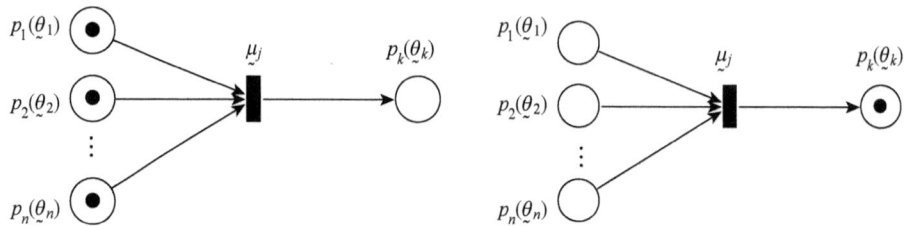

1) 规则触发前　　　　　　2) 规则触发后

图 3-3　类型 1 推理规则 FPN 示意

类型 2: $R_j(\underset{\sim}{\mu}_j): p_k(\underset{\sim}{\theta}_k) \to p_1(\underset{\sim}{\theta}_1) \wedge p_2(\underset{\sim}{\theta}_2) \wedge \cdots \wedge p_n(\underset{\sim}{\theta}_n)$,FPN 表示见图 3-4。经式(3-1)判断如果命题触发,模糊真值按式(3-9)计算:

$$\underset{\sim}{\theta}_1 = \underset{\sim}{\theta}_k \underset{\sim}{\times} \underset{\sim}{\mu}_j; \underset{\sim}{\theta}_2 = \underset{\sim}{\theta}_k \underset{\sim}{\times} \underset{\sim}{\mu}_j; \cdots; \underset{\sim}{\theta}_n = \underset{\sim}{\theta}_k \underset{\sim}{\times} \underset{\sim}{\mu}_j \quad (3\text{-}9)$$

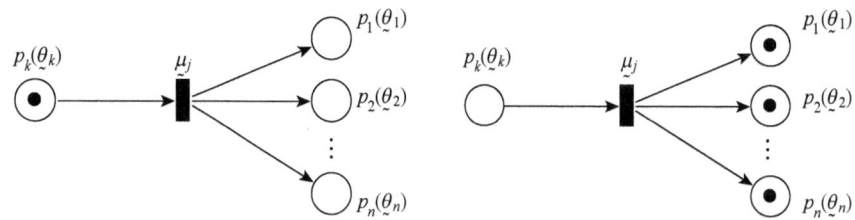

1) 规则触发前　　　　　　2) 规则触发后

图 3-4　类型 2 推理规则 FPN 示意

类型 3: $R_j(\underset{\sim}{\mu}_j): p_1(\underset{\sim}{\theta}_1) \vee p_2(\underset{\sim}{\theta}_2) \vee \cdots \vee p_n(\underset{\sim}{\theta}_n) \to p_k(\underset{\sim}{\theta}_k)$,FPN 表示见图 3-5。经式(3-1)判断命题触发后,模糊真值按式(3-10)计算:

$$\underset{\sim}{\theta}_k = (\underset{\sim}{\theta}_1 \underset{\sim}{\times} \underset{\sim}{\mu}_1) \underset{\sim}{\vee} (\underset{\sim}{\theta}_2 \underset{\sim}{\times} \underset{\sim}{\mu}_2) \underset{\sim}{\vee} \cdots \underset{\sim}{\vee} (\underset{\sim}{\theta}_n \underset{\sim}{\times} \underset{\sim}{\mu}_n) \quad (3\text{-}10)$$

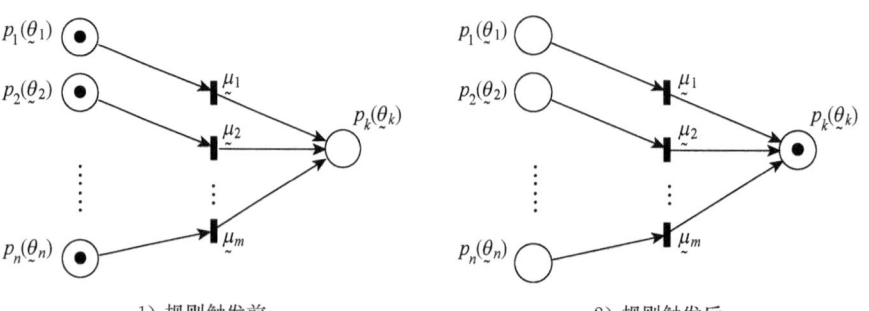

1) 规则触发前　　　　　　2) 规则触发后

图 3-5　类型 3 推理规则 FPN 示意

类型 4：$R_j(\underset{\sim}{\mu}_j): p_k(\underset{\sim}{\theta}_k) \rightarrow p_1(\underset{\sim}{\theta}_1) \vee p_2(\underset{\sim}{\theta}_2) \vee \cdots \vee p_n(\underset{\sim}{\theta}_n)$，FPN 表示见图 3-6。经式 (3-1) 判断命题触发后，模糊真值按式 (3-11) 计算：

$$\underset{\sim}{\theta}_1 = \underset{\sim}{\theta}_k \underline{\times} \underset{\sim}{\mu}_1; \underset{\sim}{\theta}_2 = \underset{\sim}{\theta}_k \underline{\times} \underset{\sim}{\mu}_2; \cdots; \underset{\sim}{\theta}_n = \underset{\sim}{\theta}_k \underline{\times} \underset{\sim}{\mu}_m \qquad (3-11)$$

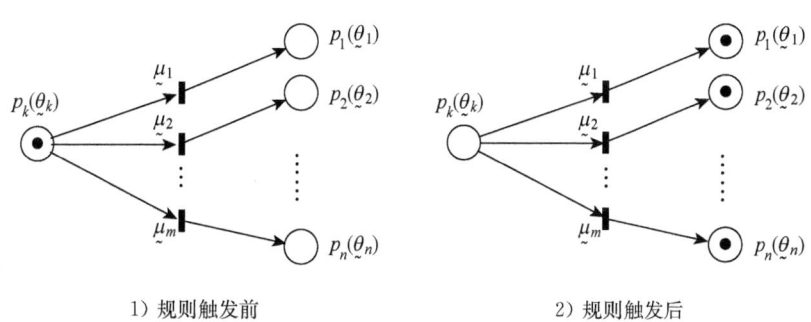

1) 规则触发前　　　　　　　　　　2) 规则触发后

图 3-6　类型 4 推理规则 FPN 示意

3.4　PAB 事故的 FPN 模型

3.4.1　建模范畴

乘客异常行为的表现形式多样，不同行为之间的差异性较大，PAB 事故的后果表现也具有多样性，不可能将所有类型的 PAB 事故用一个统一的模型概括。根据 FPN 方法的适用性，建模范畴如下：

(1) 对象范畴：仅考虑与乘坐地铁直接相关的行为，即表 2-2 中的 A 类行为，包括与上下车有关的行为、乘客间冲突行为、物品掉入轨道、非紧急状态下使用应急设备，不考虑由个人的心理、情感等原因导致的 B 类行为。

(2) 时间范畴：仅对事故发生前和发生瞬间，即图 2-4 中事故发展的干扰源产生阶段和事故发生阶段建立事故网络模型，后果影响阶段属于应急管理的研究范畴，在建模时不予考虑。

(3) 后果范畴：仅考虑事故是否造成车与人或车与物的碰撞，以及造成的列车运行延误，暂不考虑可能造成的经济损失和人员恐慌等后果。

3.4.2　FPN 模型构建

第 2 章第 3 节基于所收集的事故案例，从整体上分析了 PAB 事故的形成机理和主要影响因素。为了进一步确定 FPN 模型的前提和结论命题，以及它们之间的规则关系，从 165 个 PAB 事故案例中进一步筛选出 44 个信息相对完整且有代表性的案例，并参考相关文献资料，进一步分析 PAB 事故的关键影响因素和因素之间的逻辑关系。从纵向上按照干扰源产生阶段→事故发生阶段的顺序，横向上在人—设备—环境—管理这一大框架下，形成基于 FPN 的 PAB 事故分析网络，如图 3-7 所示。FPN 模型中各个命题的内容、含义和参考依据如表 3-2 所示。

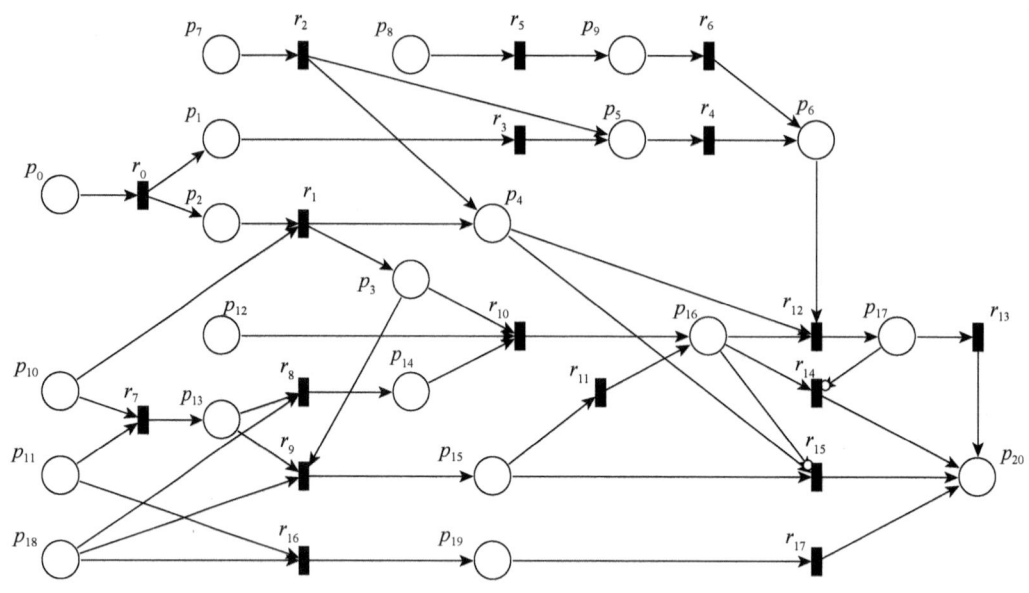

图 3-7 乘客异常行为引发地铁事故的 FPN 模型

表 3-2　FPN 模型命题含义解释

命题	内容	解释	参考依据
p_0	地铁运营公司管理	地铁公司对员工的管理和培训,仅作为事故发生的开端,不参与网络运算	文献:[31][94]
p_1	司机培训程度低	司机接受应急演练较少或资历不够	文献:[131][32][31][89]
p_2	站务员培训程度低	站务员接受应急演练较少或专业知识不足	文献:[131][89][86]
p_3	站务员现场管理不到位	站务员对站台乘客的乘车秩序组织不力,对乘客行为缺乏观察力,不能及时发现险情	文献:[94][89][86] 案例:2006 年 10 月 23 日北京地铁 1 号线,早高峰人流拥挤无人疏导,一名乘客被挤下站台等 27 个案例
p_4	站务员应急能力差,未及时发现险情	站务员对突发事件应对能力欠缺	文献:[89][86] 案例:2011 年 8 月 22 日北京地铁 2 号线,乘客斗殴跌入轨道区等 29 个案例
p_5	司机应急能力差,未及时发现险情	司机对轨道区的观察能力和对突发事件的应对能力欠缺	文献:[89][88] 案例:2011 年 1 月 10 日北京地铁 1 号线,乘客强行上车被屏蔽门夹等 16 个案例

续 表

命题	内容	解释	参考依据
p_6	列车制动距离不足	危险源距车头距离小于安全制动距离时碰撞发生,发现危险时的车速、司机的应急能力等决定列车安全制动距离是否足够	文献:[32][90] 案例:2010年7月26日北京地铁1号线,乘客因拥挤掉入轨道,列车紧急制动等7个案例
p_7	闭路电视监视系统未充分发挥作用	地铁值班员、司机等未充分利用监控设备或监控设备设置不合理	文献:[131][86][90]
p_8	列车速度控制未考虑避免碰撞的安全制动距离	按照相关规范,列车进站速度主要根据列车编组长度、站台长度、有无屏蔽门等计算	文献:[138][139]
p_9	列车进站时速度较快	列车进站速度影响刹车时的制动距离,规范要求列车头部进站速度≤55 km/h(有屏蔽门)或≤40 km/h(无屏蔽门)	文献:[32][86][90][138][139]
p_{10}	乘车环境拥挤	在客流高峰或有突发客流时,乘客密度超过舒适状态的密度(如超过6人/m²)	文献:[90] 案例:2011年11月11日深圳地铁3号线,因上下车拥挤,乘客随身物品掉入轨道等22个案例
p_{11}	乘客安全意识低	乘客缺少安全意识,不能遵守乘车规定有序乘车	文献:[94][90] 案例:2012年2月15日南京地铁1号线,乘客强行扒车门等43个案例
p_{12}	车站未安装屏蔽门	车站未安装屏蔽门系统,增加乘客或随身物品掉入轨道的风险	文献:[89] 案例:2010年8月23日北京地铁2号线,乘客跌落轨道等14个案例
p_{13}	乘客秩序混乱	乘客不按规定乘车,现场秩序混乱	案例:2010年8月10日北京地铁13号线,两名乘客发生口角,导致其中一名昏迷等29个案例
p_{14}	乘客越过站台安全黄线候车	乘客在站台候车时,因缺乏安全意识或其他原因越过安全黄线	案例:2012年11月6日北京地铁八通线,乘客越过黄线候车,突然跌落站台等12个案例
p_{15}	乘客发生冲突或强行上下车	乘客在站台或列车上发生语言、肢体冲突,或在上下车时被车门夹、扒车门等	案例:2012年10月7日广州地铁4号线,两乘客因争座发生肢体冲突等21个案例;2010年7月5日上海地铁2号线,乘客强行上车手腕被夹
p_{16}	人或物品进入轨道区	乘客或乘客随身物品因非主观原因进入轨道区	文献:[89] 案例:2011年5月12日上海地铁3号线,乘客上下车时拥挤掉入轨道等18个案例

续 表

命题	内容	解释	参考依据
p_{17}	列车与人或物品发生碰撞	人或物品进入轨道区后,发现不及时或未采取妥当应急措施,导致碰撞发生	案例:18个落轨案例中有4个发生列车撞人,3个因物品引发供电故障
p_{18}	缺少相关法律法规约束	对地铁乘安全等相关规定不明确或执行力度不够	案例:乘客乱动设备按钮、冲突、强行上下车等导致的40个案例
p_{19}	乘客随意使用应急设备	如在非紧急情况下擅拉紧急制动闸,造成列车停运	案例:2012年6月5日上海地铁2号线,乘客因同伴未上车,拉下紧急制动等10个案例
p_{20}	地铁运行延误	地铁不能按计划提供交通服务	案例:44个案例中有33个导致地铁运行延误

3.4.3 FPN 模型解释

FPN 模型的起始库所 p_7、p_1、p_2、p_{12}、p_{10}、p_{11}、p_{18} 与目标库所 p_{20} 之间,由17条规则按3.3.2描述的模糊产生式规则连接,构成PAB事故发展的推理过程。通过对44个案例的详细分析发现,在A类行为导致地铁事故的过程中,有三个关键节点,分为是 p_{16}、p_{17} 和 p_{20}。接下来,以关键节点为主线说明模型的内部结构关系。

1) 人或物品进入轨道区(p_{16})

共有两种情景经常导致人或物品进入轨道区,一种是在没有安装屏蔽门(p_{12})的车站候车时,如果乘客非常靠近站台边缘越过安全黄线(p_{14}),又未得到车站站务员的及时纠正(p_3),则很可能发生 p_{16};另一种可能性是在乘车秩序混乱(p_{13})加上相关法律对PAB的规定不够严格(p_{18}),以及站务员对现场的管理不到位(p_3)的情况下,容易发生乘客间冲突或强行上下车(p_{15}),进而导致乘客或物品掉入轨道区(p_{16})。

2) 列车与人或物品发生碰撞(p_{17})

p_{16} 发生后有两种可能的结果,一种是规则 r_{12} 被触发,从而碰撞 p_{17} 发生;另一种是 r_{12} 未能被触发则 p_{17} 未发生。触发 r_{12} 需要同时满足三个前提命题:首先,必须有人或物品进入了轨道区(p_{16});其次,站务员没能及时将人或物救起(p_4);最后是列车制动距离不足(p_6),无法在碰撞发生前完全制动列车,最终碰撞 p_{17} 发生。列车的制动距离主要受列车运行速度(p_9)和司机发现轨道上险情的时机(p_5)影响。目前,列车的进站速度主要根据列车编组长度、站台长度、有无屏蔽门,以及停车位置等技术指标确定,未考虑站台所在轨道区有"异物"侵入时列车速度对安全制动距离(p_8)的影响。司机/站务员能否及时发现险情(p_5/p_4)由地铁公司对员工的培训情况(p_1)或车站监控设备的利用程度和完善程度(p_7)所决定。

3) 地铁运行延误(p_{20})

考虑到有多种情景可以导致目标库所 p_{20} 发生,在适当的位置设置抑止弧,使情景按合理的逻辑关系发生。乘客间冲突或强行上下车(p_{15})如果未得到有效制止(p_4),可以直接导致 p_{20},或者先导致乘客或物品掉入轨道区(p_{16})进而导致 p_{20}。也就是说,无论是否有 p_{16} 发生都可能导致 p_{20},两种情况在逻辑上不可能同时存在。为了表达这种关系,从命题 p_{16} 到规则 r_{15} 设置一个抑止弧,即令 $H(p_{16}, r_{15}) = 1$,使得只要 p_{16} 中有托肯 r_{15} 就不被触发,保证

r_{14} 和 r_{15} 不被同时触发。如果有乘客或物品掉入轨道区(p_{16}),要么直接导致 p_{20},要么先导致碰撞(p_{17})发生进而导致 p_{20},两种情况也只可能有一个发生。类似地,从命题 p_{17} 到规则 r_{14} 设置一个抑止弧,即令 $H(p_{17},r_{14})=1$,使得只要 p_{17} 中有托肯,规则 r_{14} 就不被触发,保证 r_{12} 和 r_{14} 不被同时触发。另外,乘客安全意识低(p_{11})加之法律规定不够严格(p_{18})会导致乘客随意使用应急按钮(p_{19}),直接导致 p_{20} 发生。

3.5 PAB 事故脆弱情景识别及分析

3.5.1 计算机程序设计

在南京地铁运营公司邀请 6 位具有 5 年以上客运管理经验的专家,对图 3-7 所示的 FPN 模型的 7 个起始命题真值度($\tilde{\theta}$)和 17 条推理规则置信度($\tilde{\mu}$),按定义 3-5 描述的语言集进行评价。然后,依据表 3-1 的模糊解析式对专家语言进行模糊化处理,作为 FPN 模型的初始输入值。根据专家建议,将模型的变迁阈值确定为 $\tilde{\lambda}=[\tilde{\lambda}_{j1},\tilde{\lambda}_{j2},\tilde{\lambda}_{j3},\tilde{\lambda}_{j4},\tilde{\lambda}_{j5}]=(0.6,0.6,0.5,0.5,0.5)$,$\tilde{\lambda}_{jl}$ 是命题 p_i,$p_i \in \cdot r_j$ 对评语 w_l 隶属度的阈值。

采用基于前向推理的脆弱情景识别方法,从初始库所到目标库所依次按路径计算,先判断命题是否满足式(3-1)的触发条件,如果满足条件则命题触发,按式(3-8)至(3-11)中对应的推理算法,计算所涉及结论命题的模糊真值。如此继续向前推理,直到变迁不再发生或者最终到达目标库所 p_{20} 为止。对于到达目标库所的所有模糊真值,按式(3-7)作解模糊化处理。

由于目前没有专门针对模糊 Petri 网的计算软件,用 Matlab 软件编程实现上述计算过程,主程序的设计流程如图 3-8 所示。脆弱情景识别的计算机实现步骤如下:

Step1:模型初始化,将专家打分的平均值输入模型并作模糊化处理,令初始标识 $M_0 = [1,1,0,0,0,0,1,1,0,1,1,1,0,0,0,0,0,1,0,0]$。

Step2:对命题 p_i,$p_i \in \cdot r_j$,设其结论命题为 p_k,$p_k \in r_j \cdot$。根据 p_i 和 p_k 的推理关系选择计算类型,调用相应的算法子程序(Sub-pragram1/2/3),对计算结果判断变迁是否发生。

(1) 如果 $M(p_i)=1$ 并且 $\tilde{\theta}_k \geq \tilde{\lambda}_j$,则更新网络标识,输出 p_k 的模糊真值 $\tilde{\theta}_k$ 和更新后的标识 M'。对于前提命题,令 $M'(p_i)=0$;对于结论命题,如果 p_k 已有标识,不再重复标记,如果 p_k 没有标识,令 $M'(p_k)=1$。

(2) 如果 $\exists M(p_i) \neq 1$ 或 $\exists \tilde{\theta}_k < \tilde{\lambda}_j$,不给命题 p_k 标识,该情景的推理结束,此时可以选择返回 Step1 从其他初始命题开始计算,或者选择从中间命题开始计算。

Step3:p_k 成为已标记的命题,重复 Step2,直到到达目标命题 p_{20},选择解模糊化运算,输出对应的可达标识集 $RS(M_0)$ 和对应的解模糊值 S_*。

Step4:重复 Step2 和 Step3,直到整个网络没有变迁可以发生。

最终使目标命题"地铁运行延误"发生[即 $M(p_{20})=1$]的变迁序列所对应的路径就是导致 PAB 事故发生的脆弱情景,这一过程可由网系统中标识变化的情况,即通过可达标识集 $RS(M_0)$ 来反映。显然,从初始命题可达目标命题的事故情景可能不止一种,用情景对应的解模糊值 S_* 的大小表征情景的脆弱程度,S_* 越大表示发生 PAB 事故的真实度越高,这一情景的脆弱度就越高。

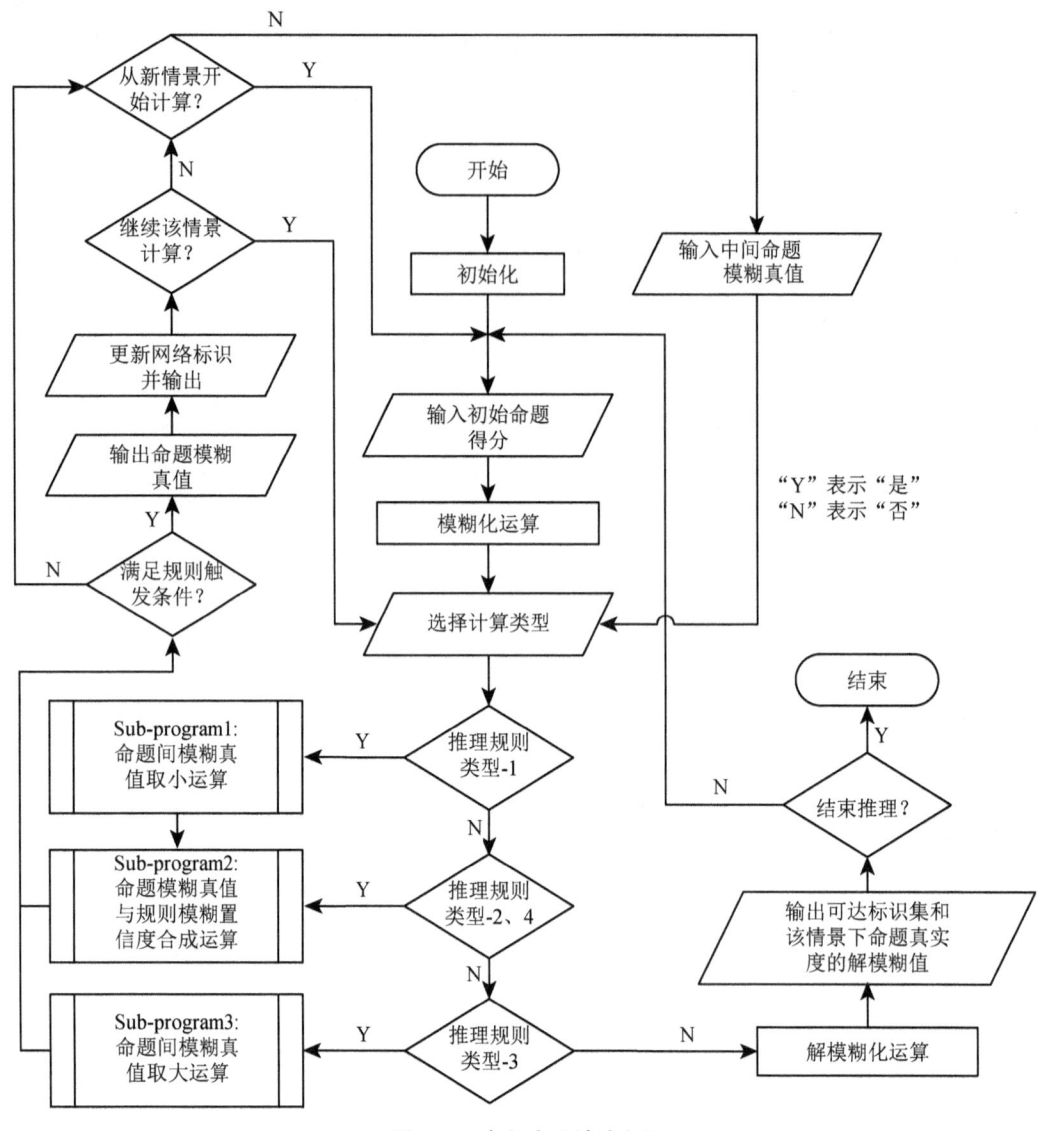

图 3-8 主程序设计流程图

3.5.2 模型计算结果

网系统的初始值即专家打分的平均值,以及对平均值的模糊化处理结果见表 3-3。

表 3-3 FPN 模型的初始输入值和模糊化处理结果

初始命题		规则	
分数	模糊真值度	分数	模糊置信度
2.30	$\underset{\sim}{\theta_1} = (0.00\ \ 0.70\ \ 0.30\ \ 0.00\ \ 0.00)$	3.70	$\underset{\sim}{\mu_1} = (0.00\ \ 0.00\ \ 0.30\ \ 0.70\ \ 0.00)$
3.00	$\underset{\sim}{\theta_2} = (0.00\ \ 0.00\ \ 1.00\ \ 0.00\ \ 0.00)$	3.40	$\underset{\sim}{\mu_2} = (0.00\ \ 0.00\ \ 0.60\ \ 0.40\ \ 0.00)$

续　表

初始命题		规则	
分数	模糊真值度	分数	模糊置信度
2.90	$\theta_7 = (0.00\quad 0.10\quad 0.90\quad 0.00\quad 0.00)$	4.30	$\mu_3 = (0.00\quad 0.00\quad 0.00\quad 0.70\quad 0.30)$
2.20	$\theta_{10} = (0.00\quad 0.00\quad 0.00\quad 1.00\quad 0.00)$	4.00	$\mu_4 = (0.00\quad 0.00\quad 0.00\quad 1.00\quad 0.00)$
4.00	$\theta_{11} = (0.00\quad 0.00\quad 0.30\quad 0.70\quad 0.00)$	2.30	$\mu_5 = (0.00\quad 0.70\quad 0.30\quad 0.00\quad 0.00)$
3.70	$\theta_{12} = (0.00\quad 0.00\quad 0.80\quad 0.20\quad 0.00)$	3.10	$\mu_6 = (0.00\quad 0.00\quad 0.90\quad 0.10\quad 0.00)$
3.20	$\theta_{18} = (0.00\quad 0.00\quad 1.00\quad 0.00\quad 0.00)$	3.30	$\mu_7 = (0.00\quad 0.00\quad 0.00\quad 0.70\quad 0.30)$
		3.60	$\mu_8 = (0.00\quad 0.00\quad 0.00\quad 0.40\quad 0.60)$
		3.70	$\mu_9 = (0.00\quad 0.00\quad 0.00\quad 0.30\quad 0.70)$
		3.40	$\mu_{10} = (0.00\quad 0.00\quad 0.00\quad 0.60\quad 0.40\quad 0.00)$
		3.50	$\mu_{11} = (0.00\quad 0.00\quad 0.00\quad 0.50\quad 0.50\quad 0.00)$
		4.10	$\mu_{12} = (0.00\quad 0.00\quad 0.00\quad 0.90\quad 0.10)$
		4.80	$\mu_{13} = (0.00\quad 0.00\quad 0.00\quad 0.20\quad 0.80)$
		4.10	$\mu_{14} = (0.00\quad 0.00\quad 0.00\quad 0.90\quad 0.10)$
		2.80	$\mu_{15} = (0.00\quad 0.20\quad 0.80\quad 0.00\quad 0.00)$
		3.60	$\mu_{16} = (0.00\quad 0.00\quad 0.40\quad 0.60\quad 0.00)$
		3.80	$\mu_{17} = (0.00\quad 0.00\quad 0.20\quad 0.80\quad 0.00)$

经过程序计算，FPN 模型中除规则 r_3、r_5、r_6、r_{15} 外，其他规则均被触发。值得注意的是，规则 r_{12} 和 r_{14} 是在抑止弧的作用下被分别触发的；在未触发的规则中，r_3、r_5、r_{15} 是由于真值度小于变迁阈值 λ 而未触发，而规则 r_6 未能触发的原因是它的前提命题 p_9 未获得标识。

推理结束后，各命题的模糊真值度的输出结果见表 3-4。可以看到，p_{20} 共有三个模糊真值度输出，说明有三种情景最终导致目标命题"地铁运行延误"发生，输出值分别是 $\theta_{20}^1 = (0.00\quad 0.00\quad 0.41\quad 0.73\quad 0.72)$、$\theta_{20}^2 = (0.00\quad 0.00\quad 0.81\quad 0.72\quad 0.00)$ 和 $\theta_{20}^3 = (0.00\quad 0.00\quad 0.46\quad 0.81\quad 0.09)$。有一种情景导致 p_{17} "碰撞"发生，输出值是 $\theta_{17} = (0.00\quad 0.00\quad 0.46\quad 0.81\quad 0.09)$。

表 3-4　FPN 模型各命题模糊真值度输出结果

命题	模糊真值度	命题	模糊真值度
p_1	$\theta_1 = (0.00\quad 0.70\quad 0.30\quad 0.00\quad 0.00)$	p_5	$\theta_5 = (0.00\quad 0.09\quad 0.81\quad 0.36\quad 0.00)$
p_2	$\theta_2 = (0.00\quad 0.00\quad 1.00\quad 0.00\quad 0.00)$	p_6	$\theta_6 = (0.00\quad 0.08\quad 0.73\quad 0.90\quad 0.00)$
p_3	$\theta_3 = (0.00\quad 0.00\quad 0.90\quad 0.63\quad 0.00)$	p_7	$\theta_7 = (0.00\quad 0.10\quad 0.90\quad 0.00\quad 0.00)$
p_4	$\theta_4 = (0.00\quad 0.00\quad 0.90\quad 0.63\quad 0.00)$	p_8	$\theta_2 = (0.00\quad 0.00\quad 1.00\quad 0.00\quad 0.00)$

续　表

命题	模糊真值度	命题	模糊真值度
p_9	$\underset{\sim}{\theta}_2 = (0.00\ \ 0.72\ \ 0.27\ \ 0.00\ \ 0.00)$	p_{15}	$\underset{\sim}{\theta}_{15} = (0.00\ \ 0.00\ \ 0.57\ \ 0.63\ \ 0.00)$
p_{10}	$\underset{\sim}{\theta}_2 = (0.00\ \ 0.00\ \ 0.00\ \ 1.00\ \ 0.00)$	p_{16}	$\underset{\sim}{\theta}_{16} = (0.00\ \ 0.00\ \ 0.51\ \ 0.57\ \ 0.00)$
p_{11}	$\underset{\sim}{\theta}_{11} = (0.00\ \ 0.00\ \ 0.30\ \ 0.70\ \ 0.00)$	p_{17}	$\underset{\sim}{\theta}_{17} = (0.00\ \ 0.00\ \ 0.65\ \ 0.71\ \ 0.00)$
p_{12}	$\underset{\sim}{\theta}_{12} = (0.00\ \ 0.00\ \ 0.80\ \ 0.20\ \ 0.00)$	p_{18}	$\underset{\sim}{\theta}_{18} = (0.00\ \ 0.00\ \ 1.00\ \ 0.00\ \ 0.00)$
p_{13}	$\underset{\sim}{\theta}_{13} = (0.00\ \ 0.00\ \ 0.63\ \ 0.63\ \ 0.00)$	p_{19}	$\underset{\sim}{\theta}_{19} = (0.00\ \ 0.00\ \ 0.90\ \ 0.54\ \ 0.00)$ $\underset{\sim}{\theta}_{20}^1 = (0.00\ \ 0.00\ \ 0.41\ \ 0.73\ \ 0.72)$
p_{14}	$\underset{\sim}{\theta}_2 = (0.00\ \ 0.00\ \ 0.57\ \ 0.57\ \ 0.00)$	p_{20}	$\underset{\sim}{\theta}_{20}^2 = (0.00\ \ 0.00\ \ 0.46\ \ 0.81\ \ 0.09)$ $\underset{\sim}{\theta}_{20}^3 = (0.00\ \ 0.00\ \ 0.81\ \ 0.72\ \ 0.00)$

根据输出的可达标识集 $RS(M_0)$，绘制 PAB 事故的可达标识图 $RG(FPN)$，如图 3-9 所示。标识流动的情况同样显示，有三种情景最终到达了目标命题 p_{20}，这三种情景下网系统中标识的最终状态在图 3-9 中以下画线标出。从任一带下画线的标识出发，向上追溯到初始标识 M_0，再按相同路径反向从 M_0 到带下画线的标识，所经过的每一步都代表某个新变迁发生后网系统当前的状态。PAB 事故就是随着系统状态的更新不断向前发展，直到 p_{20} 获得标识，所经过的路径即为系统的脆弱情景。

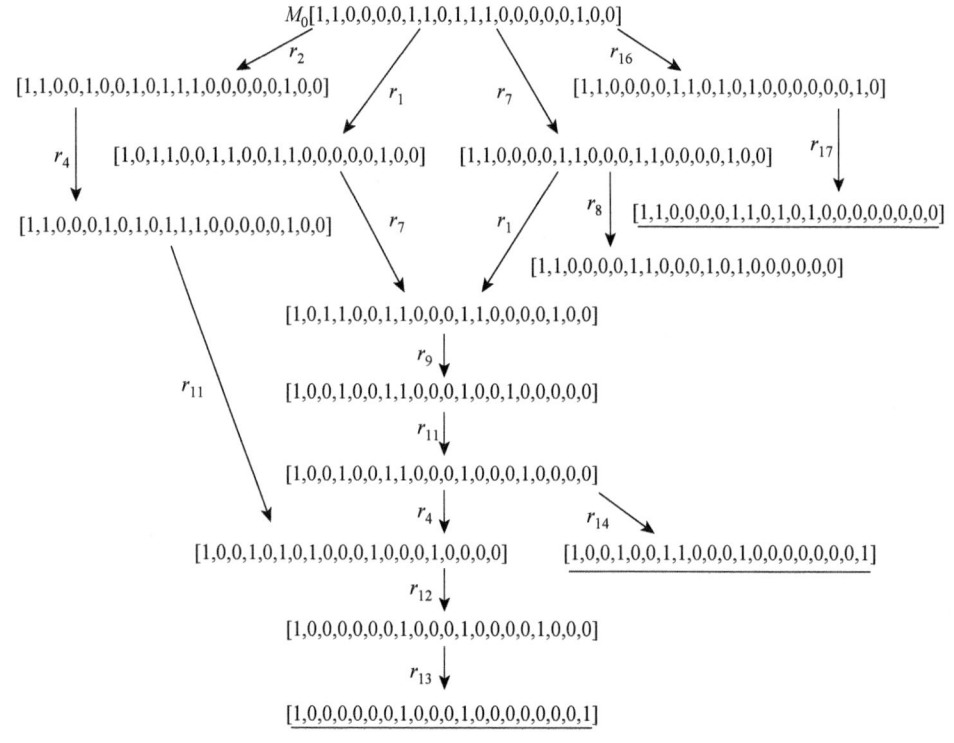

图 3-9　PAB 事故 FPN 模型的可达标识图

3.5.3 脆弱情景识别与分析

FPN模型的推理结果显示,共有三种情景会导致PAB事故发生。具体来说,情景1造成人或物与列车碰撞,以及列车运行延误;情景2和情景3均仅造成列车运行的延误。根据脆弱度(真值度的解模糊值)的大小,按降序将三种情景的路径图、真值度和脆弱度列于图3-10。

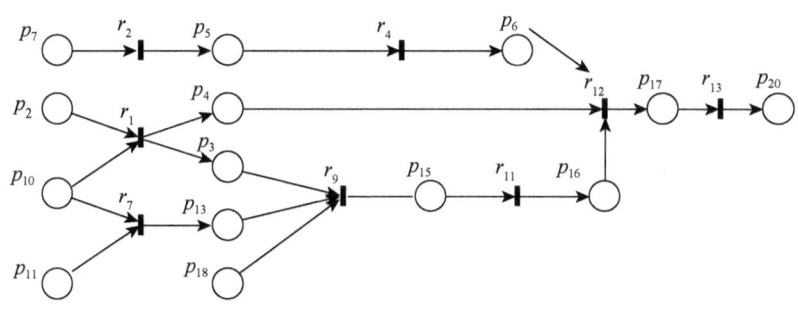

情景1	"延误"真值度 θ	脆弱度 S_*
	(0.00 0.00 0.41 0.73 0.72)	4.05
	"碰撞"真值度 θ	脆弱度 S_*
	(0.00 0.00 0.65 0.71 0.00)	3.52

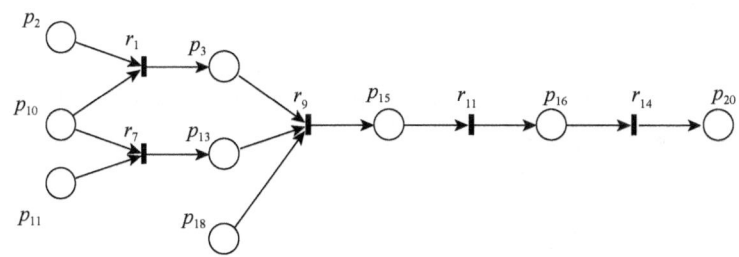

情景2	"延误"真值度 θ	脆弱度 S_*
	(0.00 0.00 0.46 0.81 0.09)	3.71

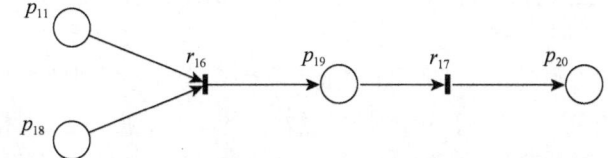

情景3	"延误"真值度 θ	脆弱度 S_*
	(0.00 0.00 0.81 0.72 0.00)	3.47

图3-10 导致PAB事故的三种脆弱情景的路径图、真值度和脆弱度

情景1对"延误"和"碰撞"的脆弱度分别为4.05和3.52,是脆弱性最大的情景。对"延误"和"碰撞"的真值度含义是,事件按情景1发展,最终导致地铁运行延误,分别以0.73和

0.72 隶属于"比较真实"和"非常真实";最终导致碰撞,分别以 0.65 和 0.71 隶属于"中立"和"比较真实"。

根据情景 1,车站监控设备(p_7)的辅助作用对司机的应急能力(p_5)有较大影响,而司机应急能力差会导致列车的制动距离不足(p_6);地铁公司对站务员的培训不足(p_2)和乘车环境拥挤(p_{10})共同影响站务员现场管理能力(p_3)和应急能力(p_4);车站的乘车环境拥挤(p_{10})和乘客安全意识低(p_{11})会造成乘车秩序混乱(p_{13}),如果同时站务员现场管理能力差(p_3)、缺少相关法律的约束(p_{18}),则容易发生乘客冲突或强行上下车行为(p_{15}),这是导致人或物品进入轨道区(p_{16})的主要原因。如果 p_6、p_4、p_{16} 同时发生,则有很大的可能性会发生碰撞(p_{17}),进而造成地铁运行延误(p_{20})。

情景 2 的脆弱度为 3.71。真值度结果表明,事件按情景 2 发展,最终导致地铁运行延误,分别以 0.46 和 0.81 隶属于"中立"和"比较真实"。对比情景 1 的和情景 2 的路径图发现,两情景以相同的路径导致人或物进入轨道区(p_{16}),区别在于前者先导致碰撞从而造成延误,后者由于站务员或司机及时发现险情,未发生碰撞但仍造成了延误。

情景 3 的脆弱度为 3.47。真值度结果表明,事件按情景 3 发展,最终导致地铁运行延误,分别以 0.81 和 0.72 隶属于"中立"和"比较真实"。情景 3 指出乘客安全意识低(p_{11})加上缺少相关法律的约束(p_{18}),会导致乘客随意使用应急设备(p_{19}),进而造成列车运行受到影响。

3.5.4 基于脆弱情景的建议

从理论上来说,影响因素(命题)之间的因果关系是固定不变的,为防止乘客行为导致地铁运行事故,需要采取适当措施降低脆弱情景中某个或某些因素的真实度。

首先,脆弱度较高的情景 1 和情景 2 都经由 p_{15} 导致 p_{16},说明乘客间发生冲突或强行上下车导致的人或物品进入地铁限界,无论碰撞是否发生,都是造成车站运行延误的重要原因。根据 p_{15} 发生的前提命题,提出具体建议如下:

(1)地铁站务人员直接与乘客接触,对预防乘客异常行为侵入地铁限界有关键作用。应定期组织站务员就车站突发状况进行实战演练,提高站务员在复杂环境中的组织、观察和应变能力。

(2)目前,轨道交通运营管理的相关规定中,对乘客禁止性行为的规定比较简单,处罚措施不够明确。存在对情节轻微的行为,甚至对一些影响严重的行为,不能严格执法的现象。应完善安全乘车的相关立法,对可能造成人身伤害或运行延误的行为加大处罚。

其次,在情景 1 中除 p_4 和 p_{16} 外,p_6 是碰撞发生的另一前提命题。根据 $p_7 \rightarrow p_5 \rightarrow p_6$,能否在碰撞发生前成功制动列车,主要取决于司机发现轨道区险情的时机。除了司机自身经验和素质很重要外,车站调度员、值班员应充分利用地铁监控设施,提高对车站站台和轨道区的监控力度,及时发现危险并对现场人员发布有效指令。

最后,乘客随意使用应急设备以较短的路径直接导致运行延误。在很多事故案例中,乘客因为个人原因或其他非紧急原因拉下紧急制动闸导致非正常停车,将直接影响该车站甚至整个线路的运行计划。为了减少此类事故发生,应普及应急设备的使用条件和使用方法,加强对擅自使用应急设备行为的处罚。

3.6 本章小结

本章采用模糊 Petri 网方法,建立几种典型乘客异常行为引发地铁安全事故的网络模型,通过模糊推理识别了三种可达"碰撞"或"列车延误"的脆弱情景,根据各情景对应真值度解模糊值的大小对各情景的脆弱度进行排序,并针对脆弱情景涉及的因素给出相应改进建议。

(1) 脆弱度最大的情景 1 是由于地铁运行中站务员、司机、安全设施、乘车环境、法律环境等多方面存在漏洞,发生强行上下车或乘客间冲突行为,从而导致人或物品进入轨道区域,并与列车发生碰撞,最终导致地铁运行延误。

(2) 脆弱度排第 2 位的情景 2,以与情景 1 相同的路径导致人或物品进入轨道区域,虽然未发生碰撞但仍导致了地铁运行延误。至此,说明乘客行为侵入轨道区域,无论是否发生碰撞,都是乘客行为导致列车延误的首要原因。

(3) 情景 3 描述的是由于乘客安全意识和法律环境存在漏洞,发生乘客随意使用应急设备而导致地铁运行延误的情况。虽然该情景不会引发碰撞事故,但与情景 1、情景 2 相比,它以较少的影响因素直接导致了地铁运行延误。

4 基于调研的乘客异常行为识别与危险性评估

前文基于历史事故案例,对 PAB 的分类、特征和影响因素作了初步分析。然而,事故案例可提供的乘客行为信息很有限。一方面,因为媒体报道的事故通常是足以引起关注的损失事故,从中归纳的乘客行为显然是不全面的;另一方面,公开的事故数据不一定包含研究所需的所有行为测量维度。本章将通过系统性的调研,获取关于乘客行为的一手资料,对 PAB 作更为全面细致的识别与评估。

4.1 调研及分析思路概述

为了全面识别 PAB 的表现形式、评估 PAB 的危险性、剖析 PAB 产生的内在动机和外在影响因素,在全国范围内开展了一系列针对地铁乘客行为的调研,调研的对象包括地铁乘客和地铁工作人员,整个调查和分析的思路如图 4-1 所示。

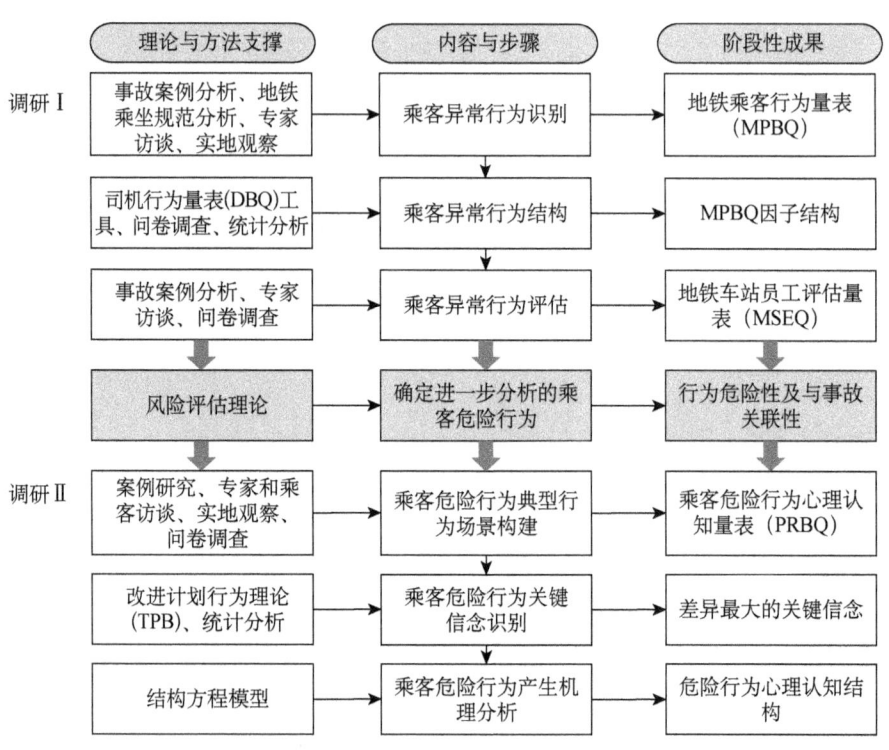

图 4-1 对 PAB 调研及分析的思路

调研分为两个阶段。第一阶段在图 4-1 中表示为调研Ⅰ,目的是识别 PAB 的表现形式、探索 PAB 的因子结构、评估 PAB 的危险性和影响对象,并确定需要在后续调研中继续深入调查的行为。对调研Ⅰ的分析构成本章的研究内容,所涉及的理论和方法包括事故案例和规范文件分析、专家访谈、实地观察、问卷调查、行为量表工具、风险评估理论和统计分析方法等。第二阶段在调研Ⅰ的基础上开展调研Ⅱ,目的是对从乘客异常行为中筛选出的乘客危险行为作进一步的调查,探讨这些危险行为产生的内在机理,并识别决定行为意向的关键信念。对调研Ⅱ的分析构成第 5 章的研究内容,涉及的理论和方法包括事故案例分析、专家访谈、问卷调查、改进的计划行为理论和结构方程模型。

4.2 PAB 识别及行为因子结构

4.2.1 行为量表工具

行为测量最简单、有效的方法是使用自我评估式(Self-reported)量表,询问行为主体发生行为的可能性,让行为主体自身成为有效的测量工具[140, 115]。这种方法虽然经常遭受诸如过于主观或存在偏见的批评,但不可否认它具有其他方法不具备的信息量大、经济、省时、易操作的优点。异常行为产生的背景多种多样,通常难以用实地观察法在短时间内获得足够的数据,而自评量表可提高此类数据的获取效率。相比公开的事故数据,自评量表在覆盖的采集点上可以按研究需要包含较全面的测量数据,更好地实现研究目标。

司机行为量表工具 DBQ 由 Reason 等[98]最早提出,随后被多国学者扩展和完善,应用于不同交通主体异常行为的研究,相关研究主要集中于道路使用者行为的研究。有关 DBQ 的研究综述详见 1.2.3。目前,国内外没有专门用于地铁乘客行为研究的量表工具。尽管不同行为主体的行为表现有较大差异,但地铁乘客行为量表(Metro Passenger Behavior Questionnaire,MPBQ)的开发,仍可借鉴针对道路使用者行为的丰硕研究成果。本研究以 Reason 等的驾驶行为量表(DBQ)[98][104]、Elliott 等的道路使用者行为量表(ARBQ)[115]和 Granié 等的行人行为量表(PBS)[110]为基本框架,构建适用于地铁乘客异常行为分析的自评量表——MPBQ。

4.2.2 地铁乘客行为量表(MPBQ)

1) 初步构建行为清单

首先,以收集的 PAB 事故案例和地铁安全乘车规定为基础,初步识别 MPBQ 的行为项。选取北京、上海、广州、深圳、南京 5 个相对比较成熟的城市地铁的乘客守则(详见附录 A),对比分析其中对安全乘车、乘客禁止性行为的规定,归纳总结的行为项如表 4-1 所示。从表 4-1 可知,每个城市对乘客行为的规定不完全相同,北京地铁对乘客行为的规定相对比较全面。基于乘车规定识别的行为项(表 4-1)与基于案例识别的行为项(表 2-2)有部分重叠。

有些在规定中禁止的行为看似与安全无关,这些行为最初可能是出于健康、文明等原因被明文禁止,但实际上存在安全隐患,也被列入本研究的行为清单。例如,逃票可能造成翻越闸机等危险行为,随地扔杂物可能引发乘客间冲突,吸烟可能导致地铁火灾等。值得注意的是,由于乘客心理或生理原因导致的行为不在本研究的范围内,即表 2-2 中 B1 和 B2 行为不列入行为清单。综合表 2-2 和表 4-1 的归纳结果,初始行为清单包含 21 项乘客异常行为(参见表 4-2)。

表 4-1　从 5 大城市地铁的安全乘车规定中总结的 PAB

乘车规定	北京	上海	广州	深圳	南京
1	携带超重、超大物品	携带超重、超大物品	—	携带超重、超大物品	携带超重、超大物品
2	赤脚、赤膊乘车	赤脚、赤膊乘车	—	—	赤脚、赤膊乘车
3	—	醉酒后乘车	醉酒后乘车	—	醉酒后乘车
4	携带禁止性物品	携带禁止性物品	携带禁止性物品	携带禁止性物品	携带禁止性物品
5	擅自进入轨道区	—	擅自进入轨道区	擅自进入轨道区	擅自进入轨道区
6	在车站内吸烟	—	在车站内吸烟	在车站内吸烟	在车站内吸烟
7	在车站内随地吐痰、乱扔杂物	在车站内随地吐痰、乱扔杂物	在车站内随地吐痰、乱扔杂物	在车站内随地吐痰、乱扔杂物	在车站内随地吐痰、乱扔杂物
8	越过安全黄线候车	—	越过安全黄线候车	—	越过安全黄线候车
9	关门警铃响后继续上下车	关门警铃响后继续上下车	关门警铃响后继续上下车	关门警铃响后继续上下车	关门警铃响后继续上下车
10	强行扒车门	强行扒车门	强行扒车门	强行扒车门	强行扒车门
11	非紧急状态下使用应急设备	—	非紧急状态下使用应急设备	非紧急状态下使用应急设备	非紧急状态下使用应急设备
12	在自动扶梯上不靠右侧站立阻碍他人通行	—	—	—	在自动扶梯上不靠右侧站立阻碍他人通行
13	不遵守先下后上	不遵守先下后上	—	—	不遵守先下后上
14	逃票	逃票	逃票	逃票	逃票
15	—	—	—	遗失车票	—
16	翻越检票闸机或护栏	翻越检票闸机或护栏	翻越检票闸机或护栏	翻越检票闸机或护栏	翻越检票闸机或护栏
17	—	在车站内与其他乘客发生冲突	—	—	在车站内与其他乘客发生冲突

续 表

乘车规定	北京	上海	广州	深圳	南京
18	在车站内追逐、打闹	—	在车站内追逐、打闹	在车站内追逐、打闹	—
19	不按秩序候车	—	—	不按秩序候车	—
20	依靠车门或屏蔽门站立	—	依靠车门或屏蔽门站立	依靠车门或屏蔽门站立	—

2) 行为清单改进

基于历史资料识别 PAB,势必会遗漏一些细小的、不易引起注意的行为。为了补充和修改初始行为清单,在南京地铁的一些重要车站,如新街口站、安德门站、南京南站等,开展为期两周的实地调研。调研的方式包括专家访谈、行为观察记录和行为录像记录。共邀请了 34 位在地铁车站一线工作的员工参与访谈,受访者对 21 项行为的内容和措辞是否精准提出修改建议,并根据工作经验在清单中补充任何能够想到的异常行为。受访者的职务构成是站务员(18 人)、值班员(6 人)、值班站长(3 人)和司机(7 人)。与此同时,在调研车站随机选择 20 名愿意配合参与的乘客,以同样的方式对行为清单提出改进建议。

通过访谈和观察,共新增加 11 项行为。其中有 5 项(3、18、19、25、31)是受访者提出,并且在调研期间经常被观察到的行为;有 3 项(5、6、32)是受访者普遍提及,但较难通过观察获得的行为;还有 3 项(1、2、29)是通过观察获得,被认为存在安全隐患的行为。另外,对某些行为的内容和措辞作了修改,例如,将基于乘车规定识别的"不按秩序候车"修改为更为具体的"候车时不排队或站在下客区"。经过改进,最终清单包含 32 项乘客异常行为,具体内容和识别途径见表 4-2。

表 4-2 PAB 清单及行为识别途径

乘客异常行为项	行为识别途径		
	案例和乘车规定	专家访谈	实地观察
1. 从单向入口离开车站或从单向出口进入车站			√
2. 在车站内逆着人流方向穿梭行走			√
3. 在运行的自动扶梯上跑动(正向或逆向)		√	√
4. 在自动扶梯上不靠右侧站立阻碍他人通行	√	√	√
5. 使用停止运行的自动扶梯		√	
6. 对自动购票机不熟悉,买错车票或影响他人购票		√	
7. 翻越闸机或护栏	√	√	
8. 逃票	√	√	
9. 遗失车票	√	√	

续 表

乘客异常行为项	行为识别途径		
	案例和乘车规定	专家访谈	实地观察
10. 携带禁止性物品	√		
11. 携带超重、超大物品	√	√	√
12. 在车站内吸烟	√	√	
13. 在车站内随地吐痰、乱扔杂物	√		
14. 在车站内赤脚、赤膊	√		
15. 在车站内追逐、打闹	√	√	√
16. 醉酒后乘车	√		
17. 在车站内与其他乘客发生冲突	√	√	
18. 到达站台后选择最近的车门候车,懒得走到乘客较少的车门		√	√
19. 候车时注意力全部集中在手机、报纸等娱乐上		√	√
20. 候车时越过安全黄线	√	√	√
21. 候车时不排队或站在下客区	√	√	√
22. 不遵守先下后上,抢行上车	√	√	√
23. 关门警铃响后,继续上下车	√	√	√
24. 强行扒车门上下车	√	√	√
25. 上车后不往车厢内移动,拥堵在车门口		√	√
26. 擅自进入轨道区	√	√	
27. 随身携带物品掉入轨道区	√	√	
28. 非紧急状态下使用应急设备	√	√	
29. 在车厢内不拉住固定物体站立			√
30. 倚靠车门或屏蔽门站立	√	√	√
31. 站在车厢内注意力全部集中在手机、报纸等娱乐上		√	√
32. 下错车站或坐反方向		√	

注:表中字体加粗的行为项是与表 4-1 中描述完全一致的行为项。

3) MPBQ

地铁乘客行为量表(MPBQ)包括两个部分,详细内容参见附录 B。第一部分是基于 PAB 清单(表 4-2)的五点式李克特量表,用以收集地铁乘客对每项行为发生频率的自评数据。每项行为后都给出代表行为发生频率的数字供应答者选择——"1-从不发生""2-几乎不发生""3-偶尔发生""4-经常发生""5-总是发生",要求应答者就自身的情况做出选择。

第二部分是收集应答者的背景信息。这些信息包括人口统计特征：性别、年龄、受教育程度、乘坐地铁所在的城市；乘坐特征：通常乘坐地铁的站数、通常乘坐地铁的时段和通常乘坐地铁的目的；事故发生：是否在近三年内由于自己的行为，造成或险些造成任何可能影响列车运行或人身安全的事故？如果回答是肯定的，要求应答者在横线处给出事件的简单描述。

4.2.3 抽样对象与过程

为了在年龄层、地理位置、乘坐特征等方面获得尽可能多样化的样本，本研究选择通过网络发放并回收问卷。确保网络问卷的质量是保证数据和分析可靠性的关键。为此，在 MPBQ 中设置了两个筛选问题：一个作为门槛问题设置在问卷的开端，目的是选择合适的作答者——"地铁常乘客"①作为调研对象；第二个筛选问题设置在行为频率调查量表中间的某个位置，目的是防止胡乱作答。门槛问题是"您通常一周至少会乘坐 3 次地铁吗？"如果选择"是"，则开始 MPBQ 的作答，如果选择"否"，则弹出提示，感谢参与并解释不能参与作答的原因。第二个筛选问题是"请为这个问题选择 4-经常发生"，如果作答者选择了"4"，则可以继续作答，否则弹出提示，强制终止作答。

借助"问卷星"专业问卷调查平台，实现上述筛选技术并发布问卷。问卷的链接同时发布在地铁族、搜狐等生活论坛上。问卷采取匿名方式，以鼓励应答者真实地回答问题。从 2013 年 8 月到 10 月，历时两个月，共回收 691 份问卷。为了保证数据质量，对所有回收的问卷逐一进行人工排查。一份问卷符合以下标准的任何一项，被视为无效样本，从现有样本中剔除：(1)大部分问题未被回答；(2)问卷平台记录的总的作答时间短于 6 分钟；(3)多份问卷来自同一 IP 地址。剔除 112 份无效问卷后，获得 579 个有效样本，问卷回收率达到 84%。

4.2.4 样本基本信息

应答者中 48%是女性，52%是男性，年龄和受教育程度的构成如图 4-2 所示。应答者在通常情况下平均乘坐 8 站地铁，并且有 90%是在早高峰或晚高峰时段搭乘。根据研究需要，地铁所在城市的数据按两种方式分组。第一种是按城市的综合竞争力(Comprehensive Strength, CS)[141]，将所涉及的城市分为三个等级，以反映地铁发展水平的差异。北京和上海划为一等，记为 CS1；广州、深圳和天津划为二等，记为 CS2；其他城市划为三等，包括成都、武汉、南京、西安、沈阳、苏州、杭州等，记为 CS3。第二种分组方式是单纯从地理位置(GL)差异的角度，将所有城市按南方地区(记为 SA)和北方地区(记为 NA)分成两组。两种分组方式下，应答者乘坐地铁所在城市的构成如图 4-3 所示。对于搭乘地铁的目的，有 86%的应答者是为了上下班，另有 14%是为了休闲娱乐或其他目的。令人意外的是，有 33%的应答者表示，在近三年内他们造成或险些造成或大或小的地铁事故。最常发生的是被车门或屏蔽门夹，其次是强行扒车门导致的列车门故障。

---

① "地铁常乘客"是指经常乘坐地铁出行，并且熟练使用地铁的乘客[176]。本研究中所有针对地铁乘客的调研，均是以每周至少乘坐 3 次地铁作为"地铁常乘客"的筛选条件。

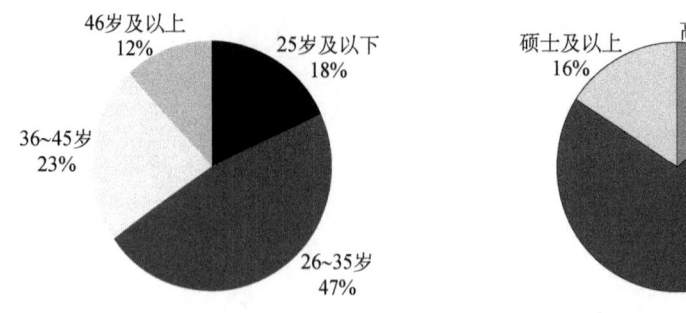

图 4-2　MPBQ 应答者年龄和受教育构成

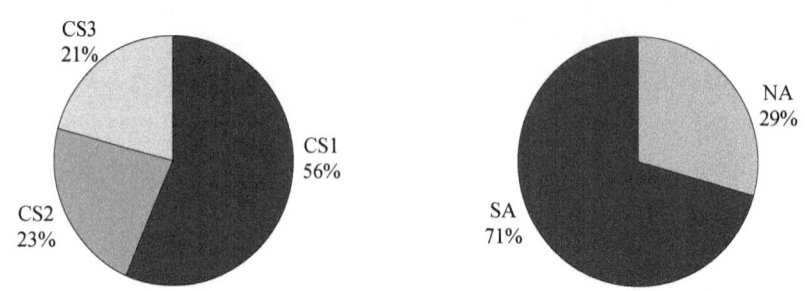

图 4-3　两种不同分组方式下 MPBQ 应答者乘坐地铁所在城市构成

4.2.5　MPBQ 因子结构

1) 探索性因子分析

使用探索性因子分析法(Exploratory Factor Analysis,EFA)对样本数据($N=579$)进行分析,以确定乘客异常行为的因子维度。MPBQ 的 KMO 统计值为 0.96,Bartlett's 球形检验近似 $\chi^2=12\,000$,$df=496$,$p=0.000$,表明 MPBQ 对于地铁乘客样本适合做因子分析。

利用主轴因子分析法求解 32 项行为的因子载荷矩阵。经过测试,MPBQ 因子间有较高的相关性($p>0.2$),因此,使用直接斜交旋转法(Direct Oblimin Rotation)做因子旋转。确定合适的因子个数是因子分析的关键,然而一个因子在统计意义上的重要性并无统一的衡量标准。本研究综合多种技术手段,以合理确定 MPBQ 的因子个数[142-143]。

根据 Kaiser 准则,有 4 个因子的特征值大于 1,故建议因子数为 4;根据碎石图判断,如图 4-4 所示,从第三个因子开始曲线变得平缓,表明应取 3 个因子;平行分析的结果显示,基于随机数据的第四个因子的 95 百分位数的特征值 1.112 略小于基于原始数据的第四个因子的特征值 1.139,即建议因子数为 4;MAP 检验在第三个因子达到相关系数的最小值 0.011,即建议因子数为 3。据此,将因子数目固定 3 和 4 分别重新运行程序,根据观测的和生成的相关系数之间残差值的大小,评价模型的拟合度。结果显示,3 因子和 4 因子模型分别仅有 11% 和 7% 的残差绝对值超过 0.05,两模型都达到了较高的拟合度。再结合因子结构的可解释性[143],确定 3 因子结构的解决方案最为合适。

参考文献[115]将因子载荷的分界点设为 0.4,要求每项行为必须唯一落在某一个因子,即对其他因子的载荷不大于0.4。根据此标准,从3因子结构中删除了第11项和第32项行为。另外,第6项和第9项行为在概念上与所属因子没有关系,并且降低了模型的解释力,从因子结构中删除。最终,对包含28项行为的MPBQ确定的3因子结构见表4-3,模型共解释了总方差的53.95%。

为了检验3因子结构的鲁棒性,分别对不同性别组和不同年龄组的28项行为量表做因子分析。结果显示,同样的3因子结构可以在不同性别和不同年龄样本上得以复制,证明基于全部样本获得的因子结构是稳健的。

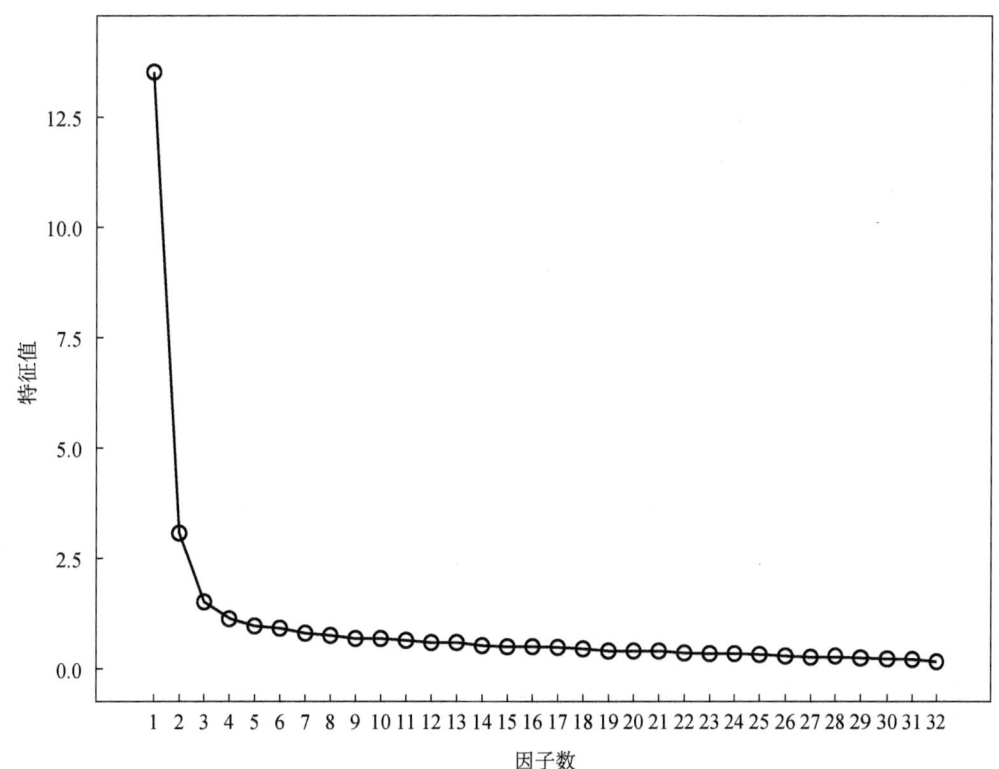

图4-4 探索性因子分析碎石图

表4-3 MPBQ的因子分析结果及行为频率的平均值和标准差

行为项(您发生以下行为的频率是……)	频率均值（标准差）	因子1	因子2	因子3
12. 在车站内吸烟	1.23(0.59)	0.91		
14. 在车站内赤脚、赤膊	1.24(0.61)	0.88		
15. 在车站内追逐、打闹	1.29(0.66)	0.86		
24. 强行扒车门上下车	1.23(0.58)	0.85		
28. 非紧急状态下使用应急设备	1.23(0.58)	0.81		
27. 随身携带物品掉入轨道区	1.29(0.63)	0.81		

续表

行为项(您发生以下行为的频率是……)	频率均值(标准差)	因子1	因子2	因子3
8. 逃票	1.25(0.63)	0.78		
13. 在车站内随地吐痰、乱扔杂物	1.31(0.68)	0.76		
10. 携带禁止性物品	1.30(0.64)	0.75		
17. 在车站内与其他乘客发生冲突	1.26(0.61)	0.73		
16. 醉酒后乘车	1.34(0.68)	0.72		
26. 擅自进入轨道区	1.36(0.73)	0.71		
20. 候车时越过安全黄线	1.65(0.82)	0.57		
22. 不遵守先下后上,抢行上车	1.73(0.88)	0.49		
21. 候车时不排队或站在下客区	1.72(0.86)	0.48		
23. 关门警铃响后,继续上下车	1.68(0.87)	0.46		
31. 站在车厢内注意力全部集中在手机、报纸等娱乐上	3.31(1.13)		0.66	
30. 倚靠车门或屏蔽门站立	2.22(1.06)		0.65	
29. 在车厢内不拉住固定物体站立	2.14(1.01)		0.57	
18. 到达站台后选择最近的车门候车,懒得走到乘客较少的车门	2.65(1.12)		0.56	
19. 候车时注意力全部集中在手机、报纸等娱乐上	3.68(1.01)		0.55	
25. 上车后不往车厢内移动,拥堵在车门口	1.80(0.87)		0.46	
1. 从单向入口离开车站或从单向出口进入车站	2.46(0.92)			0.65
2. 在车站内逆着人流方向穿梭行走	3.06(0.96)			0.59
7. 翻越闸机或护栏	1.70(0.85)			0.52
3. 在运行的自动扶梯上跑动(正向或逆向)	2.63(1.05)			0.50
4. 在自动扶梯上不靠右侧站立阻碍他人通行	2.21(0.97)			0.50
5. 使用停止运行的自动扶梯	2.15(0.99)			0.46
解释的方差/%		42.04	8.83	3.08

2) 因子结构分析

因子1(内部一致性 α=0.96)包含16项行为,涵盖从危险的错误(第28项、27项)到故意的违反(共14项),它们的共同特点是均为乘车规定明确禁止的行为。参照Granié[110]等的研究,将因子1命名为"一般性违反(Transgression,TS)"行为。

落在因子2(α=0.80)上的行为有5项错误行为,1项违反行为(第30项)。与因子1的行为相比,这些行为的发生频率更高,但危险性更低。总的来看,这些行为在很大程度上是根据行为者自己的意愿,如为了自己方便、舒适等,不顾及或未意识到行为潜在的危险,自动地或习惯性地发生。Shi等[104]对北京驾驶员异常驾驶行为的因子结构进行分析,也发现了类似的行为因子。参照他们的研究,将因子2命名为"自我意识的疏忽(Self-willed Inattention,SI)"行为。

因子3($\alpha=0.76$)包含6项行为,全部为故意的违反行为。与因子1不同,落在因子3的行为表现出行为者与众不同的背离于其他处于正常状态乘客的行为。这些行为在一定程度上具有突然性(如翻越闸机或护栏、在运行的自动扶梯上跑动),并且都与乘客在地铁车站连接设施内的移动过程有关(如走廊、站厅、扶梯),因此因子3被命名为"突然性违反(Abrupt Violation,AV)"行为。

MPBQ的因子结构中落在因子1"一般性违反"和因子2"自我意识的疏忽"上的行为是违反和错误的混合体,这并不完全符合传统的行为分类模式——将行为严格区分为违反(Violations)、错误(Errors)和失误(Lapses)[98][101][114]。然而,也有学者得出与本研究类似的混合因子结构,如Elliott和Baughan[115]、Granié等[110]。具体分析发现,因子1中的行为27和28虽然是非故意的错误行为,但一旦发生往往会造成严重的损失后果,所以乘客将其视为违反行为是合理的;虽然"倚靠车门或屏蔽门站立"是违反行为,但乘客认为该行为属于"自我意识的疏忽",从一定程度上反映出乘客对该行为的危险性认识不足。

4.3 PAB危险性评估

4.3.1 地铁车站员工评估量表(MSEQ)

相对于乘客自评方式,车站工作人员对PAB的评价更为客观和富有经验,因此,基于地铁车站员工评估量表(MSEQ)收集数据,对PAB的危险性进行评估。表4-2中的32项行为全部纳入MSEQ,调查内容包括各项行为的发生频率、行为发生后的后果影响和可能受到影响的对象,详细内容参见附录C。

行为发生频率使用五点式李克特量表——"1-从不发生""2-几乎不发生""3-偶尔发生""4-经常发生""5-总是发生";假定某项行为发生,要求应答者在四点式李克特量表中选择对应的后果影响程度——"1-没有危险,仅对行为者造成尴尬或不便""2-低危险""3-中等危险""4-高危险";同样假定某项行为发生,要求应答者在4个选项中选择一个最可能受到影响的对象——"N-无""P-对乘客有危险""S-对车站运行有危险""P&S-对乘客和车站运行都有危险"。

另外,还设置了人口统计学问项,包括职务、受教育程度、在地铁车站的工作年限、是否参与过客运事故的处理。在MSEQ的最后,要求应答者在五个可能导致地铁运行事故的原因中选择两个他们认为可能性最大的,五个可能的原因包括设备系统故障、工作人员失误、乘客异常行为、自然灾害、人为恶意或恐怖袭击。

4.3.2 抽样对象与过程

MSEQ调研主要在南京地铁开展。为了方便参与者,调研的方式采用纸制问卷和电子问卷灵活结合的方式。经过一周的时间,共有 105 个工作在地铁车站一线、工作内容涉及客运组织和管理的地铁员工参与了调研。经过排查,行为发生频率子量表有 99 份有效问卷,行为影响程度和影响对象子量表各有 92 份有效问卷,问卷的平均回收率约为 88%。

4.3.3 样本基本信息

虽然 MSEQ 各子量表的有效问卷数量略有不同,但对应答者人口统计特征的影响很小,可以忽略。以行为发生频率子量表为例,应答者的职务构成如图 4-5 所示,占比例最大的是车站站务员(37%)和值班员(24%)。91%的应答者至少接受过大学或大专教育,63%的应答者在当前岗位上工作超过 3 年,64%的应答者表示有处置客运事故的经验。根据地铁员工的经验,地铁事故最常见的两个原因是设备系统故障(48%)和乘客异常行为(29%),详细情况如图 4-6 所示。

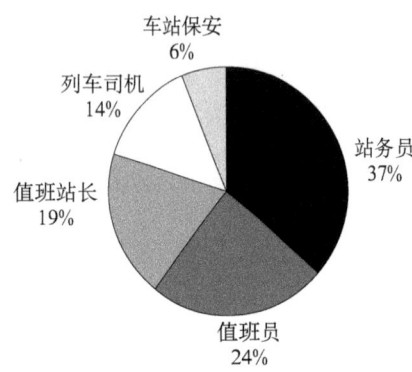
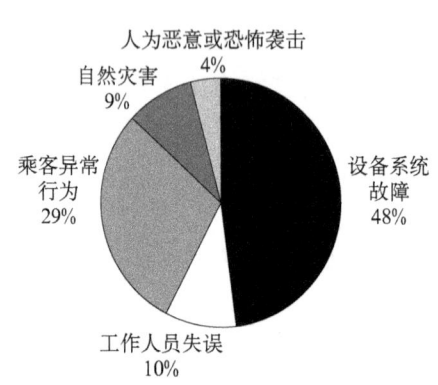

图 4-5 参与 MSEQ 地铁员工职务构成   图 4-6 地铁员工对最可能导致地铁事故的两项原因的选择情况

4.3.4 PAB 危险等级划分

从造成损失不确定性的角度,可以将每一项 PAB 看作是一项影响地铁正常运行的风险,则传统的风险评估技术就可以用于地铁乘客异常行为危险性的评估。

1) 行为危险指标

以类似量化风险的方式构造一个行为危险指标(Behavioral Risk Index, BRI),用行为发生频率和后果影响程度的乘积来表征该指标值的大小。BRI 的值越大,对应的 PAB 的危险性就越高。

$$BRI_i = F_i \times C_i, \quad i = 1, 2, \cdots, n \tag{4-1}$$

其中,F_i 和 C_i 分别表示行为 i 发生的频率和后果的影响程度;n 表示总的行为数量,本研究中 $n = 32$。

基于 MSEQ 获得的数据,对每项 PAB 分别计算行为发生频率和后果影响的平均值,然后将平均值代入式(4-1),计算出危险指标 BRI 的值。将计算结果按 BRI 值大小降序排列,见表 4-4。危险性排在前 10 位的行为均为违反乘车规定的行为,并且除行为 12、16 和 10

外,其他均是发生在站台区的与上车、下车或候车有关的行为。表4-4的最后一列是对影响对象的统计结果。从总体上看,BRI值较高的行为一旦发生,被认为会同时影响行为者、其他相关乘客和系统运行;而BRI值中等或较低的行为,被认为不影响任何对象,或仅对乘客和系统之一造成影响;关于行为21、18和19的影响对象,地铁员工未能达成清晰一致的观点,然而这3项行为的BRI值不低说明具有一定的危险性,在地铁实践中应进一步加强对这3种行为影响的认识。

表4-4 按行为危险指标(BRI)降序排列的PAB评估结果

行为项	BRI值	频率均值(标准差)	后果均值(标准差)	影响对象
23. 关门警铃响后,继续上下车	13.80	3.71(0.76)	3.72(0.60)	P&S
24. 强行扒车门上下车	13.06	3.84(0.80)	3.40(0.79)	P&S
22. 不遵守先下后上,抢行上车	11.99	3.14(0.52)	3.82(0.49)	P&S
20. 候车时越过安全黄线	11.73	3.37(0.80)	3.48(0.73)	P&S
30. 倚靠车门或屏蔽门站立	11.71	3.66(0.72)	3.20(0.79)	P&S
12. 在车站内吸烟	11.00	3.04(0.90)	3.62(0.71)	P&S
21. 候车时不排队或站在下客区	10.24	3.78(0.90)	2.71(0.79)	UD
16. 醉酒后乘车	10.14	3.13(0.79)	3.24(0.80)	P&S
27. 随身携带物品掉入轨道区	9.78	2.85(0.79)	3.43(0.72)	S
10. 携带禁止性物品	9.73	2.78(0.56)	3.50(0.64)	P&S
18. 到达站台后选择最近的车门候车,懒得走到乘客较少的车门	9.09	3.85(0.85)	2.36(0.90)	UD
17. 在车站内与其他乘客发生冲突	8.69	2.61(0.88)	3.33(0.73)	P&S
29. 在车厢内不拉住固定物体站立	8.58	3.42(0.69)	2.51(0.69)	P
31. 站在车厢内注意力全部集中在手机、报纸等娱乐上	8.02	4.31(0.79)	1.86(0.55)	P
11. 携带超重、超大物品	7.95	3.47(0.70)	2.29(0.70)	P&S
19. 候车时注意力全部集中在手机、报纸等娱乐上	7.86	4.44(0.66)	1.77(0.95)	UD
4. 在自动扶梯上不靠右侧站立阻碍他人通行	7.76	3.56(0.87)	2.18(0.84)	P
3. 在运行的自动扶梯上跑动(正向或逆向)	7.37	2.97(0.92)	2.48(0.85)	P
15. 在车站内追逐、打闹	6.92	2.61(0.81)	2.65(0.54)	N
25. 上车后不往车厢内移动,拥堵在车门口	6.89	3.28(0.77)	2.10(0.79)	S

续　表

行为项	BRI值	频率均值（标准差）	后果均值（标准差）	影响对象
8. 逃票	6.60	3.55(0.92)	1.86(0.74)	N
26. 擅自进入轨道区	6.47	1.68(0.75)	3.85(0.63)	P&S
1. 从单向入口离开车站或从单向出口进入车站	6.28	3.19(0.84)	1.97(0.50)	P
5. 使用停止运行的自动扶梯	6.15	2.64(0.63)	2.33(0.79)	P
2. 在车站内逆着人流方向穿梭行走	6.10	3.28(0.86)	1.86(0.57)	P
28. 非紧急状态下使用应急设备	5.49	1.77(0.88)	3.10(1.04)	S
7. 翻越闸机或护栏	4.60	3.33(0.73)	1.38(0.55)	S
13. 在车站内随地吐痰、乱扔杂物	4.49	3.30(0.84)	1.36(0.51)	N
32. 下错车站或坐反方向	3.94	3.46(0.77)	1.14(0.35)	N
14. 在车站内赤脚、赤膊	3.51	2.60(0.91)	1.35(0.50)	N
9. 遗失车票	3.37	3.01(0.88)	1.12(0.39)	N
6. 对自动购票机不熟悉，买错车票或影响他人购票	3.33	3.11(0.96)	1.07(0.25)	N

注：N-没有什么会被影响，P-仅乘客受影响（包括行为者和其他相关乘客），S-仅设备系统运行受影响，P&S-乘客和设备系统都受影响。

确定"影响对象"的方法：对（N，P，S，P&S）四个选项中的任何一个的选择比例超过70%，则该选项被确定为"影响对象"，否则将行为标记为"UD-未定义"。

2）行为危险矩阵

为了划分 PAB 的危险等级，引入风险矩阵图分析方法。按行为频率和后果影响两个维度，建立一个 3×3 的行为危险矩阵，如图 4-7 所示。每个行为项在矩阵中的位置由表 4-4 中列出的行为频率平均值和后果影响平均值共同决定。将落在右上角三个方格内的行为项定义为"高危险（High-risk，HR）行为"，落在左下角三个方格内的行为项定义为"低危险（Low-risk，LR）行为"，落在中间三个方格内的行为项定义为"中等危险（Moderate-risk，MR）行为"。

共有 13 项行为属于 HR 类，其中除了行为 4 的 BRI 值排在第 17 位外，其他 12 项行为即为 BRI 值排在前 12 位的行为。行为 4 的发生频率是 3.56，仅略高于行为频率中等和高的边界值 3.5，因此，将行为 4 沿 Y 轴向下移动一格，从 HR 类降为 MR 类。另外，将原本属于 MR 类的行为 26 和 28 向上移动一格到 HR 类。因为乘客擅自进入轨道区和乱用应急设备发生的可能性较小，但一旦发生将直接导致严重后果，应该归为 HR 类。经过调整，HR 类共包含 14 项行为，按 BRI 值大小排列为 23、24、22、20、30、12、21、16、27、10、18、17、26、28。第二阶段调研将对 BRI 值最高的第 23 项和 24 项危险行为作进一步的调查和分析。

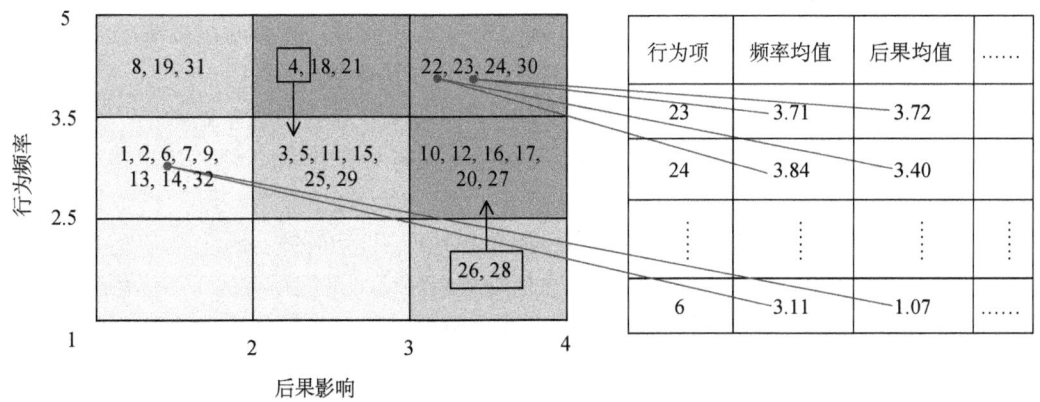

图 4-7 考虑行为频率和后果影响的乘客异常行为危险矩阵

4.4 人口统计及乘坐特征对 PAB 的影响

4.4.1 确定考察的行为类

通过乘客自评式 MPBQ 和地铁员工评估的 MSEQ,获得 PAB 的两种分类体系,具有不同的作用。以"违反—错误"模式为基础的分类,可以反映出不同行为形成机理的差异;考虑行为频率和后果联合影响的分类,可以反映出行为的危险程度。两种行为分类结果的对比见表 4-5。尽管 TS 和 HR 分类中有很多重叠的行为项,但仍有区别。因此,在后续分析中除了关注 MPBQ 的 3 因子(TS,SI,AV)外,将危险性较高的 HR 类行为也作为一个单独的行为类($\alpha=0.92$)纳入分析。

表 4-5 基于 MPBQ 和 MSEQ 的行为分类结果对比

MPBQ 调研			MSEQ 调研		
分类	行为编号	频率均值	分类	行为编号	频率均值
TS	8, *10*, *12*, 13, 14, 15, *16*, *17*, *20*, *21*, *22*, *23*, *24*, *26*, *27*, *28*	1.38	HR	*10*, *12*, *16*, *17*, 18, *20*, *21*, *22*, *23*, *24*, *26*, *27*, *28*, 30	1.56
SI	18, *19*, *25*, *29*, 30, *31*	2.63	MR	3, 4, 5, 8, 15, *19*, *25*, *29*, *31*	2.72
AV	*1*, *2*, 3, 4, 5, *7*	2.37	LR	*1*, *2*, *7*, 13, 14	1.95

注:斜体并加粗的行为编号表示两种分类体系相对应的行为类中,即 TS vs. HR、SI vs. MR、AV vs. LR,相同的行为项。

4.4.2 方差分析(ANOVA)

采用方差分析法(ANOVA)探索地铁乘客人口统计和乘坐特征变量与各类行为(TS,SI,AV,HR)之间的关系,并用 Tukey HSD 法做事后检验,结果如表 4-6 所示。通过分析发现,乘坐时间对两类最不受欢迎的行为——一般性违反$[F(1,577)=4.89,p<0.05]$和高危险行为$[F(1,577)=5.96,p<0.05]$,均表现出显著影响。高峰时段搭乘地铁乘客的一般性违反和高危险行为要显著多于平峰时段搭乘地铁的乘客。

自我意识的疏忽行为在年龄$[F(3,575)=3.68,p<0.05]$和乘坐站数$[F(3,575)=6.70,p<0.05]$变量上,表现出显著差异。突然性违反行为在性别$[F(1,577)=8.83,p<0.005]$和乘坐站数$[F(1,577)=3.66,p<0.005]$变量上,表现出显著差异。25岁以下乘客的疏忽行为要显著多于46岁以上的乘客,正如在车站所观察到的现象,多数年轻人在搭乘的空闲时间完全沉浸于手机、游戏机,忽略在拥挤嘈杂环境下可能存在的不安全因素。男性乘客的突然性违反显著多于女性乘客,表明男性乘坐地铁时更容易发生与众不同的背离行为。随着乘坐站数增加,乘客的疏忽行为增加,但突然性违反减少。这种相反的影响效果表明,乘车的时间越长,乘客经验越丰富、心态越稳定,会表现出更多的习惯性行为、更少的突然背离行为。

教育程度、乘车目的变量,以及区位变量的两种分组方式对所有种类的乘客异常行为均无显著影响。

表 4-6 人口统计和乘坐特征变量的方差分析结果

变量		F 值			
		TS	SI	AV	HR
性别	男	1.01	0.27	8.83**	0.48
	女				
年龄	25 岁及以下	1.54	3.68*	1.37	1.85
	26～35 岁				
	36～45 岁				
	46 岁及以上				
教育程度	低	0.10	0.29	0.12	0.12
	中				
	高				
乘坐站数	1～5 站	1.05	6.70**	3.66*	1.36
	6～10 站				
	11 站及以上				
乘坐时段	高峰时段	4.89*	2.93	0.45	5.96*
	平峰时段				
乘车目的	上下班	0.94	2.48	0.03	1.16
	休闲娱乐				
	其他				

续 表

变量		F 值			
		TS	SI	AV	HR
区位(CS)	CS1	1.54	1.21	1.24	1.80
	CS2				
	CS3				
区位(GL)	NA	0.43	0.55	0.77	0.19
	SA				

注：*：$p<0.05$；**：$p<0.005$；CS：按地铁所在城市综合竞争力分类；GL：按地铁所在城市地理位置分类。

4.5 PAB 与地铁事故的关系

为了分析不同种类行为、人口统计特征、乘坐特征对近三年内地铁乘客的事故发生是否有显著的预测效果，以"是否发生事故"为因变量进行 Logistic 回归分析，分析结果如表 4-7 所示。表中给出了回归系数 B、回归系数显著性检验的 Wald 统计量、标准误 S.E.。

在 Logistic 回归中用发生比率 OR(Odds Ratio)来解释自变量对事件概率的作用[144]。OR 用 Exp(B) 表示，在本研究中用以描述"事故倾向性(Accident Liability)"，含义是自变量增加一个单位，引起地铁事故发生比率的增加量(OR>1)或减少量(OR<1)。模型的整体拟合度优良：Hosmer-Lemeshow 检验 χ^2 值为 5.98($p=0.65$)，Nagelkerke R^2 值为 0.17。

从表 4-7 可知，乘客的受教育程度、乘坐站数和时间段，以及所在区位(CS)是事故发生的显著预测变量。受教育程度(Wald=4.72，$p=0.03$)、搭乘地铁站数(Wald=8.53，$p=0.003$)与事故发生呈显著正相关。受教育水平越高事故倾向性越高，其具体原因有待今后继续调查佐证，但有两个可能的解释：(1)在教育程度与事故发生之间存在某种调节变量，如心理、性格等，影响两者之间关系的方向；(2)受教育水平高的乘客对安全性要求高，或者对危险经历的记忆深刻，从而可能报告更多的危险行为。高峰时段乘客的事故倾向性显著高于平峰时段乘客(Wald=5.13，$p=0.02$)，并且广州、深圳和天津(CS2)地铁乘客的事故倾向性显著高于北京和上海(CS1)的地铁乘客(Wald=6.29，$p=0.01$)。事故发生的区位差异表明，相比广州、深圳和天津地铁，发展更为成熟的北京和上海地铁在预防和应对 PAB 事故方面达到了更好的效果。

更重要的是，一般性违反 TS(Wald=4.24，$p=0.04$)和突然性违反 AV(Wald=4.13，$p=0.04$)与事故发生呈显著正相关：TS 类行为每增加一个单位，事故倾向性增加 755%；AV 类行为每增加一个单位，事故倾向性增加 149%。对驾驶员异常驾驶行为的研究，也普遍得出与本研究类似的结论，驾驶员的违反行为与道路交通事故发生呈显著正相关[99-101]。

表 4-7 地铁事故发生的预测变量

变量	B	S.E.	Wald	Exp(B)
性别	−0.32	0.20	2.63	0.73
年龄	0.13	0.11	1.24	1.13
教育程度	0.52	0.24	4.72*	1.68
乘坐站数	0.43	0.15	8.53**	1.53
乘坐时间段	−1.33	0.59	5.13*	0.27
乘车目的				
休闲娱乐▲	0.80	0.58	1.91	2.23
其他▲	−0.11	0.51	0.05	0.90
区位(CS)				
CS2▲	0.60	0.24	6.29*	1.81
CS3▲	−0.39	0.27	2.08	0.68
区位(GL)	0.28	0.22	1.63	1.32
TS	2.02	0.98	4.24*	7.55
SI	0.34	0.26	1.69	1.40
AV	0.40	0.20	4.13*	1.49
HI	1.74	1.13	2.36	5.69

注:*: $p<0.05$;**: $p<0.005$;▲:具有两个类目以上的类别变量,需要做虚拟编码处理,"乘车目的"和"区位(CS)"各自有三个类目,表中是以"上下班"和"CS1"为参照组进行虚拟编码的分析结果。

对 PAB 多个维度的分析结果表明:早、晚高峰期地铁车站客流密度大,并且多数乘客是赶时间的通勤者,更有动机发生违反行为和高危险行为;而一般性违反和突然性违反行为,尤其是前者,又与事故发生密切相关。这与第二章基于案例分析 PAB 特征的结论一致。因此,在地铁安全管理的资源分配中,应优先满足客运高峰时间段的需求,并且重点防止违反安全乘车规定的行为发生。

4.6 本章小结

对引发事故的干扰源 PAB 做全面深入的分析是对 MSOV 进行评估的前提和基础。本章是在文献回顾、案例研究,以及一系列实地考察的基础上,采用有关的行为分析工具和风险评估技术识别了 PAB 的表现形式,探索了 PAB 的因子结构,从多个维度评估了不同 PAB 的危险性,并确定了后续需要重点分析的乘客危险行为。

(1) 识别出 32 项 PAB,在此基础上,构建了自我评估式的地铁乘客行为量表(MPBQ)工具,可用于对地铁乘客异常行为的测量。

(2) 获得 MPBQ 的 3 因子结构解决方案,按"违反—错误"的行为分类模式,将 PAB 分为"一般性违反""自我意识的疏忽"和"突然性违反"。

（3）根据行为发生频率和后果影响程度的联合作用,计算行为危险性指标并构建行为危险矩阵图,将 PAB 划分为高、中、低三个危险等级。其中,高危险行为有 14 项行为,基本是发生在站台区且与上、下车或候车有关的行为。

（4）探讨人口统计及乘坐特征对 PAB 的影响,发现在客流高峰期一般性违反和高危险行为要显著多于平峰期;男性乘客、乘坐站数较少的乘客有更多突然性违反行为;而年轻乘客、乘坐站数较多的乘客有更多自我意识的疏忽行为。

（5）建立反映 PAB 与地铁事故关系的 Logistic 回归模型,发现乘客的违反行为(一般性违反和突然性违反)、乘坐时间段和乘坐站数与事故发生呈显著正相关。

5 基于改进TPB的乘客危险行为产生机理分析

乘客异常行为的表现形式多样,不可能且没必要对每一行为的产生机理进行分析。第4章利用MSEQ评估了PAB的危险性,并且发现违反行为是事故发生的显著预测变量。根据图4-1的研究思路,本章以PAB中危险性最高的两项违反行为为研究对象,即关门警铃响后继续上下车行为和强行扒车门上下车行为,开展第二阶段的调研,进一步探讨两种危险行为产生的心理认知机理。

5.1 PRB心理认知结构假设

5.1.1 计划行为理论(TPB)基础

计划行为理论(TPB)认为行为依赖于动机(意向)和能力(行为控制)的联合作用[118],因此,TPB适用于个体行为由意志和所掌握资源共同决定情形下,对行为决策过程的解释和预测。地铁乘客即便有从事危险行为的动机,也未必有实际行为,因为行为还受到周围资源、环境条件的影响,显然属于无法完全自主的情形,适用于计划行为理论。传统的TPB包含5个变量:态度、主观规范、知觉行为控制、行为意向和行为。其中,态度和主观规范直接作用于行为意向,并通过行为意向间接影响行为,而知觉行为控制既可通过行为意向影响行为,又可直接影响行为,TPB框架如图5-1所示。

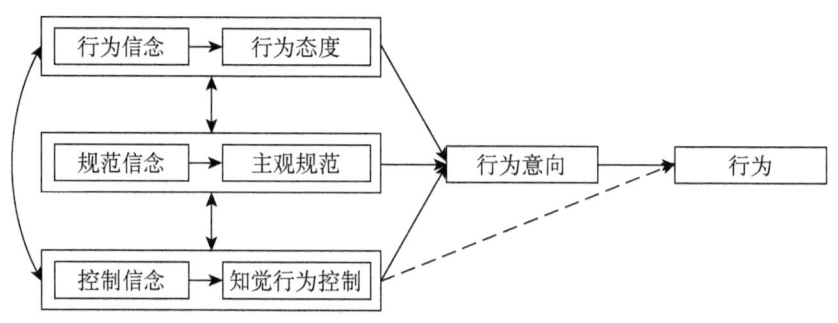

图5-1 计划行为理论框架

行为态度、主观规范和知觉行为控制是决定行为意向的TPB三变量,根据研究目的不同,可采用直接测量法或间接测量法[145,119,120,126]对3个变量进行测量。直接测量法通常不需要先导调研,通过询问个体对行为的后果感受、社会压力和难易程度来衡量个体对行为的态度、主观规范和知觉行为控制。由于直接测量法被证明对方差解释有更大的贡献,所以适用于行为预测研究。

TPB 假设态度、主观规范和知觉行为控制是与该行为相关的"突显信念"(Salient Belief)的函数。间接测量法,又称信念测量法,就是对变量起决定作用的"突显信念"的测量。所谓"突显信念",是指在个体产生的大量有关行为的信念中,在特定时间及环境下被注意到的那一小部分信念[117],是人们对某特定行为所普遍持有的信念。据此,信念可区分为3种,即影响态度的行为信念、影响主观规范的规范信念和影响知觉行为控制的控制信念。由于间接测量法可为探讨特定行为的动机提供有效的洞察力,故本研究采用此法对 TPB 三变量进行测量,各变量的含义如下[118, 146]:

1) 行为态度(Attitude, Att)

行为态度是个体对执行某特定行为结果的预期,由行为发生的可能性,即结果信念(Outcome Belief, o)和行为结果的评估(Outcome Evaluation, e)共同决定。根据期望价值理论[147],其函数关系为

$$Att \propto \sum_{i=1}^{n} o_i e_i \qquad (5\text{-}1)$$

2) 主观规范(Subjective Norms, SN)

主观规范反映的是社会压力对个体行为决策的影响,由参照信念(Referent Belief, r)和顺从动机(Motivation to Comply, m)共同决定。参照信念是指个体对作为参照物的重要他人或团体认为其是否应该从事某特定行为的预期;顺从动机是指个体顺从重要他人或团体对其期望的意向。函数关系为

$$SN \propto \sum_{i=1}^{n} r_i m_i \qquad (5\text{-}2)$$

3) 知觉行为控制(Perceived Behavioral Control, PBC)

知觉行为控制反映的是个体对从事某特定行为促进或阻碍因素的知觉。它由控制频率(Control Frequency, c)和知觉强度(Perceived Power, p)决定。控制频率是个体知觉到可能促进或阻碍行为执行因素的频率;知觉强度则是个体知觉到这些因素的影响程度。函数关系为

$$PBC \propto \sum_{i=1}^{n} c_i p_i \qquad (5\text{-}3)$$

4) 行为意向(Behavioral Intention, BI)

意向是个体想要执行某特定行为前的动机因素,反映个体在多大程度上愿意努力达成行为。意向在完全受意志控制的行为中可单独决定行为,但对于多数行为需同时具备机会和资源的有效性,如时间、资金、能力等,这些因素即是个体对行为的实际控制(Actual Control)。在 TPB 中用 PBC 代替实际控制,将 PBC 与行为之间用虚线连接,来表示这种控制关系的不确定性,如图 5-1 所示。

5.1.2 对 TPB 的改进

大量基于 TPB 的应用研究表明,按实际问题对传统 TPB 进行合理改进,可大幅提高模型的分析能力[148-149]。根据地铁乘客危险行为的心理特征,以及已有 TPB 研究的发现,本研究在图 5-1 的基础上拟引入如下 4 个额外变量:

1) 道德规范(Moral Norms,MN)

道德规范描述个体对从事某行为在道德上正确与否的知觉。道德规范与主观规范的区别在于,前者反映的是社会大众决定的价值对个体知觉的影响,而后者反映的是重要他人的观念对个体知觉的影响。已有研究表明,MN 在与道德或伦理相关的行为中起到重要作用[150-151]。地铁内的危险行为不仅对行为者自身,也对其他乘客造成危险,所以在 TPB 模型中加入 MN 变量,考察道德约束力对乘客行为的影响。

2) 自我认同(Self-identity,SI)

自我认同反映个体在多大程度上认为自己实现了其所承担某一社会角色的标准,它与行为意向之间关系的理论基础源自认同理论(Identity Theory)[152]。在本研究背景下,自我认同是指个体对自己作为一个安全乘车者的身份认同。SI 被证明对与安全有关的行为意向有显著影响,例如摩托车手超速行为、行人违规过街行为等[153, 113, 154, 108]。

3) 过去行为(Past Behavior,PB)

已有研究表明,过去行为对与安全有关行为的意向有显著影响[155, 127, 123]。与此一致,对 TPB 研究成果的聚类分析指出,过去行为是除 TPB 变量外对行为意向影响力最强的变量[118, 148, 156]。人们过去的行为并不能成为其后续行为的原因,但不断地重复某一行为可能导致后续行为在习惯反应的控制下产生,从而减少心理认知因素对个体行为的控制作用。

4) 风险感知(Perceived Risk,PR)

与其他社会心理模型相比(如 HBM、PMT),TPB 的一个缺点是没有考虑个体对行为风险性或敏感性的知觉。有研究试图用风险感知来解释危险场景下的行为,并发现此变量对存在危险的行为有重要影响[155, 127, 157, 158-159]。本研究将验证风险感知是否能驱动乘客产生自我保护意识,减少乘客的危险行为倾向。

5.1.3 理论假设模型

参照相关研究[127, 124, 160, 158],假设引入的 4 个额外变量,即道德规范、过去行为、风险感知、自我认同,与 TPB 三变量一起,直接影响乘客的行为意向,据此,构建危险行为产生机理的理论假设模型,如图 5-2 所示。该假设模型中的行为是指乘客的实际危险行为,在此不做测量,所以用虚线框表示。一方面,本研究中危险行为的数据较难获得;另一方面,即便可以获得行为数据,也很难同时获得与行为主体相对应的心理状态数据。与其他针对抽象性(非具体)违反行为的研究不同(如文献[161][162][163]),本研究关注的是特定场景下的具体行为。根据 Ajzen 的实证分析结论,研究行为的具体化或场景化可大大提高行为意向预测的准确性[118]。因此,以行为意向近似表征实际行为,在本研究中是可行的。

图 5-2 的理论假设模型中包含以下 7 条假设,后文将通过实证分析,分别就关门警铃响后继续上下车行为和强行扒车门行为,对假设模型的结构及变量间的关系进行验证。

H5-1:行为态度对行为意向有显著的正向影响;
H5-2:主观规范对行为意向有显著的正向影响;
H5-3:知觉行为控制对行为意向有显著的正向影响;
H5-4:道德规范对行为意向有显著的负向影响;
H5-5:过去行为对行为意向有显著的正向影响;
H5-6:风险感知对行为意向有显著的负向影响;
H5-7:自我认同对行为意向有显著的负向影响。

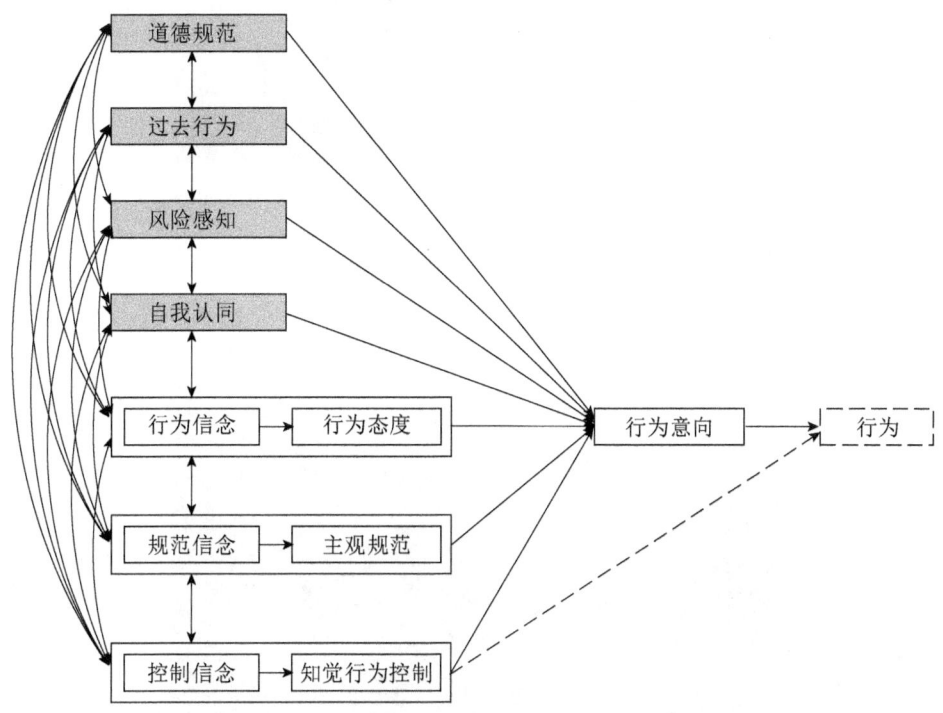

图 5-2 乘客危险行为产生机理理论假设模型

5.2 PRB 调研

5.2.1 典型行为场景构建

在接下来的分析中,将关门警铃响后继续上下车行为形象地称为"最后一秒乘车"(Last-second Riding, LR),强行扒车门上下车行为简称为"强行扒车门"(Door-forcing Riding, DR)。为了提高行为分析的准确性,同时也为提高应答者的参与兴趣,首先构建 LR 和 DR 行为发生的典型场景(Typical Scene)。每一场景都采取照片配合文字的形式(如图 5-3 和图 5-4 所示),便于参与者快速、准确地理解场景所描述的行为。文字描述按照惯例以第二人称视角展开,要求语言简明扼要,环境条件设定清楚[164]。

一个工作日的早晨,你搭乘地铁去上班或办事,当你到达站台时关门警铃响起,车门即将开始关闭,此时,你加快脚步从最近的车门跳上了车。

图 5-3　LR 行为场景照片

图片来源:"地铁族"(www.ditiezu.com)。

一个工作日的早晨,你搭乘地铁去上班或办事,当你准备上车时车门已经开始关闭,此时,你用手或身体其他部位阻挡正在关闭的车门,并快速挤上了车。

图 5-4　DR 行为场景照片

图片来源:笔者拍摄。

5.2.2　引出突显信念

在正式调研之前,通过半结构化的先导调研引出与 LR 行为和 DR 行为相关的行为信念、规范信念和控制信念,先导调研问卷设计见附录 D。在南京主要商圈,如新街口、湖南路等,随机挑选愿意参与调研的人进行访谈。为了保证访谈质量,要求受访者为"地铁常乘客",即每周至少搭乘 3 次地铁。首先,将两个行为场景提供给受访者,确保受访者充分理解场景后,用一对一访谈的方式,对每一场景就以下 3 个问题询问受访者的观点。访谈时间大约为 15 分钟。

(1) 您认为以场景 1(场景 2)中描述的方式乘车的优点是什么,缺点是什么?

(2) 您能想到哪些个人或团体会赞同/反对您像场景 1(场景 2)中描述的那样乘车?

(3) 您认为哪些因素会使您更可能/更不可能像场景 1(场景 2)中描述的那样乘车?

共有 31 人参加了访谈,其中,男性 18 人,女性 13 人,平均年龄 34 岁,年龄跨度为 19~65 岁。对访谈结果统计发现,从第 20 个访谈开始几乎没有新的行为信念、规范信念和控制信念被提出,表明 31 份访谈对于引出所有与行为相关的信念是充分的。突显信念是人们普遍持有的信念,所以一定是受访者频繁提及的信念。规定对于某一种信念,若有 30% 及以上的受访者提及该信念或该信念类似的表达,则作为突显信念予以保留。

5.2.3 乘客危险行为心理认知量表(PRBQ)

基于调查得到的突显信念,设计乘客危险行为心理认知量表(PRBQ),量表包括三个部分,详细内容参见附录 E。

第一部分是对作答方式的举例说明,要求应答者在仔细感受场景后,把自己想象成场景中的人,再回答场景下的问题。

第二部分是对 LR 行为和 DR 行为心理认知的调查,以图 5-2 的假设模型为理论框架,在两种行为场景的后面分别设置若干与 TPB 有关的问题,问题设计参照 TPB 的标准措辞方式[165]。问题全部采用七点式李克特量表,分数体系设置参照文献[127][157]。测量的认知变量包括态度、主观规范、知觉行为控制、行为意向、道德规范、过去行为、风险感知和自我认同。其中,"自我认同"变量对两种行为的含义相同,故其测量不区分场景,在该部分的最后单独测量。

第三部分是收集应答者的基本信息,包括性别、年龄、通常乘坐地铁的时段和经历的站数。

5.2.4 抽样对象与过程

与 MPBQ 调研一样,选择通过网络发放并回收问卷;在问卷开端设置门槛题,筛选"地铁常乘客"作为调研对象;在适当位置设置筛选题,避免胡乱作答。调研从 2014 年 3 月到 6 月,历时 3 个月,共回收 723 份问卷。采取与 MPBQ 分析中相同的排查标准,对回收的问卷进行逐一的人工排查,但考虑到 PRBQ 的题量多于 MPBQ,将作答时间的排查标准调整为不短于 8 分钟。对 LR 场景剔除 147 份无效问卷后,获得 576 个有效样本,对 DR 场景剔除 152 份无效问卷后,获得 571 个有效样本,问卷平均回收率为 80%。

5.2.5 样本基本信息与描述性统计

应答者中 51% 是女性,49% 是男性,年龄构成为 25 岁及以下占 19%,26~35 岁占 45%,36~45 岁占 23%,46 岁及以上占 13%。应答者在通常情况下平均乘坐 8 站地铁,并且有 87% 是在早高峰或晚高峰时段搭乘。

对两种行为的描述性统计和零阶相关分析结果,以及 Cronbach's α 信度系数见表 5-1 和表 5-2。态度、主观规范和知觉行为控制分别根据式(5-1)、式(5-2)和式(5-3)计算,对应测量题目的数量为突显信念数量的两倍。各认知变量的 Cronbach's α 系数均大于 0.7,表明 PRBQ 的信度可接受。

表 5-1　LR 行为描述性统计、零阶相关和 Cronbach's α 信度系数（$N=576$）

变量	均值	标准差	分数范围	题数	α	1	2	3	4	5	6	7	8	9	10	11	12
1. 年龄	2.30	0.90	1~4	1	—	—											
2. 性别	1.49	0.50	1~2	1	—	−0.09	—										
3. 乘坐时段	1.19	0.29	1~2	1	—	0.09	0.00	—									
4. 乘坐站数	8.19	5.71	2~26	1	—	−0.03	−0.04	0.02	—								
5. 行为意向	−0.24	1.77	−3~+3	3	0.97	−0.05	−0.12	−0.03	−0.01	—							
6. 态度	−4.65	4.24	−21~+21	6×2	0.78	−0.02	−0.14	−0.04	0.05	0.66	—						
7. 主观规范	−4.44	7.91	−21~+21	3×2	0.86	0.01	−0.01	−0.02	0.04	0.57	0.49	—					
8. 知觉行为控制	−0.51	5.30	−21~+21	5×2	0.84	−0.03	−0.07	−0.03	−0.01	0.74	0.44	0.41	—				
9. 道德规范	1.53	1.19	−3~+3	2	0.93	0.02	0.06	0.03	−0.02	−0.48	−0.46	−0.45	−0.48	—			
10. 过去行为	3.30	1.65	1~7	2	0.93	0.01	−0.13	−0.04	0.03	0.68	0.52	0.49	0.66	−0.50	—		
11. 风险感知	1.66	1.08	−3~+3	2	0.72	0.00	0.10	−0.02	−0.10	−0.44	−0.62	−0.54	−0.51	0.67	−0.43	—	
12. 自我认同	1.97	0.76	−3~+3	2	0.80	0.08	0.07	0.13	0.03	−0.23	−0.35	−0.21	−0.21	0.38	−0.22	0.36	—

注：$r \geqslant 0.09$，$p < 0.05$；$r \geqslant 0.11$，$p < 0.01$。

表 5-2　DR 行为描述性统计、零阶相关和 Cronbach's α 信度系数 ($N=571$)

变量	均值	标准差	分数范围	题数	α	1	2	3	4	5	6	7	8	9	10	11	12
1. 年龄	2.30	0.90	1~4	1	—	—											
2. 性别	1.49	0.50	1~2	1	—	−0.10	—										
3. 乘坐时段	1.19	0.29	1~2	1	—	0.08	−0.00	—									
4. 乘坐站数	8.20	5.71	2~26	1	—	−0.03	−0.04	0.02	—								
5. 行为意向	−2.05	1.31	−3~+3	3	0.92	−0.05	−0.13	−0.03	−0.03	—							
6. 态度	−7.90	4.09	−21~+21	6×2	0.80	−0.09	−0.16	−0.08	−0.04	0.54	—						
7. 主观规范	−9.16	7.85	−21~+21	3×2	0.85	−0.02	−0.06	−0.04	−0.00	0.58	0.46	—					
8. 知觉行为控制	−4.57	5.30	−21~+21	6×2	0.82	−0.04	−0.08	−0.04	0.07	0.69	0.57	0.59	—				
9. 道德规范	2.23	0.84	−3~+3	2	0.86	0.02	0.13	0.03	0.02	−0.35	−0.57	−0.35	−0.39	—			
10. 过去行为	2.03	1.33	1~7	2	0.89	0.05	−0.16	−0.03	−0.03	0.55	0.48	0.40	0.50	−0.43	—		
11. 风险感知	2.28	0.87	−3~+3	2	0.72	0.03	0.07	0.02	0.02	−0.40	−0.55	−0.39	−0.37	−0.52	−0.46	—	
12. 自我认同	1.98	0.76	−3~+3	2	0.80	0.08	0.07	0.13	0.03	−0.24	−0.39	−0.22	−0.24	0.46	−0.27	0.40	—

注：$r \geqslant 0.09$，$p<0.05$；$r \geqslant 0.11$，$p<0.01$。

由零阶相关分析结果可知,两种行为意向与 TPB 三变量之间均呈显著正相关,说明那些态度越积极、感受到越多重要他人的赞同,以及认为对行为有较高控制能力的乘客具有更强的危险行为意向。4 个额外变量与两种行为意向之间也显著相关。那些认为危险行为在道德上是可授受的、行为没有很大危险性、不倾向于认为自己是一名安全乘客,以及在过去经常发生危险行为的乘客具有更强的危险行为意向。然而,乘客基本信息变量与各认知变量之间的相关性普遍不显著。总体而言,知觉行为控制与行为意向的相关性最强,其次是过去行为。

5.3 区分 PRB 的意向者与非意向者

通过信念测量 TPB 变量的意义在于,允许研究者分析有关行为的关键信念,这些信念可以帮助区分行为的意向者(Intenders)和非意向者(Non-intenders),从而为行为纠正提供目标和依据。在验证图 5-2 的假设模型之前,先对两种危险行为的关键信念进行识别。

5.3.1 信念识别方法及结果

在 PRBQ 中,行为意向由 3 个题目测量,将 3 个题目打分的平均值高于量表中点值 0 的样本组定义为该行为的"意向者",相应地,将行为意向平均值等于或低于量表中点值 0 的样本组定义为"非意向者"。经统计,最后一秒乘车(LR)行为的意向者占总样本数的 48%,强行扒车门(DR)行为的意向者占总样本数的 9%。

采用独立样本 t 检验方法,分析两种行为场景下两组乘客(意向者和非意向者)在行为信念、规范信念和控制信念方面的区别。t 检验通常根据显著性检验结果即 p 值($p<0.05$)对比样本均值的差异。然而,显著性检验的结果受样本容量影响,在大样本的情况下很容易得出差异显著的结论[166]。效应量(Effect Size)指标将样本均值的差异程度反映在每单位标准偏差上,是独立于样本容量对绝对差异的测量[167]。因此,有必要对 t 检验显著的信念项计算效应量指标 Cohen's d,以反映样本均值的绝对差异程度。对 LR 行为和 DR 行为各信念项的 t 检验结果分别见表 5-3 和表 5-4。

5.3.2 行为信念差异

从表 5-3 和表 5-4 的结果来看,两种行为的意向者和非意向者在所有与行为信念相关的信念项(o,e,$o×e$)上均有显著差异,并且差异效应量在中等或以上($d>0.50$)。

从结果信念和结果评估来看,意向者对于行为可能带来好的结果有更高的预期,非意向者则更认为行为可能会带来坏结果;非意向者对危险行为带来的无论好结果还是坏结果都给予负面评价,而意向者对好结果给予正面评价。

从行为信念综合来看,对于 LR 行为,两组乘客差异最大的正面和负面信念分别是"节省时间"[$t(574)=13.47$,$p<0.001$,$d=1.12$]和"使我受伤"[$t(574)=9.25$,$p<0.001$,$d=0.77$];对于 DR 行为,两组乘客差异最大的正面和负面信念分别是"节省时间"[$t(569)=7.67$,$p<0.001$,$d=1.11$]和"造成地铁设备、设施故障"[$t(569)=5.82$,$p<0.001$,$d=0.95$]。对于地铁乘客,节省时间作为一种工具性效用(Instrumental effects)是危险行为意向者最看重的效用,这与 Warner 等[126]和 Elliott 等[125]对司机行为的研究结论一致。此类信念与人们的生活方式有关,不易纠正。但可以从地铁运营者的角度,合理设置发车间隔,

5 基于改进 TPB 的乘客危险行为产生机理分析

表 5-3 LR 行为信念项的均值(标准差)和效应量值[a]：意向者与非意向者比较(277 vs. 299)

项目/分组	意向者	非意向者	Cohen's d	意向者	非意向者	Cohen's d	意向者	非意向者	Cohen's d
	结果信念(o)			结果评估(e)			行为信念($o \times e$)		
节省时间(S1_ATT1)	5.78** (0.84)	4.36 (1.59)	1.12	1.32** (0.96)	−0.01 (1.41)	1.10	7.97** (6.13)	0.93 (6.39)	1.12
使我被列车或屏蔽门夹到(S1_ATT2)	5.22** (1.07)	5.94 (1.07)	0.67	−1.94** (1.16)	−2.39 (0.74)	0.46	−10.45** (6.91)	−14.51 (5.66)	0.64
造成地铁设备、设施故障(S1_ATT3)	4.23** (1.41)	5.48 (1.21)	0.95	−2.14** (0.99)	−2.41 (0.76)	0.31	−9.21** (5.67)	−13.49 (5.60)	0.76
使我赶上这趟车(S1_ATT4)	5.72** (0.88)	4.59 (1.44)	0.95	0.87** (1.18)	−0.37 (1.35)	0.98	5.21** (7.28)	−1.02 (6.18)	0.92
使我感到幸运(S1_ATT5)	4.34** (1.26)	2.79 (1.32)	1.20	0.94** (1.20)	0.10 (1.58)	0.60	4.60** (5.99)	0.82 (4.14)	0.73
使我受伤(S1_ATT6)	4.83** (1.15)	5.83 (1.04)	0.91	−2.10** (1.14)	−2.53 (0.72)	0.45	−10.39** (6.64)	−15.06 (5.45)	0.77
	参照信念(r)			顺从动机(m)			规范信念($r \times m$)		
地铁工作人员(S1_SN1)	−0.70** (1.73)	−1.86 (1.18)	0.78	5.41** (1.02)	5.79 (1.12)	0.35	−3.77** (10.04)	−11.16 (7.77)	1.20
家人(S1_SN2)	0.29** (1.36)	−1.50 (1.29)	1.35	5.05** (1.02)	4.68 (1.64)	0.27	1.77** (7.52)	−7.21 (7.49)	0.82
其他乘客(S1_SN3)	0.15** (1.45)	−1.34 (1.31)	1.08	4.84* (1.11)	4.50 (1.50)	0.26	1.02** (7.99)	−6.38 (6.98)	0.99

(续表)

项目/分组	意向者	非意向者	Cohen's d	意向者	非意向者	Cohen's d	意向者	非意向者	Cohen's d
	控制频率(c)			知觉强度(p)			控制信念(c×p)		
迟到/赶时间(S1_PBC1)	3.78** (1.64)	2.81 (1.40)	0.64	1.34** (1.01)	−0.55 (1.57)	1.43	5.58** (5.25)	−1.00 (4.78)	1.31
有地铁工作人员维持秩序(S1_PBC2)	5.49 (1.12)	5.58 (1.21)	—	−0.22** (1.47)	−1.30 (1.41)	0.75	−1.27** (8.87)	−7.43 (8.77)	0.70
感觉自己有能力迅速跳上车(S1_PBC3)	4.39** (1.28)	2.54 (1.19)	1.50	0.99** (1.01)	−0.87 (1.49)	1.46	4.79** (5.92)	−1.29 (5.12)	1.09
列车或屏蔽门的防夹功能能保证我的安全(S1_PBC4)	4.36** (1.33)	3.20 (1.52)	0.81	0.70** (1.22)	−1.36 (1.24)	1.67	4.09** (6.84)	−3.49 (5.60)	1.21
有同行的人一起乘车(S1_PBC5)	5.17 (1.35)	5.00 (1.45)	—	0.30** (1.40)	−1.20 (1.31)	1.11	2.14** (7.73)	−5.93 (7.37)	1.07

注：* $p<0.01$；** $p<0.001$；a 效应量分类[168]：$0.20<d<0.50$ 效应小，$0.50<d<0.80$ 效应中等，$d>0.80$ 效应大（大效应在表中以深色背景标出）。

5 基于改进 TPB 的乘客危险行为产生机理分析

表 5-4 DR 行为信念项的均值和效应量值ª：意向者与非意向者比较（53 vs. 518）

项目/分组	意向者	非意向者	Cohen's d	意向者	非意向者	Cohen's d	意向者	非意向者	Cohen's d
	参照信念(r)			结果评估(e)			行为信念($o \times e$)		
节省时间(S2_ATT1)	5.19** (1.30)	3.54 (1.66)	1.11	1.00** (1.24)	−0.58 (1.60)	1.10	5.85** (6.13)	−0.93 (6.12)	1.11
使我被列车或屏蔽门夹到(S2_ATT2)	5.32** (1.17)	6.15 (1.01)	0.76	−1.58** (1.47)	−2.44 (0.76)	0.73	−9.06** (8.76)	−15.37 (5.80)	0.85
造成地铁设备、设施故障(S2_ATT3)	5.00** (1.21)	5.97 (1.00)	0.87	−1.60** (1.36)	−2.48 (0.74)	0.80	−8.66** (7.95)	−15.17 (5.57)	0.95
使我赶上这趟车(S2_ATT4)	5.13** (1.33)	3.97 (1.52)	0.81	0.58** (1.28)	−0.74 (1.43)	0.97	3.72** (7.51)	−2.22 (6.18)	0.86
使我有成就感(S2_ATT5)	4.28** (1.42)	2.10 (1.16)	1.68	0.32** (1.50)	−1.10 (1.37)	0.99	2.60** (6.78)	−1.60 (2.97)	0.80
使我受伤(S2_ATT6)	5.45** (1.07)	6.02 (1.03)	0.54	−1.79** (1.50)	−2.51 (0.75)	0.61	−9.96** (8.80)	−15.40 (5.73)	0.73
	参照信念(r)			顺从动机(m)			规范信念($r \times m$)		
地铁工作人员(S2_SN1)	−0.23** (1.43)	−2.03 (1.08)	1.42	5.36* (.96)	5.81 (1.10)	0.44	−1.55** (8.26)	−12.02 (7.55)	1.64
家人(S2_SN2)	0.57** (1.42)	−1.94 (1.18)	1.92	5.23 (1.07)	4.89 (1.59)	—	3.32** (8.37)	−9.67 (7.46)	1.32
其他乘客(S2_SN3)	0.38** (1.44)	−1.91 (1.23)	1.71	5.09 (1.20)	4.82 (1.49)	—	2.72** (8.39)	−9.40 (7.37)	1.53

（续表）

项目/分组	控制频率(c)			知觉强度(p)			控制信念($c×p$)		
	意向者	非意向者	Cohen's d	意向者	非意向者	Cohen's d	意向者	非意向者	Cohen's d
迟到/赶时间(S2_PBC1)	4.51** (1.38)	3.05 (1.56)	0.99	1.09** (1.28)	−1.54 (1.43)	1.94	5.92** (6.42)	−4.40 (5.45)	1.73
有地铁工作人员维持秩序(S2_PBC2)	5.42 (1.06)	5.60 (1.10)	—	0.68** (1.58)	−1.78 (1.41)	1.64	3.70** (9.40)	−10.20 (8.48)	1.55
感觉自己有能力把车门打开(S2_PBC3)	4.34** (1.45)	1.98 (0.98)	1.91	0.57** (1.45)	−1.25 (1.46)	1.25	4.00** (6.54)	−1.87 (2.76)	1.17
列车或屏蔽门的夹功能能保证我的安全(S2_PBC4)	4.79** (1.26)	2.98 (1.53)	1.29	0.75** (1.49)	−1.48 (1.34)	1.57	4.64** (7.14)	−3.68 (4.29)	1.41
站台上有警示标志提醒我注意安全(S2_PBC5)	5.62 (1.15)	5.72 (1.20)	—	0.83** (1.45)	−1.32 (1.77)	1.33	5.47** (8.75)	−7.87 (11.09)	1.34
有同行的人一起乘车(S2_PBC6)	5.17 (1.19)	4.99 (1.42)	—	1.06** (1.31)	−1.06 (1.58)	1.46	5.87** (8.22)	−5.20 (8.92)	1.29

注：* $p<0.01$；** $p<0.001$；^{a}效应量分类[168]：$0.20<d<0.50$效应小，$0.50<d<0.80$效应中等，$d>0.80$效应大（大效应在表中以深色背景标出）。

增加高峰期运能,从改变外在因素入手,降低此类信念在乘客行为决策过程中的作用。

5.3.3 规范信念差异

除了 DR 行为的意向者和非意向者对"家人"和"其他乘客"的顺从动机差异不显著外,两种行为中的两组乘客对其余所有与规范信念相关的信念项(r,m,$r \times m$)都存在显著差异。这些差异的效应量在参照信念和规范信念上普遍较大($d>0.80$),而在顺从动机上普遍较小($d<0.50$)。

结合均值分析发现,参照信念的均值在 0 左右,说明意向者认为三类重要他人对其危险行为的态度基本中立,而非意向者认为三类重要他人会不赞同其危险行为。顺从动机的差异效应量小,说明两组乘客对三类重要他人都表现出较强的顺从动机。

LR 和 DR 行为中,两组乘客差异最大的规范信念都在于地铁工作人员[LR:$t(574)=14.35$,$p<0.001$,$d=1.20$;DR:$t(569)=11.93$,$p<0.001$,$d=1.64$],并且行为意向者和非意向者都感受到来自地铁工作人员反对的压力。与本研究的结论不同,Chorlton 等[127]对摩托车手违反行为的研究发现,对超速行为最有影响力的是家人,而非与本研究结论类似的交通警察。与道路环境相比,地铁车站乘车空间狭小集中,乘客行为更容易被管理者监控或纠正。因此,在地铁运营实践中,应合理安排地铁工作人员尤其是一线站务管理人员的工作职责及站务时间表,强调站务管理的重要性和权威性,从而加强乘客关于地铁工作人员会反对和阻止危险行为的信念。

5.3.4 控制信念差异

对于控制频率有些信念项的差异未达到显著,而知觉强度和控制信念在所有信念项上均显著,并且差异效应量在中等或以上($d>0.50$)。

在 LR 行为中,意向者和非意向者之间最大的不一致在于对"感觉有能力迅速跳上车"的知觉频率[$t(574)=17.96$,$p<0.001$,$d=1.50$];类似地,在 DR 行为中,两组乘客最大的不一致在于对"感觉有能力把车门打开"的知觉频率[$t(574)=11.53$,$p<0.001$,$d=1.91$]。对于两种危险行为,意向者比非意向者更频繁地感觉到自己有能力完成行为。结合表 5-1 和表 5-2,知觉行为控制与道德规范及风险感知呈负相关,因此,从宣传乘客行为导致的真实事故案例入手,使地铁乘客认识到行为对自身的危险性和他人的不道德性,或许可以有效降低该信念的影响。

从控制信念综合来看,对于 LR 和 DR 行为,两组乘客感受到的差异最大的行为阻碍因素均是"有地铁工作人员维持秩序"[LR:$t(574)=8.38$,$p<0.001$,$d=1.55$,DR:$t(569)=11.26$,$p<0.001$,$d=1.55$],这一发现与规范信念中的结论一致。两组乘客对两种行为感受到的差异最大的行为促进因素均是"迟到/赶时间"[LR:$t(574)=15.73$,$p<0.001$,$d=1.31$,DR:$t(569)=11.29$,$p<0.001$,$d=1.73$],这与行为信念中的结论一致。

另外,"列车或屏蔽门的防夹功能能保证我的安全"对于两种行为来说,也是差异效应量较大的促进因素[LR:$t(574)=14.49$,$p<0.001$,$d=1.21$;DR:$t(569)=8.33$,$p<0.001$,$d=1.41$]。在对其他与安全有关行为的研究中,也有学者发现这一现象。Warner 等[126]和 Chorlton 等[127]发现,一些安全措施或有利于安全的因素反而会增加违反行为,例如,在道路两旁设置防止野生动物穿行的围栏、车辆较少的道路等,会增加司机超速驾驶的意向。根

据风险平衡理论(Risk Homeostasis Theory)的观点,安全措施可能降低个体对主观风险的感知水平,使主观风险感知偏离事件的客观风险水平,因此,应该使乘客认识到车门或屏蔽门的防夹保护不是万无一失的,在上下车过程中不可因此而掉以轻心。

5.4 基于SEM的实证分析

5.4.1 结构方程模型(SEM)概述

结构方程模型(SEM)将因子分析与路径分析相结合,支持多变量对多变量的分析,既能够研究变量的内部结构关系,又可以研究变量之间的关系,并且SEM允许因变量之间有相关性,也在一定程度上允许有误差。

SEM由测量模型和结构模型构成,前者反映潜变量与显变量的作用关系,后者反映潜变量之间的因果关系。显变量也称观察变量或指标,是指可以直接测量得到确定值的变量;潜变量也称因子,是一种假设构念(Hypothetical Construct),难以直接观察或测量,只能间接通过显变量来反映。根据因果关系,显变量和潜变量又可划分为外生变量(自变量)和内生变量(因变量)。

SEM方法的核心在于评价理论假设模型与样本数据是否契合,如果出现拟合不佳,需在兼顾理论合理性的前提下,对假设模型修正以达到拟合度要求。本研究从整体拟合度和内在结构适配度两个方面评价模型的拟合度。对于整体拟合度,从绝对拟合、增值拟合和简约拟合三个方面进行评价。内在结构适配度检验包括测量模型拟合度检验和路径系数检验。具体使用的检验指标及检验标准如表5-5所示[169]。在拟合度评价之前,需先检验模型是否违反估计,包括模型解中出现负的误差方差(Error Variances)、路径系数(Standardized Coefficient)大于1或小于-1、协方差矩阵或相关矩阵不正定(Non-positive Definite Matrices)。如果存在以上情况,则说明模型不正确。

表5-5 模型拟合度检验指标及标准

类别	检验指标	检验标准
整体拟合度检验		
绝对拟合度指标	卡方自由度比 χ^2/df	<3(良好) <5(可接受)
	拟合度指数 GFI	>0.90
	调整拟合度指数 AGFI	>0.80
	近似误差均方根 RMSEA	<0.05(良好) <0.08(可接受)
增值拟合度指标	Tuker-Lewis 指数 TLI	>0.90
	相对拟合指数 CFI	>0.90
简约拟合度指标	简约拟合度指数 PGFI	>0.50
	临界样本数 CN	>200

续 表

类别	检验指标	检验标准
内在结构适配度检验		
测量模型内在结构适配度	因子载荷(Factor Loadings)	最好介于 0.50 至 0.95 之间
	潜变量组合信度(Composite Reliability)	>0.70
	潜变量平均方差萃取量(Variance Extracted)	>0.50
路径系数检验	临界比值 C.R.	>1.96 即估计参数达到显著水平
	标准化路径系数	介于-1 至 1 之间
	p 值	显著

5.4.2 基于 LR 行为的模型修正

1) 模型初步估计与检验

将 LR 行为场景下的数据导入 AMOS 21,采用广义最小二乘法,对理论假设模型(图 5-2)进行初步估计,标准化的模型估计结果如图 5-5 所示,图中符号含义同前文。模型

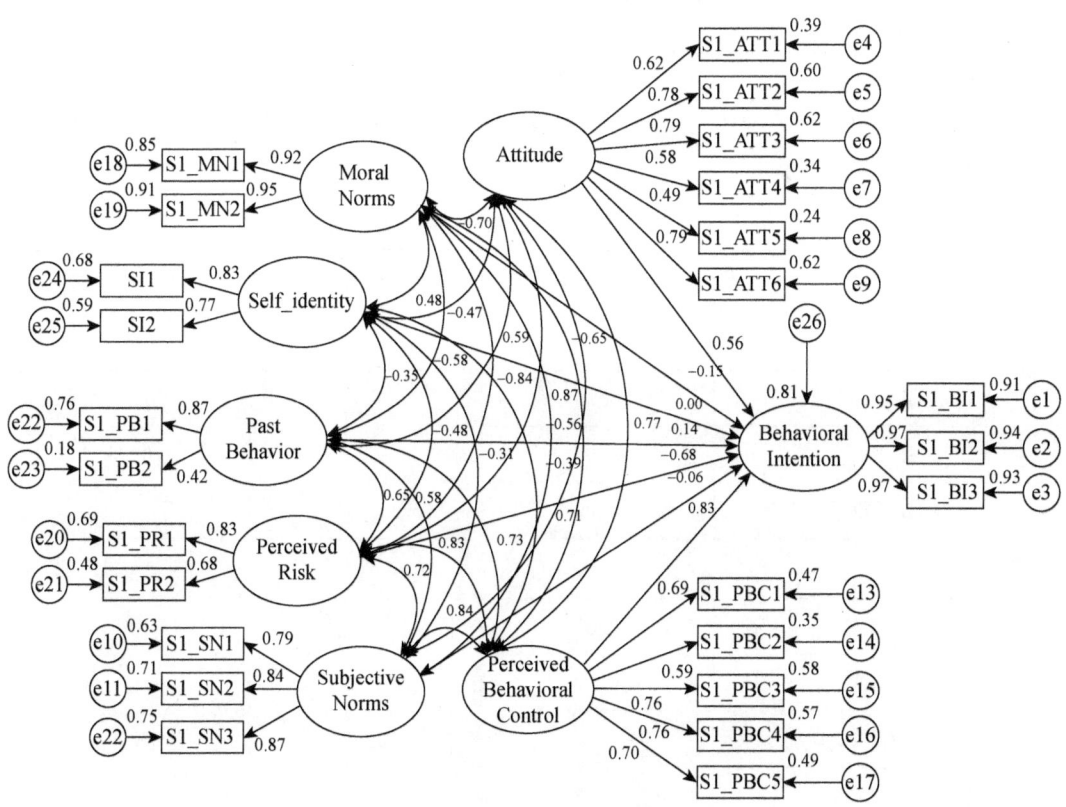

图 5-5 基于 LR 行为的模型初步估计

中只有行为意向一个内生潜变量,其他变量均是对行为意向(BI)直接产生影响的外生潜变量。经过检验,模型没有违反估计的情况,整体拟合度指标值见表 5-6 的第一行。依照表 5-5 的评价标准,初估模型的 χ^2/df、GFI、AGFI、RMSEA、PGFI 和 CN 值在可接受范围内,而 TLI 和 CFI 值不满足拟合要求,模型的拟合效果还需提高。

模型中有两个观察变量的因子载荷小于 0.50,分别是 S1_ATT5(0.49)和 S1_PB2(0.39)。考虑到态度潜变量的指标较多,所以先将 S1_ATT5 删除,保留 S1_PB2,再次运行模型,发现初次修正模型的拟合度有所提高,但幅度不大,修正后的拟合度指标值见表 5-6 的第二行。

表 5-6 LR 初估及初修模型拟合指标值

指标	χ^2/df	GFI	AGFI	RMSEA	TLI	CFI	PGFI	CN
初次估计模型	599/224=2.67	0.91	0.88	0.05	0.60	0.69	0.68	259
初次修正模型	598/224=2.67	0.91	0.88	0.05	0.65	0.72	0.70	250

2) 测量模型内在结构适配度检验

通过检验测量模型内在结构适配度,再次修正模型以提高模型的拟合度。对测量模型的检验就是对观察变量与相关潜变量之间关系检验的过程。初次修正模型共包含 8 个潜变量和 24 个观察变量,计算各变量的检验值,如表 5-7 所示。除 S1_PB2 的因子载荷为 0.49 略小于 0.50 外,其余观察变量的载荷均大于 0.50,并且所有潜变量的组合信度均大于 0.70,平均方差萃取量均大于 0.50。为了结构模型分析需要,并且 S1_PB2 所在的潜变量 S1_PB 仍可以满足适配度要求,故继续保留 S1_PB2。总体而言,测量模型通过内在结构适配度检验。

表 5-7 LR 测量模型内在结构适配度检验结果

变量	因子载荷	组合信度	平均方差萃取量
Behavioral Intention			
S1_BI1	0.95		
S1_BI2	0.97	0.97	0.92
S1_BI3	0.96		
Attitude			
S1_ATT1	0.57		
S1_ATT2	0.80		
S1_ATT3	0.80	0.83	0.50
S1_ATT4	0.52		
S1_ATT6	0.80		

续 表

变量	因子载荷	组合信度	平均方差萃取量
Subjective Norms			
S1_SN1	0.80		
S1_SN2	0.84	0.88	0.70
S1_SN3	0.87		
Perceived Behavioral Control			
S1_PBC1	0.67		
S1_PBC2	0.67		
S1_PBC3	0.75	0.82	0.50
S1_PBC4	0.75		
S1_PBC5	0.72		
Moral Norms			
S1_MN1	0.92	0.94	0.88
S1_MN2	0.95		
Past Behavior			
S1_PB1	0.88	0.73	0.59
S1_PB2	0.49		
Perceived Risk			
S1_PR1	0.83	0.73	0.58
S1_PR2	0.69		
Self-identity			
SI1	0.84	0.78	0.64
SI2	0.77		

3) 路径系数检验

接下来,通过路径系数检验,对理论模型中假设的各潜变量之间关系进行验证,结构模型的路径标准化系数及相关检验值如表 5-8 所示。表中主观规范、道德规范和自我认同各自对行为意向路径的临界比值(C.R.)未大于 1.96,表明这 3 个认知变量对行为意向的影响未达到显著,相应的假设关系没有得到验证。其余变量对行为意图路径的 C.R. 值均大于 1.96,表明这些变量对行为意向的影响至少在 $p=0.05$ 的水平上显著。

主观规范是 TPB 的基本变量之一,应尽量保留。首先,删除自我认同变量,重新运行模型,道德规范和主观规范变量的影响仍不显著;继续删除道德规范变量,再次运行模型,主观规范变量仍不显著;最后,只能删除主观规范变量。经过上述修正后,最终模型如图 5-6 所示。可以看到,S1_PB2 的因子载荷为 0.43,还是略低于 0.50,但如表 5-9 所示,模型的整体拟合度有了较大提高,各指标值均在可接受范围内,说明模型与数据拟合良好。

由最终模型可知,乘客的态度、知觉行为控制和过去行为对最后一秒乘车行为意向有显著的正向影响,而风险感知对该行为的意向有显著的负向影响,即假设 H5-1、H5-3、H5-5 和 H5-6 得到验证,其余假设关系未得到验证。

表 5-8　LR 结构模型的路径估计及检验值

编号	结构模型路径	标准化路径系数	C.R.	p
1	Intention←Attitude	0.62	3.70	***
2	Intention←Subjective Norms	−0.06	−0.59	0.56
3	Intention←PBC	0.85	3.75	***
4	Intention←Moral Norms	−0.17	−1.16	0.24
5	Intention←Past Behavior	0.15	1.97	0.05
6	Intention←Perceived Risk	−0.75	−2.08	0.04
7	Intention←Self-identity	−0.00	−0.03	0.98

注:*** 表示 $p<0.001$。

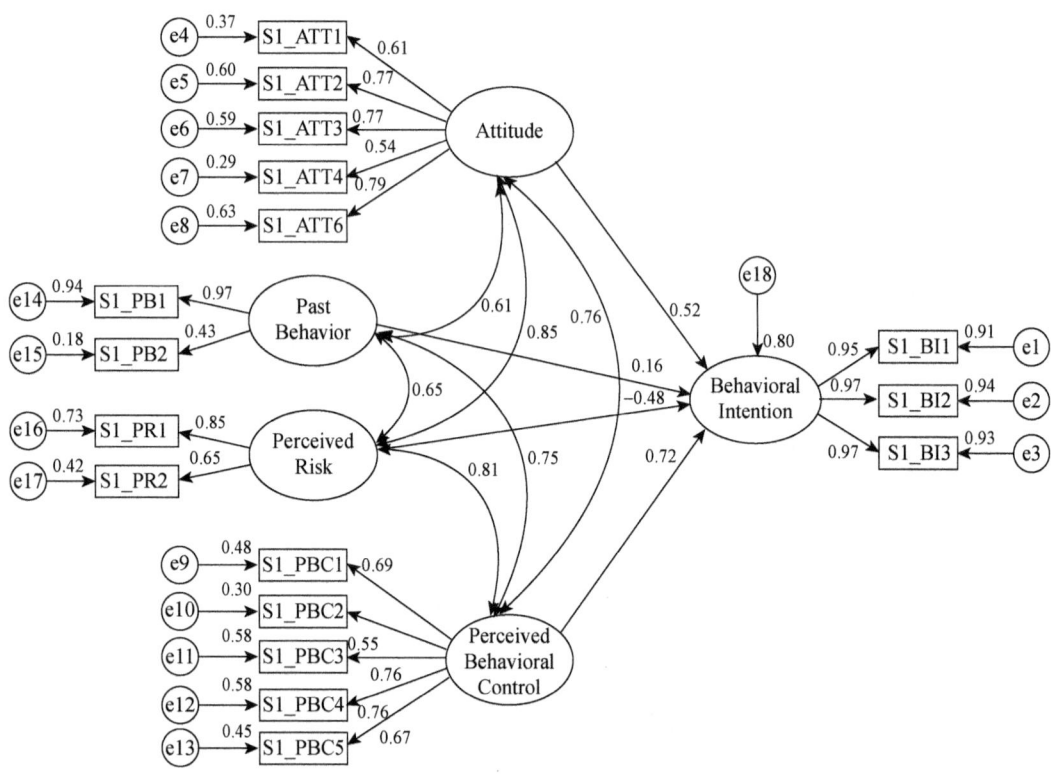

图 5-6　基于 LR 行为的最终模型

表 5-9　LR 最终模型拟合度指标值

指标	$\chi^2/\mathrm{d}f$	GFI	AGFI	RMSEA	TLI	CFI	PGFI	CN
最终模型	366/109=3.36	0.93	0.90	0.06	0.91	0.94	0.66	211

5.4.3　基于 DR 行为的模型修正

1) 模型初步估计与检验

利用 DR 行为场景下的数据,采用广义最小二乘法,对假设模型进行初步估计的标准化结果如图 5-7 所示,图中符号含义同前文。模型初估结果没有违反估计的情况,整体拟合度指标值见表 5-10 的第一行。$\chi^2/\mathrm{d}f$、GFI、AGFI、RMSEA、PGFI 和 CN 值均在可接受范围内,而 TLI 和 CFI 值低于参考标准值,说明模型拟合效果有待提高。

模型中共有三个观察变量的因子载荷小于 0.50,分别是 S2_ATT1 的因子载荷为 0.20、S2_PBC5 的因子载荷为 0.35、S2_PBC6 和因子载荷为 0.43。按此顺序依次删除变量,每删除一个变量重新运行一次模型。最后删除 S2_PBC6 时,发现对整体拟合度的提高不大,为了尽可能利用样本信息,先保留 S2_PBC6。初次修正模型的拟合指标值见表 5-10 的第二行,拟合度有一定程度提高,但 TLI 和 CFI 值仍不满足要求。

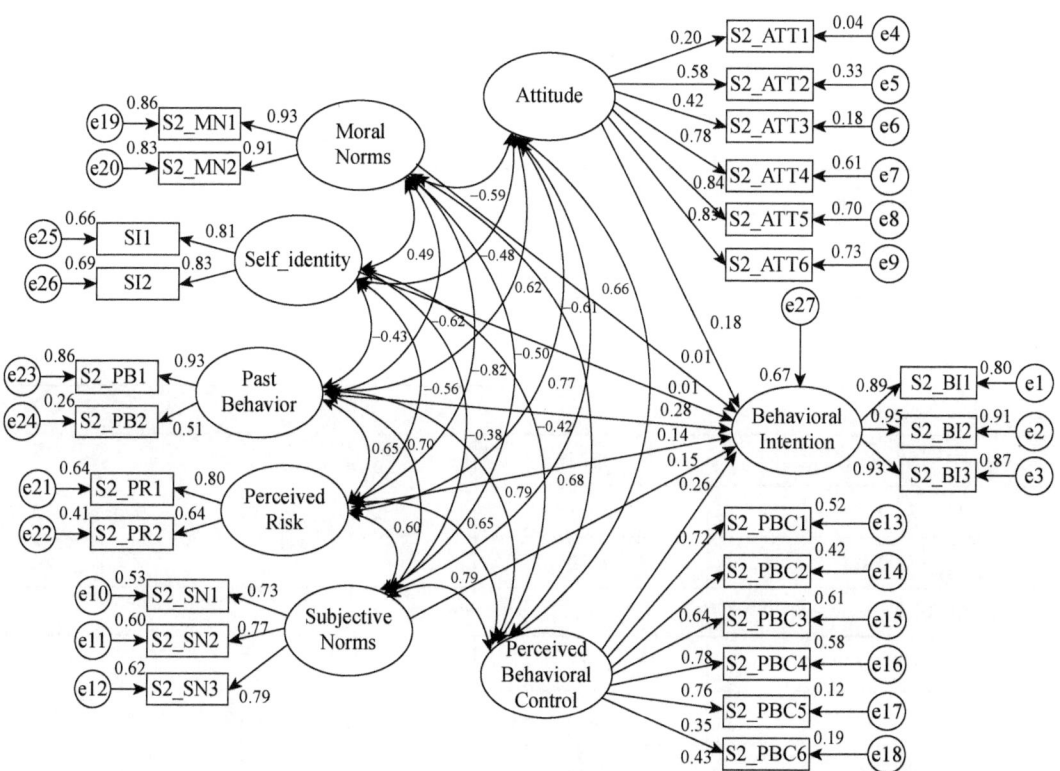

图 5-7　基于 DR 行为的模型初步估计

表 5-10 DR 初估及初修模型拟合指标值

指标	$\chi^2/\mathrm{d}f$	GFI	AGFI	RMSEA	TLI	CFI	PGFI	CN
初次估计模型	627/271=2.31	0.92	0.89	0.05	0.64	0.70	0.71	283
初次修正模型	490/202=2.42	0.93	0.90	0.05	0.72	0.78	0.68	275

2) 测量模型内在结构适配度检验

模型初次修正后包含 8 个潜变量和 23 个观察变量,计算各变量的检验值,如表 5-11 所示。除了 S2_PBC6 的因子载荷为 0.38 小于 0.50,以及所在潜变量 S2_PBC 的平均方差萃取量为 0.45 小于 0.50 外,其余观察变量的载荷均大于 0.50,平均方差萃取量均大于 0.50,潜变量的组合信度均大于 0.70。删除 S2_PBC6 后,潜变量 S2_PBC 的组合信度变为 0.82,平均方差萃取量变为 0.53,经过二次修正,测量模型的内在结构适配度满足要求。

表 5-11 DR 测量模型内在结构适配度检验结果

变量	因子载荷	组合信度	平均方差萃取量
Behavioral Intention			
S2_BI1	0.90		
S2_BI2	0.95	0.95	0.86
S2_BI3	0.94		
Attitude			
S2_ATT2	0.57		
S2_ATT3	0.43		
S2_ATT4	0.78	0.83	0.50
S2_ATT5	0.83		
S2_ATT6	0.85		
Subjective Norms			
S2_SN1	0.72		
S2_SN2	0.78	0.81	0.58
S2_SN3	0.79		
Perceived Behavioral Control			
S2_PBC1	0.73		
S2_PBC2	0.63		
S2_PBC3	0.79	0.80	0.45
S2_PBC4	0.77		
S2_PBC6	0.38		

续 表

变量	因子载荷	组合信度	平均方差萃取量
Moral Norms			
S2_MN1	0.92	0.92	0.84
S2_MN2	0.91		
Past Behavior			
S2_PB1	0.93	0.71	0.57
S2_PB2	0.52		
Perceived Risk			
S2_PR1	0.80	0.68	0.52
S2_PR2	0.63		
Self-identity			
SI1	0.81	0.80	0.67
SI2	0.83		

3) 路径系数检验

对结构模型路径系数的估计及检验值见表 5-12。表中结果显示，主观规范、道德规范、风险感知和自我认同对行为意向路径的 C.R. 值小于 1.96，表明这 4 个变量对行为意向的影响未达到显著，相应的假设关系不成立。其余变量对行为意向路径的 C.R. 值均大于 1.96，表明其余变量对行为意向的影响至少在 $p=0.05$ 的水平上显著。

首先，从模型中删除自我认同变量，重新运行模型，另外 3 个待删除变量对行为意向的影响仍不显著；再删除道德规范变量，再次运行模型，风险感知对行为意向的影响仍不显著，而主观规范对行为意向在 0.05 的水平上达到显著；最后，删除风险感知变量。经过一系列调整后，各潜变量之间的关系至少在 $p=0.05$ 水平上达到显著。基于 DR 行为最终拟合的模型见图 5-8，模型的拟合指标值均在可接受范围内，如表 5-13 所示。

表 5-12 DR 结构模型的路径估计及检验值

编号	结构模型路径	标准化路径系数	C.R.	p
1	Intention←Attitude	0.15	2.32	0.02
2	Intention←Subjective Norms	0.11	1.50	0.14
3	Intention←PBC	0.32	3.53	***
4	Intention←Moral Norms	−0.10	−1.30	0.19
5	Intention←Past Behavior	0.28	3.36	***
6	Intention←Perceived Risk	−0.15	−1.25	0.21
7	Intention←Self-identity	0.02	0.36	0.72

注：*** 表示 $p<0.001$。

由最终模型可知,乘客的态度、主观规范和知觉行为控制,以及乘客的过去行为,对强行扒车门行为意向有显著的正向影响,即对于 DR 行为,假设 H5-1、H5-2、H5-3 和 H5-5 得到验证,其余假设关系未得到验证。

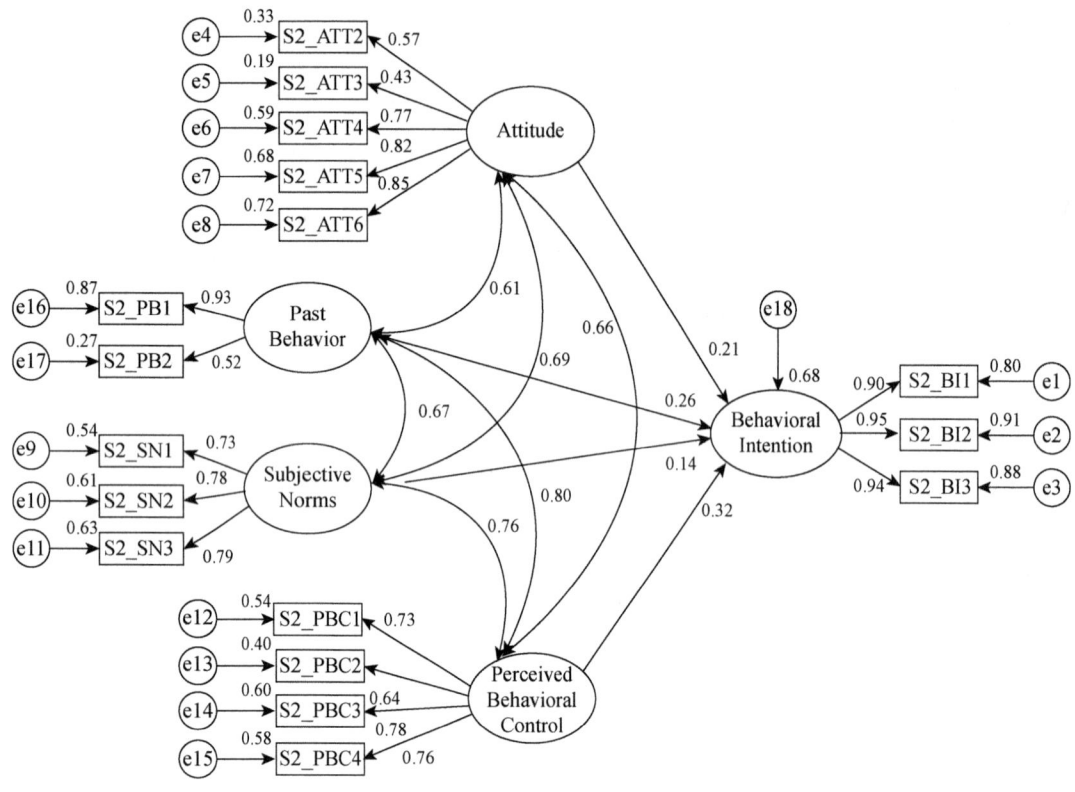

图 5-8　基于 DR 行为的最终模型

表 5-13　DR 最终模型拟合度指标值

指标	$\chi^2/\mathrm{d}f$	GFI	AGFI	RMSEA	TLI	CFI	PGFI	CN
最终模型	366/109=3.36	0.94	0.91	0.05	0.92	0.96	0.66	200

5.4.4　模型结论分析

图 5-6 和图 5-8 所示的最终拟合模型,在一定程度上基于本次调研的数据,反映了地铁乘客最后一秒乘车和强行扒车门两种危险性较高行为的心理认知结构。两种行为的心理认知结构方程式分别见式(5-4)和式(5-5)。

$$\text{LR 行为}: BI = 0.52Att + 0.72PBC + 0.16PB - 0.48PR \tag{5-4}$$

$$\text{DR 行为}: BI = 0.21Att + 0.14SN + 0.32PBC + 0.26PB \tag{5-5}$$

对行为意向(BI)有显著影响的认知变量在两种行为中并不完全相同。TPB 三个主要变量态度(Att)、主观规范(SN)、知觉行为控制(PBC),以及过去行为(PB)对 DR 行为均有显著影响,但 SN 对 LR 行为的影响不显著,也就是说,重要他人对乘客在警铃响后上车的行为意向无显著影响。在进行实地调研时经常可以看到,尽管关门铃声已响,站务员会挥手示意让刚到站台的乘客加快脚步上车,这在一定程度上解释了 SN 对 LR 行为不显著的原因。

另外,风险感知(PR)对 LR 的行为意向影响显著,但对 DR 不显著,表明乘客认为 LR 行为的危险性比 DR 行为高,故风险感知的高低会对 LR 行为决策有显著影响。这与地铁员工对乘客行为危险性的评估结果一致,在表 4-4 中 LR 的危险性指标值大于 DR。可见,站务员虽然认为 LR 行为的危险性较大,但在实际中为了帮助乘客尽快上车,有时会鼓励 LR 行为,不仅导致运行事故风险增加,也增强了乘客心理上对 LR 行为的信念。

道德规范(MN)和自我认同(SI)对两种行为均无显著影响,说明社会大众的价值标准,以及"我是一个安全乘车者"的身份认同感对减少危险行为意向没有显著作用。

5.5 本章小结

本章对社会心理学模型 TPB 进行改进,并以此为理论框架,提出地铁乘客危险行为心理认知的理论假设模型,通过问卷调查收集关于两种危险行为的数据,对模型的假设关系进行检验和修正,并识别了可以最大限度区分两种危险行为的意向者和非意向者的关键信念。

(1) 在进行纠正行为时,需要给予关注的有行为信念中的"节省时间",以及控制信念中的"迟到/赶时间""防夹功能能保证我的安全",它们是促使意向者从事行为的重要因素;"车站工作人员"是规范信念中最能遏制危险行为的重要他人,类似的还有控制信念中的"有车站工作人员维持秩序"是避免意向者从事行为的重要因素。

(2) 乘客的性别、年龄、通常乘坐地铁的时段和站数,对两种危险行为的意向无显著的影响。

(3) 强行扒车门的行为意向除了受 TPB 三变量影响外,还受额外变量中的过去行为影响;而最后一秒上车的行为意向,受 TPB 三变量中的态度和知觉行为控制,以及额外变量中的过去行为和风险感知的影响,主观规范对其影响不显著。

(4) 额外变量中的道德规范和自我认同,对两种行为均无显著影响。

6 基于PRB演化的地铁车站运行脆弱性SD仿真

地铁车站运行包含诸多影响要素的作用,这些要素之间不断地相互作用和反馈,共同决定了乘客行为影响下车站系统的脆弱性。前文分析了乘客行为引发地铁事故的影响因素,并且深入探讨了乘客行为产生的内在机理,在此基础上本章综合各方面因素,建立地铁车站运行脆弱性系统动力学模型,通过仿真分析乘客危险行为在车站运行中的演化特征,从而识别和评估其中的脆弱情景。

6.1 系统动力学及基本建模过程

6.1.1 系统动力学概述

系统动力学(SD)是以系统论、控制论和信息论为基础,研究系统动态行为的计算机仿真技术,主要适用于研究社会、经济、生态等复杂系统的结构、功能与行为之间的动态关系,尤其擅长处理高度非线性、高阶次、多变量的复杂时变系统问题[170],并且可借助计算机模拟进行调查研究与政策分析,被誉为复杂大系统规律研究的"实验室"。

SD认为系统的行为模式与特性主要取决于其内部的动态结构与反馈机制,系统动力学从系统内部的组织结构、信息和物质流动,以及由此形成的反馈结构出发,构建系统的动态模型。这种方法将相关的因素整合到一个回路中,分析因素之间类似于流体在回路中流动的规律,进而通过"回路""积累""信息""延迟"和"决策"来分析整个系统的行为模式[171]。总结起来,SD基于因素建立系统的结构模型,用因果关系图和流图描述系统各因素之间的逻辑关系,用方程描述系统各因素之间的数量关系。整个分析是定性与定量相结合、模型与计算机程序相结合的系统综合推理过程。

6.1.2 基本建模过程

按照系统动力学建模的一般方法,对基于乘客危险行为演化的地铁车站运行脆弱性(PRB-MSOV)建模有其固有的步骤。首先,根据研究目标和脆弱性原理,对所要研究问题做系统分析,包括明确建模目的、划定所要研究系统的界限、建立模型假设,并根据实际需要将系统分解成若干可模型化的子系统或子模块;其次,确定各子模块的主要变量、反馈结构,以及变量之间的逻辑关系;再次,将各子模块合成SD的总体模型,并验证模型的有效性;最后,利用AnyLogic仿真平台基于建立的SD模型进行仿真实验,分析PRB的时变特征,以及与之相关的车站运行的敏感性因素。PRB-MSOV模型的构建过程如图6-1所示。

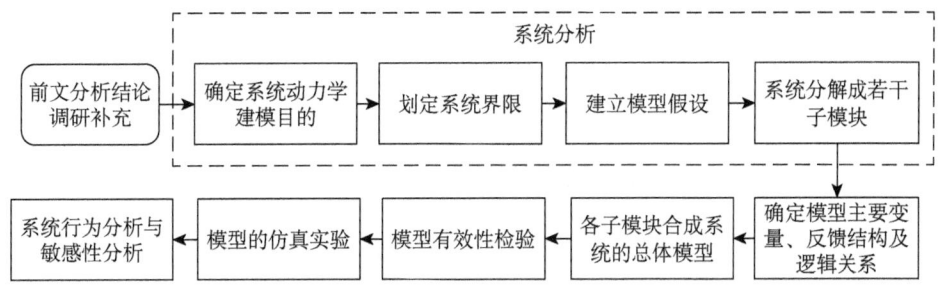

图 6-1 PRB-MSOV 系统动力学基本建模过程

6.1.3 基本建模方法

因果关系图、流图和方程是系统动力学的基本分析方法和工具。

(1) 因果关系图(Causal Diagram)。因果关系图是一种定性描述系统变量之间因果关系的图示模型,普遍用于构思模型的初始阶段,示意见图 6-2。图中带正号的因果链(Link)表示箭头发源的变量对箭头指向的变量有正向作用,带负号的因果链表示箭头发源的变量对箭头指向的变量有负向作用。若回路包含偶数个负因果链,则反馈回路(Loop)的极性为正;若回路包含奇数个负因果链,则反馈回路的极性为负。

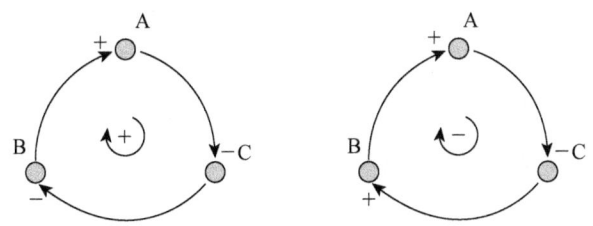

图 6-2 因果关系回路图

(2) 流图(Flow Graph)与变量。系统动力学认为反馈系统中包含连续的、类似流体流动与积累的过程。流图在因果关系图的基础上进一步区分变量的性质,仿效阀门与浴缸的关系将速率与状态变量描述为如图 6-3 所示的关系。随着时间的推移,速率变量使状态变量的值增加或减少,此图可以清晰地描述影响反馈系统的动态性能的累积效应。

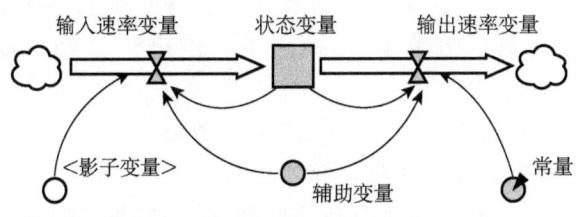

图 6-3 流图及各种变量的表示符号

SD 的变量包括以下几种:

① 状态变量(Level variable, L):是最终决定系统行为的变量,随着时间变化当前时刻的值等于过去时刻的值加上这一段时间的变化量。

② 速率变量(Rate variable,R):反映状态变量输入或输出的速度。

③ 辅助变量(Auxiliary variable,A):值由系统中其他变量求得,当前值和历史值相互独立。

④ 常量(Constant variable,C):值不随时间变化的量。

⑤ 影子变量(Shadow variable,S):也叫外生变量,值随时间变化,但不受系统中其他变量影响。

(3) 方程。SD 建模需要建立各个变量之间的方程式,以确定状态之间的递推关系。方程式主要有以下三种[170]:

① 状态变量方程

$$lvS(t) = lvS(t_0) + \int_{t_0}^{t} rateS(t)dt = S(t_0) + \int_{t_0}^{t} [inflowS(t) - outflowS(t)]dt$$

(6-1)

式中,$lvS(t)$ 为 t 时刻状态变量值;$lvS(t_0)$ 为状态变量的初始值;$rateS(t)$ 为该状态变量的变化速率。

② 速率方程

$$rateS(t) = g[lvS(t), aux(t), exo(t), const]$$ (6-2)

式中,$aux(t)$ 和 $exo(t)$ 分别为 t 时刻的辅助变量和外生变量;$const$ 为常量。

③ 辅助方程

$$aux(t) = f[lvS(t), aux^*(t), exo(t), const]$$ (6-3)

式中,$aux^*(t)$ 为除了待求辅助变量外的其他辅助变量。

6.2 PRB-MSOV 的系统分析

6.2.1 建模目的

通过构建 PRB-MSOV 系统动力学模型,试图达到以下三个研究目的:

(1) 进一步明确 PRB 引发 MSOV 的机理。本书第 2 章对 MSOV 原理进行阐述,强调脆弱性增加是人—机—管理多要素综合作用的结果。通过 SD 模型,将危险行为内在和外在影响要素之间的逻辑关系具体化,更为综合地诠释各要素对 PRB 的影响方式。

(2) 探索 PRB 引发 MSOV 的动态演化机制。第 3 章识别了最可能导致事故的脆弱情景,但构建的事故模型未考虑乘客行为的内因作用,并且仅对脆弱性做了场景下的静态分析。SD 模型将考虑乘客内在心理要素,并在脆弱性分析中考虑 PRB 的时变特征。

(3) 识别对 PRB 演化有关键影响的敏感性要素。一方面分析车站运行构成要素对 PRB 的影响大小和方式,另一方面找出运行要素中影响最大的敏感要素,为降低车站运行脆弱性,提高车站运行安全性提供科学依据。

6.2.2 系统边界

确定系统结构的第一步是根据建模目的划定系统边界,从而确定系统的内生变量和外生变量。内生变量即是系统包含的要素,由系统内部反馈结构决定,它们的相互作用是产生系统动态行为模式的根本动力和直接原因。

根据前文的分析,站台区和轨道区是车站最容易发生乘车事故的区域,为此,系统建模主要针对地铁列车运行与站台乘客行为的互动关系,并考虑其他可能影响乘客行为的心理、安全设施、人员管理、列车运行等要素,形成一个多因素交叉的复杂综合分析系统。此系统要素主要包括以下几个方面:

(1) 车站工作人员管理要素:地铁车站安全管理工作涉及多工种的相互配合,本研究仅考虑与乘客行为直接相关的一线工作人员(如站务人员)的现场管理能力,包括管理效能、管理人员数量、管理失效概率等。

(2) 安全设施要素:主要考虑车站屏蔽门(PSD)系统和闭路电视监控(CCTV)系统,包括屏蔽门形式、安全系数、监控范围和有效性等。PSD 系统用于将站台与行车区隔离开,保证乘客候车安全性。CCTV 系统可实现各操作工作站对所管辖区域的实时监视,其中,站台监控区主要监视客流及乘客行为情况。

(3) 列车运行要素:主要考虑列车发车时间间隔、停靠时间间隔等。

(4) 乘客流量要素:站台客流量的变化情况,包括乘客到达率、站台乘客数量、上下车速率、上下车人数等。

(5) 乘客心理认知要素:大量的 TPB 应用研究表明,TPB 三个主要变量以及过去行为,通常在行为或行为意向的预测中扮演重要角色[119],第 5 章对乘客危险行为的分析也基本得到相同的结论,故心理认知要素包括态度、主观规范、知觉行为控制、过去行为和行为意向。

6.2.3 模型假设

模型是对现实世界的抽象和简化,不可能也没必要要求模型及其行为等同于或几乎等同于实际系统。对构建的 PRB-MSOV 系统动力学模型作如下假设:

H6-1:车站的上行和下行列车同时到达和离开,并且列车的发车间隔和停靠时间在运行的一天内呈周期性变化。

H6-2:列车的停靠时间通常较短,在列车停靠站台的时间内,乘客的上车和下车过程同时进行。

H6-3:所有乘客分为普通乘客和具有潜在危险的乘客,前者的危险行为意向大小为 0,后者的危险行为意向由其心理认知结构决定,具体结构关系参照式(5-5)。

6.2.4 PRB-MSOV 系统因果关系图

明确系统包含的要素后,需要建立这些要素之间的有机联系。用 Vensim 软件作出系统模型的因果关系图,如图 6-4 所示。根据本研究的脆弱性原理,从乘客行为影响的角度评估 MSOV,需要合理建立构成车站运行的要素与 PRB 之间的影响关系。整个车站系统的乘客危险行为水平一方面受到危险行为平均水平影响,另一方面受到危险乘客数量的影响。

直接影响前者的是行为意向、行为态度等心理认知要素,直接影响后者的是站台乘客数量等乘客流量要素以及管理缺失等现场管理要素。更进一步的,乘客的行为心理会受到屏蔽门安全性、站台候车拥挤程度以及管理缺失的影响;站台的客流量则主要由列车运行计划、上下车人数、乘客到达率等决定;现场管理水平是否充足由人员管理能力和乘客规模是否匹配决定,其中的人员管理能力又由人员配备数量和人员管理效能决定,同时安全设施对人员管理能力有辅助作用。

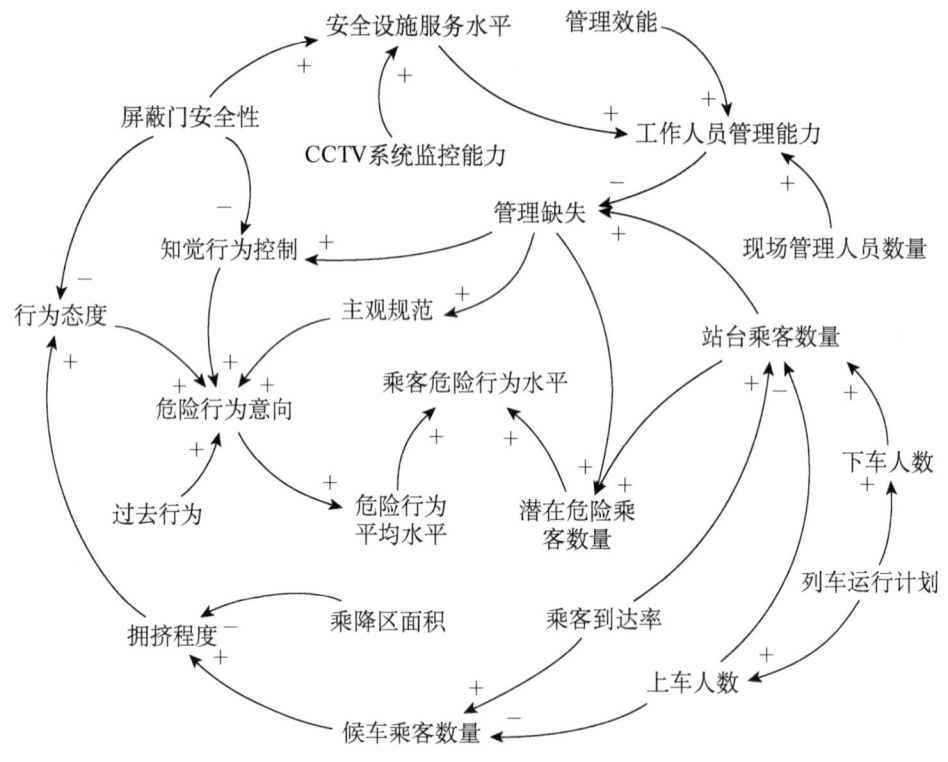

图 6-4 地铁车站运行脆弱性系统因果关系图

6.3 PRB-MSOV 系统动力学模型结构分析及方程式构建

PRB-MSOV 系统动力学模型由 6 个子模块组成,分别是车站危险行为子模块、列车运行子模块、乘客流量子模块、安全设施子模块、工作人员管理子模块和乘客心理认知子模块。其中,涉及的 AnyLogic 函数及其功能介绍见附录 F。

6.3.1 车站危险行为子模块

用危险行为平均水平与站台上潜在危险乘客数量的乘积表征车站内乘客危险行为的瞬时水平,即模型中的乘客危险行为水平。此模块的流图见图 6-5,涉及的主要变量方程如下,其中未标出单位的变量为无量纲变量,下同。

1) 车站危险行为总量状态方程

$$Station\_PRB(t) = Station\_PRB(t_0) + \int_{t_0}^{t} PRB\_rate(t) \mathrm{d}t \tag{6-4}$$

式中，$Station\_PRB(t)$ 为车站危险行为总量；$PRB\_rate(t)$ 为乘客危险行为水平。

2) 车站危险行为水平方程

$$PRB\_rate(t) = PRB\_average(t) \times Risk\_no.(t) \tag{6-5}$$

式中，$PRB\_average(t)$ 为危险行为平均水平；$Risk\_no.(t)$ 为潜在危险乘客数量(人)。

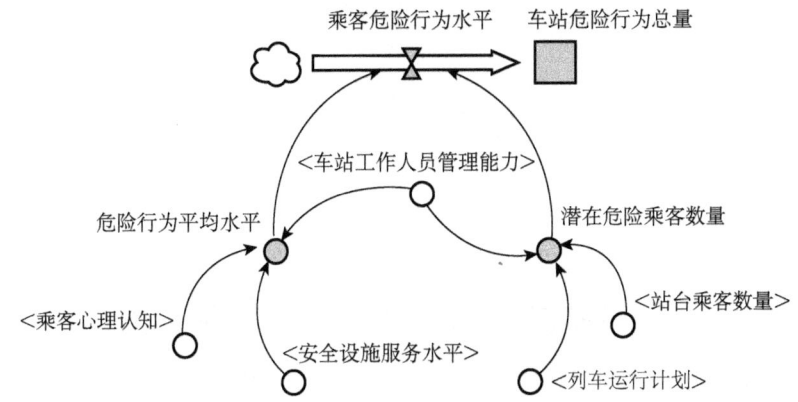

图 6-5　车站危险行为模块流图

6.3.2　列车运行子模块

在正常情况下，地铁列车受列车自动控制(ATC)系统发出的信号控制，按调度人员设置的运行时刻表自动运行。列车的发车间隔和停靠时间决定了上车和下车乘客的数量，最终影响站台乘客数量、候车乘客数量等。列车运行子模块的流图见图 6-6。

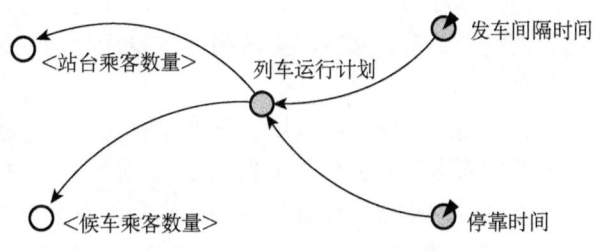

图 6-6　列车运行子模块流图

$$Train\_schedule(t) = pulseTrain(interval, stop, interval + stop, time\_end) \tag{6-6}$$

式中，$Train\_schedule(t)$ 为列车运行计划(min)；$interval$ 为发车间隔时间(min)；$stop$ 为列车停靠时间(min)；$time\_end$ 为列车运行结束时间(min)。

6.3.3 乘客流量子模块

乘客流量子模块有两个较为重要的变量,一个是站台乘客数量,另一个是处于候车状态乘客的数量。前者是衡量工作人员管理能力和潜在危险乘客数量的变量之一,后者主要用于评估候车时乘客的拥挤程度。乘客流量子模块的流图见图 6-7。

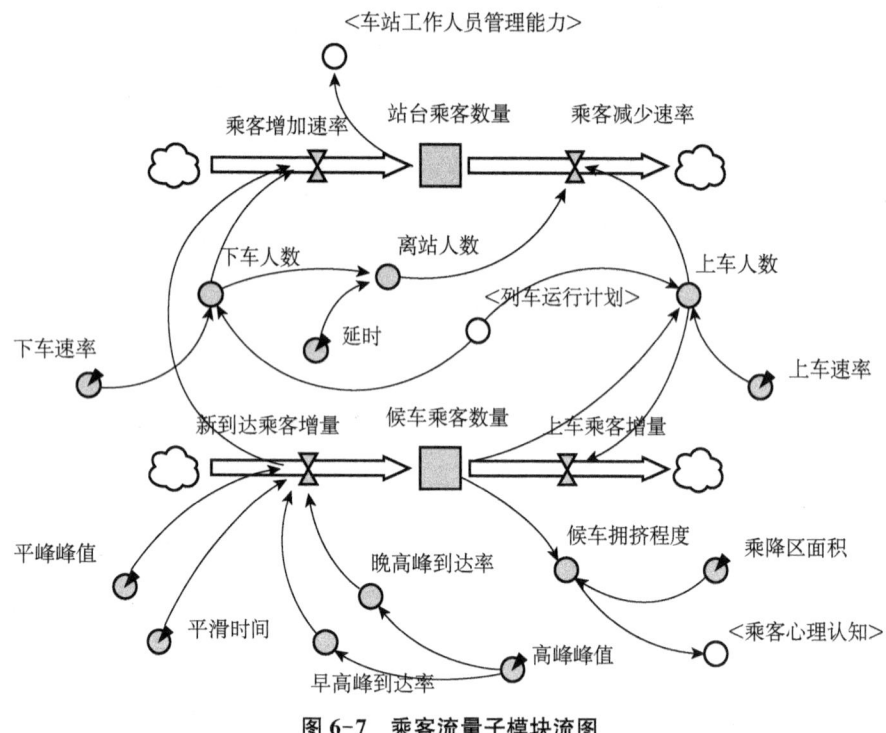

图 6-7 乘客流量子模块流图

站台乘客数量的变化率由乘客增加速率和减少速率的差值决定。乘客增加有两个途径:一是从楼扶梯新到达站台的乘客,二是从列车上下车的乘客。下车乘客是需要换乘或离开车站的乘客,通常会在短时间内离开站台,所以下车乘客同样是乘客减少的途径之一,两者之间相差一个离开站台的时间延迟。乘客减少的另一主要途径是从站台上车的乘客,即候车乘客搭乘列车离开站台。

候车乘客主要由本次新到达乘客和上次未能上车乘客构成,而不包括下车乘客,即在站台乘客数量中剔除下车乘客的人数。根据前文得到的结论,客流拥挤是影响乘客行为的重要因素之一。在实际中真正会对乘车行为造成影响的是乘降区的候车客流密度,而非整个站台的客流密度。因此,用候车人数与乘降区面积的比值来表征候车的拥挤程度。乘客流量子模块涉及的变量方程如下:

1) 站台乘客数量状态方程

$$P\_no.(t) = P\_no.(t_0) + \int_{t_0}^{t} (P\_increase(t) - P\_decrease(t))\mathrm{d}t \tag{6-7}$$

其中,

$$P\_increase(t) = New\_arrival(t) + Alight\_no.(t) \quad (6\text{-}8)$$

$$P\_decrease(t) = Departure\_no.(t) + Board\_no.(t) \quad (6\text{-}9)$$

式中，$P\_no.(t)$ 为站台乘客数量（人）；$P\_increase(t)$ 为乘客增加速率（人/min）；$P\_decrease(t)$ 为乘客减少速率（人/min）；$New\_arrival(t)$ 为新到达乘客增量（人/min）；$Alight\_no.(t)$ 为下车人数（人/min）；$Departure\_no.(t)$ 为离站人数（人/min）；$Board\_no.(t)$ 为上车人数（人/min）。

2）候车乘客数量状态方程

$$Wait\_no.(t) = Wait\_no.(t_0) + \int_{t_0}^{t}(New\_arrival(t) - Board\_train(t))\mathrm{d}t \quad (6\text{-}10)$$

$$Board\_train(t) = Board\_no.(t) \quad (6\text{-}11)$$

式中，$Wait\_no.(t)$ 为候车乘客数量（人）；$Board\_train(t)$ 为上车乘客增量（人/min）。

3）新到达乘客增量方程

$$New\_arrival(t) = (\mathrm{int})smooth(Offpeak\_arrival(t) + Mpeak\_arrival(t) + Epeak\_arrival(t), delaytime1) \quad (6\text{-}12)$$

其中，

$$Offpeak\_arrival(t) = uniform\_discr(offpeak\_Min, offpeak\_Max) \quad (6\text{-}13)$$

$$Mpeak\_arrival(t) = pulse(start_1, width_1) \times uniform(peak\_Min_1, peak\_Max_1)$$
$$(6\text{-}14)$$

$$Epeak\_arrival(t) = pulse(start_2, width_2) \times uniform(peak\_Min_2, peak\_Max_2)$$
$$(6\text{-}15)$$

式中，$Offpeak\_arrival(t)$ 为平峰到达率（人/min）；$Mpeak\_arrival(t)$ 为早高峰到达率（人/min）；$Epeak\_arrival(t)$ 为晚高峰到达率（人/min）；$offpeak\_Min$ 和 $offpeak\_Max$ 是平峰到达率的谷值和峰值；$peak\_Min_i$ 和 $peak\_Max_i$ 是早晚高峰到达率的谷值和峰值；$start_i$ 和 $width_i$ 是早晚高峰开始和持续的时间；$delaytime1$ 是到达平滑时间。

4）上、下车及离站乘客数量方程

$$Alight\_no.(t) = Alight\_rate \times Train\_schedule(t) \quad (6\text{-}16)$$

$$Board\_no.(t) = \mathrm{IFTHENELSE}(Wait\_no.(t) > Board\_Urate \times Train\_schedule(t),$$
$$Board\_rate(t) \times Train\_schedule(t), Wait\_no.(t)) \quad (6\text{-}17)$$

$$Departure\_no.(t) = delay(Board\_no.(t), delaytime2) \quad (6\text{-}18)$$

式中，$Alight\_rate$ 为下车速率（人/min）；$Board\_Urate$ 为上车速率上限（人/min）；$delaytime2$ 为乘客离站延迟时间。

5) 候车拥挤程度方程

$$Congestion(t) = Wait\_no.(t)/Onoff\_area \qquad (6-19)$$

式中，$Congestion(t)$ 为候车拥挤程度（人/m^2）；$Onoff\_area$ 为乘降区面积（m^2）。

6.3.4 安全设施子模块

PSD 系统和 CCTV 系统是与乘客行为监管直接相关的安全设施，用两个系统的状态表征安全设施服务水平高低，其流图见图 6-8。目前，车站的屏蔽门有 3 种形式：(1) 无屏蔽门，主要在早期建成的地铁线路，如北京地铁 1、2 号线；(2) 半高式屏蔽门，多用于地上车站；(3) 全封闭式屏蔽门，多用于地下车站，是目前采用较多的形式。3 种形式的屏蔽门安全性依次递增。

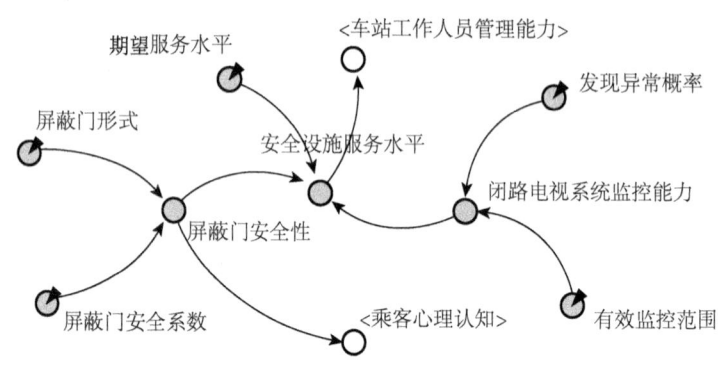

图 6-8 安全设施子模块流图

安全设施子模块涉及的主要变量方程如下：

1) 屏蔽门安全性方程

$$Door\_safety = Door\_type \times Safety\_coefficient \qquad (6-20)$$

式中，$Door\_safety$ 为屏蔽门安全性值；$Door\_type$ 为屏蔽门形式；$Safety\_coefficient$ 为屏蔽门安全系数。

2) 闭路电视系统监控能力方程

$$CCTV\_capa = Monitor\_scope \times Detect\_rate \qquad (6-21)$$

式中，$CCTV\_capa$ 为 CCTV 系统监控能力值；$Monitor\_scope$ 为有效监控范围；$Detect\_rate$ 为发现异常的概率。

3) 安全设施服务水平方程

$$Safety\_facility = (Door\_safety + CCTV\_capa)/Exp\_safety \qquad (6-22)$$

式中，$Safety\_facility$ 为安全设施服务水平，Exp_safety 为安全设施的期望服务水平。

6.3.5 工作人员管理子模块

车站工作人员的管理能力主要由站务人员数量与站务人员管理效能的乘积来表征。车站安全设施的作用之一是辅助工作人员对乘客行为进行监管,在模型中需要考虑此要素对人员管理效能的修正作用。工作人员管理能力是否充足应相对于客流规模而言,最理想的状况是管理能力增量与乘客规模刚好匹配,两者之差为正表示存在管理缺失,为负表示存在管理剩余。工作人员的管理状况对乘客行为也有重要影响,在模型中体现为:(1)管理缺失会导致潜在危险乘客数量增加;(2)管理缺失会增加乘客从事危险行为的心理倾向。工作人员管理子模块的流图见图 6-9:

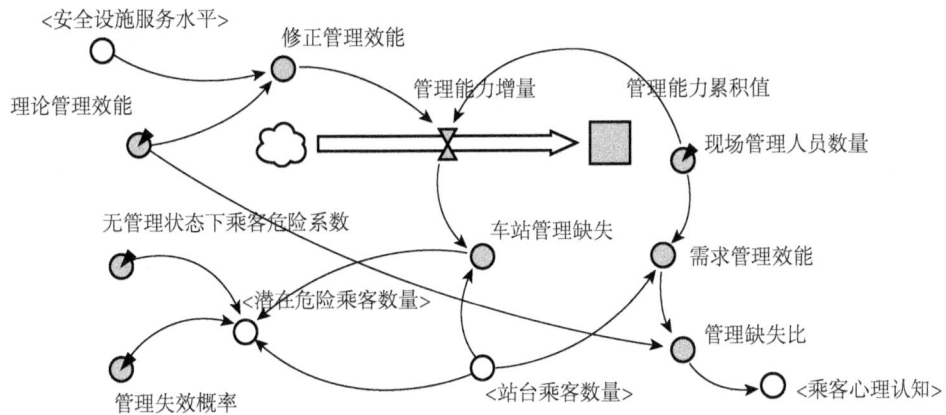

图 6-9 工作人员管理子模块流图

工作人员管理子模块的主要变量方程如下:

1) 管理能力状态方程

$$Staff\_superv(t) = Staff\_superv(t_0) + \int_{t_0}^{t} Superv\_rate(t)\mathrm{d}t \quad (6\text{-}23)$$

式中,$Staff\_superv(t)$ 为管理能力累积值(人);$Superv\_rate(t)$ 为管理能力增量(人)。

2) 管理能力增量方程

$$Staff\_rate(t) = Msuperv\_efficiency \times Superv\_no.(t) \quad (6\text{-}24)$$

其中,

$$Msuperv\_efficiency = Tsuperv\_efficiency / Safety\_facility \quad (6\text{-}25)$$

式中,$Msuperv\_efficiency$ 为修正管理效能(人/人);$Superv\_no.(t)$ 为现场管理人员数量(人);$Tsuperv\_efficiency$ 为理论管理效能(人/人)。

3) 管理缺失方程

$$Superv\_shortage(t) = \text{IFTHENELSE}(P\_no.(t) - Superv\_rate(t) > 0, \\ P\_no.(t) - Superv\_rate(t), 0) \quad (6\text{-}26)$$

$$Dsuperv\_efficiency(t) = P\_no.(t) / Superv\_no.(t) \quad (6\text{-}27)$$

$$Shortage\_ratio(t) = \frac{Dsuperv\_efficiency(t)}{Tsuperv\_efficiency} \quad (6\text{-}28)$$

式中，$Superv\_shortage(t)$ 为管理缺失值（人）；$Dsuperv\_efficiency(t)$ 为需求管理效能（人/人）$Shortage\_ratio(t)$ 为管理缺失比。

4) 潜在危险乘客数量方程

$$\begin{aligned}Risk\_no.(t) = \text{IFTHENELSE}(&Superv\_shortage(t) > 0, Superv\_shortage(t) \times \\ &Risk\_coefficient + Superv\_rate(t) \times Superv\_failure, \\ &Passenger\_no.(t) \times Superv\_failure)\end{aligned}$$

(6-29)

式中，$Risk\_coefficient$ 为无管理状态下乘客危险系数；$Superv\_failure$ 为管理失效概率。

6.3.6 乘客心理认知子模块

乘客危险行为意向是行为态度、主观规范、知觉行为控制和过去行为的加权平均。为了确定 4 个决定行为意向的认知变量的分布情况，对 PRBQ 的调研数据做 Kolmogorov-Smirnov 分布拟合检验。检验结果显示，行为态度（$p<0.86$）、主观规范（$p<0.28$）和知觉行为控制（$p<0.14$）在 0.05 的显著性水平上符合正态分布，过去行为（$p<0.08$）在 0.05 的显著性水平上符合泊松分布。参照关键信念的分析结果，乘客的行为态度受屏蔽门安全性和拥挤程度的影响；主观规范主要受工作人员管理状况的影响；知觉行为控制受屏蔽门安全性和人员管理状况的影响。乘客心理认知子模块的流图见图 6-10。

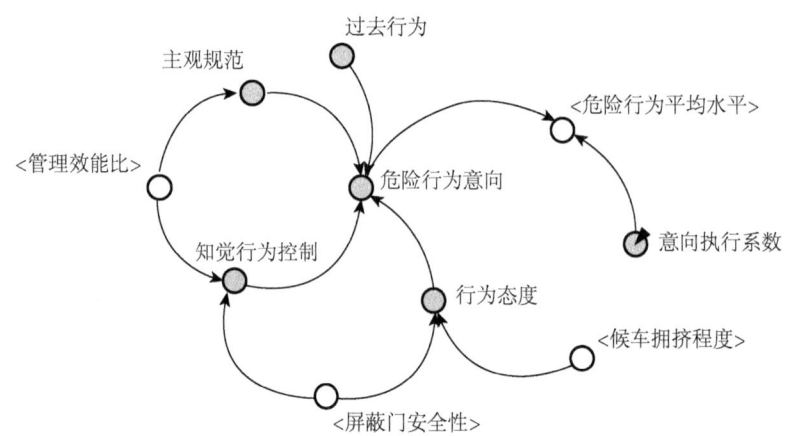

图 6-10 乘客心理认知子模块

乘客心理认知子模块的主要变量方程如下：

1) 危险行为水平方程

$$PRB\_average(t) = Succeed\_coefficient \times PRB\_intention(t) \quad (6\text{-}30)$$

式中，$PRB\_average(t)$ 为危险行为平均水平（1/人）；$Succeed\_coefficient$ 为意向执行系数；$PRB\_intention(t)$ 为危险行为意向（1/人）。

2) 心理认知方程

$$PRB\_intention(t) = W_1 \times Att + W_2 \times SN + W_3 \times PBC + W_4 \times PB \quad (6\text{-}31)$$

式中，态度 $Att = normal(\sigma_1, \mu_1)(1/人)$，主观规范 $SN = normal(\sigma_2, \mu_2)(1/人)$，知觉行为控制 $PBC = normal(\sigma_3, \mu_3)(1/人)$ 符合正态分布，σ 和 μ 是标准差和均值；过去行为 $PB = poisson(\lambda)(1/人)$ 符合泊松分布，λ 是标准差和均值；W_1、W_2、W_3 和 W_4 为变量相应的权重。

3) 管理缺失对乘客心理认知的影响

用需求管理效能与理论管理效能的比值表示管理缺失比，见式(6-28)。地铁站台除去楼扶梯、设备用房等所占面积后的功能面积约为 1 000 m²，设计客流密度最大值按规范取 2 人/m²，则站台乘客最多可达 2 000 人。假设最少有 2 名站务管理人员，理论管理效能值为 $Tsuperv\_efficiency = 60(人/人)$，根据式(6-28)计算的管理缺失比 $Shortage\_ratio(t)$ 最大值约为 17，最小值无限接近 0。据此，用表函数建立管理缺失对乘客心理认知的影响关系如图 6-11 所示。

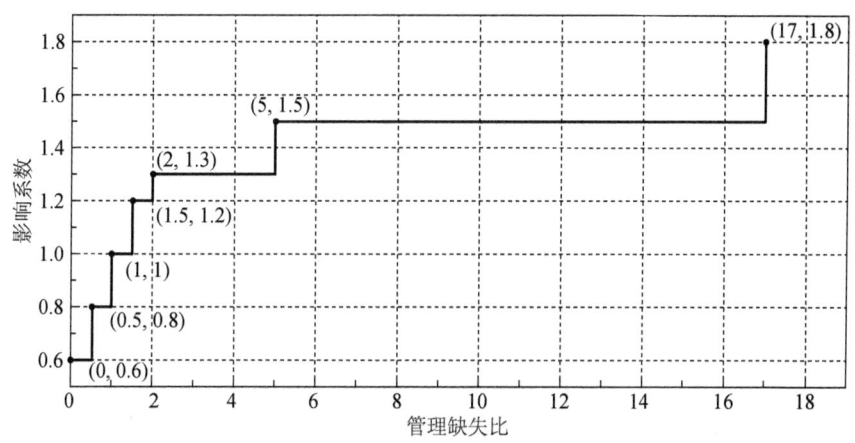

图 6-11 管理效能与乘客心理认知关系表函数

4) 屏蔽门安全性对乘客心理认知的影响

3 种形式的屏蔽门对乘客心理认知有不同程度的影响。全封闭式、半高式和无屏蔽门对乘客危险行为意向的阻碍作用依次减弱，或者说促进作用依次增强。具体关系用表函数表示如图 6-12 所示。

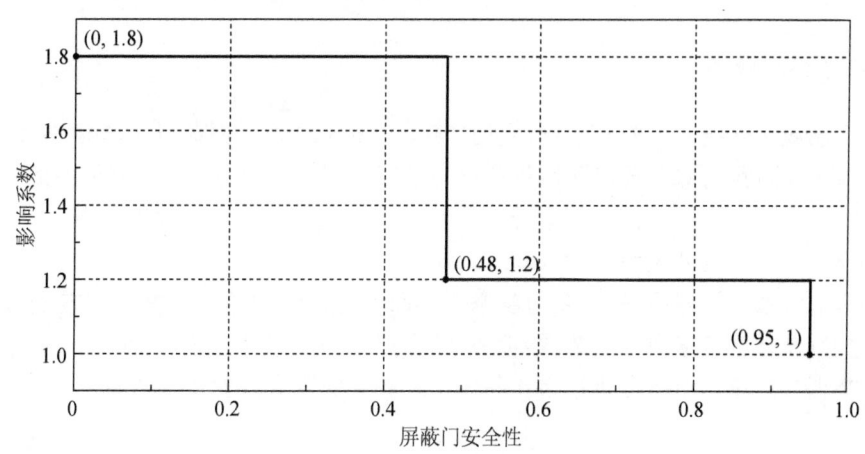

图 6-12 屏蔽门形式与乘客心理认知关系表函数

5) 候车拥挤程度对乘客心理认知的影响

用候车乘客数量与乘降区面积的比值表示候车拥挤程度,见式(6-19)。高峰时段,乘降区客流密度一般可达 1.33~2 人/m², 候车乘客的行为明显受到拥挤的影响[172];当客流密度低于 0.8 人/m² 时,乘客可自由行进,几乎不受拥挤影响[173]。候车拥挤程度对乘客心理影响的表函数如图 6-13 所示。

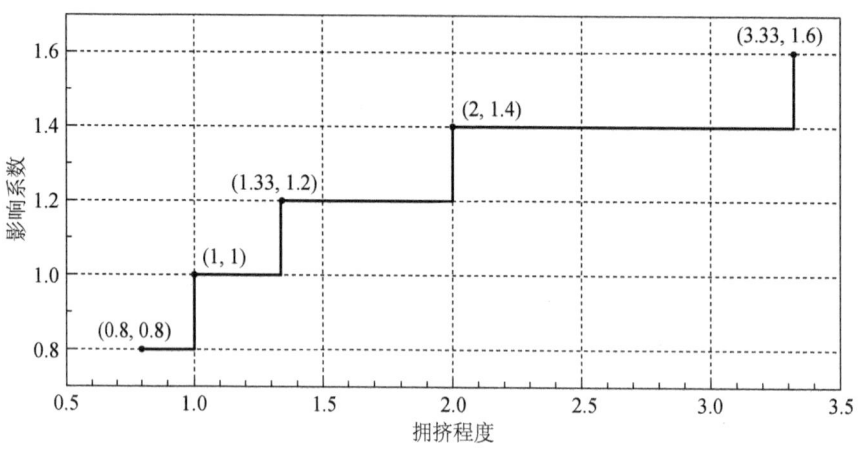

图 6-13 候车拥挤程度与乘客心理认知关系表函数

6.3.7 PRB-MSOV 系统总体流图

根据因果关系图,将 6 个模块的流图整合在一起,形成 PRB-MSOV 系统的总体流图,如图 6-14 所示。在总体流图中,将对车站危险行为模块有影响的 5 个子模块加上深色背景,以更清晰地表示模型的层次关系。模型中共有 4 个状态变量、6 个速率变量、23 个辅助变量、19 个常量和 1 个影子变量。

6.4 实例仿真

6.4.1 模型参数赋值

以北京地铁 1 号线五棵松站为例,应用构建的 PRB-MSOV 系统动力学模型,对某正常工作日下乘客危险行为水平随车站运行演化的过程进行模拟和仿真。五棵松站的首班车时间是 6:00,末班车时间是 24:00,总运行时长为 18 h。选用分钟作为模型的单位时间,仿真开始时间设为 0 min,结束时间设为 1 080 min。

模型基本参数设置好后,还需要对状态变量和常量,以及方程式中的参数进行赋值。关于车站结构以及乘客流量方面的数据,参考文献[174][175]并作合理估算,关于乘客心理认知方面的数据参考第 5 章的分析结果。各变量及参数的取值如表 6-1 所示。

6 基于 PRB 演化的地铁车站运行脆弱性 SD 仿真

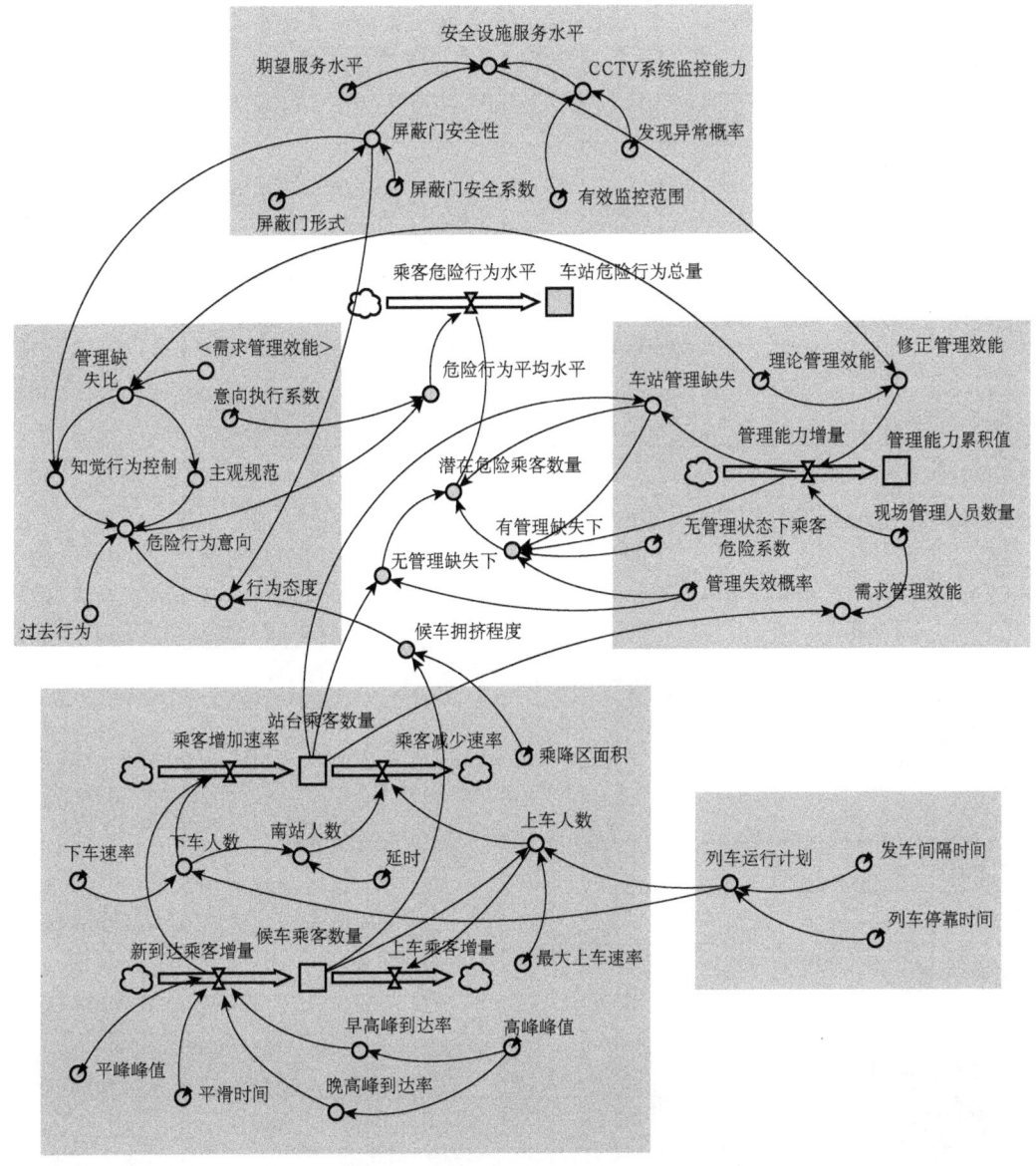

图 6-14　PRB-MSOV 系统总体流图

表 6-1　模型中变量及参数取值

变量	取值	单位	对应方程式
车站危险行为总量 $Station\_PRB(t_0)$	0	Dmnl	(6-4)
发车间隔时间 $interval$	6	min	
列车停靠时间 $stop$	40	s	(6-6)
列车运行结束时间 $time\_end$	1 080	min	

续 表

变量	取值	单位	对应方程式
站台乘客数量 $P\_no.(t_0)$	0	人	(6-7)
候车乘客数量 $Wait\_no.(t_0)$	0	人	(6-10)
平峰到达率谷值 $offpeak\_Min$	10	人/min	
平峰到达率峰值 $offpeak\_Max$	40	人/min	
早晚高峰到达率谷值 $peak\_Min$	40	人/min	
早晚高峰到达率峰值 $peak\_Max$	80	人/min	
早高峰开始时间 $start_1$	60	min	(6-12)～(6-15)
早高峰持续时间 $width_1$	150	min	
晚高峰开始时间 $start_2$	600	min	
晚高峰持续时间 $width_2$	180	min	
平滑时间 $delaytime1$	40	s	
下车速率 $Alight\_rate$	150	人/min	
上车速率上限 $Board\_Urate$	500	人/min	(6-16)～(6-19)
离站延迟时间 $delaytime2$	30	s	
乘降区面积 $Onoff\_area$	476	m²	
屏蔽门形式 $Door\_type$			
封闭式:1			
半高式:0.5	0	Dmnl	
无屏蔽门:0			(6-20)～(6-22)
屏蔽门安全系数 $Safety\_coefficient$	0.95	Dmnl	
有效监控范围 $Monitor\_scope$	0.8	Dmnl	
发现异常概率 $Detect\_rate$	0.8	Dmnl	
安全设施期望服务水平 Exp_safety	2	Dmnl	
管理能力累积值 $Staff\_superv(t_0)$	0	人	
现场管理人员数量 $Superv\_no.(t)$	10	人	(6-23)～(6-25)
理论管理效能 $Tsuperv\_efficiency$	60	人/人	
无管理状态下乘客危险系数 $Risk\_coefficient$	0.3	Dmnl	
管理失效概率 $Superv\_failure$	0.05	Dmnl	
态度权重、标准差和均值	$W_1=0.21$	Dmnl	(6-28)～(6-31)
	$\sigma_1=5.00$		
	$\mu_1=14.8$		

续 表

变量	取值	单位	对应方程式
主观规范权重、标准差和均值	$W_2=0.14$	Dmnl	
	$\sigma_2=8.22$		
	$\mu_2=15.7$		
知觉行为控制权重、标准差和均值	$W_3=0.32$	Dmnl	(6-28)~(6-31)
	$\sigma_3=7.80$		
	$\mu_3=16.35$		
过去行为权重、标准差和均值	$W_4=0.26$	Dmnl	
	$\lambda=3.30$		
意向执行系数 $Succeed\_coefficient$	0.65	Dmnl	

注:Dmnl 表示无量纲。

6.4.2 模型有效性检验

按表 6-1 的数据对 PRB-MSOV 模型赋值后,在正式仿真分析之前,还需要检验模型的有效性,包括量纲一致性检验和模型行为适合性检验。通过 AnyLogic 的"Check Model Units"功能,可以进行模型量纲一致性检验,验证的结果如图 6-15 所示。说明本模型通过该项检验,各方程式量纲一致,并具有合理的实际意义。

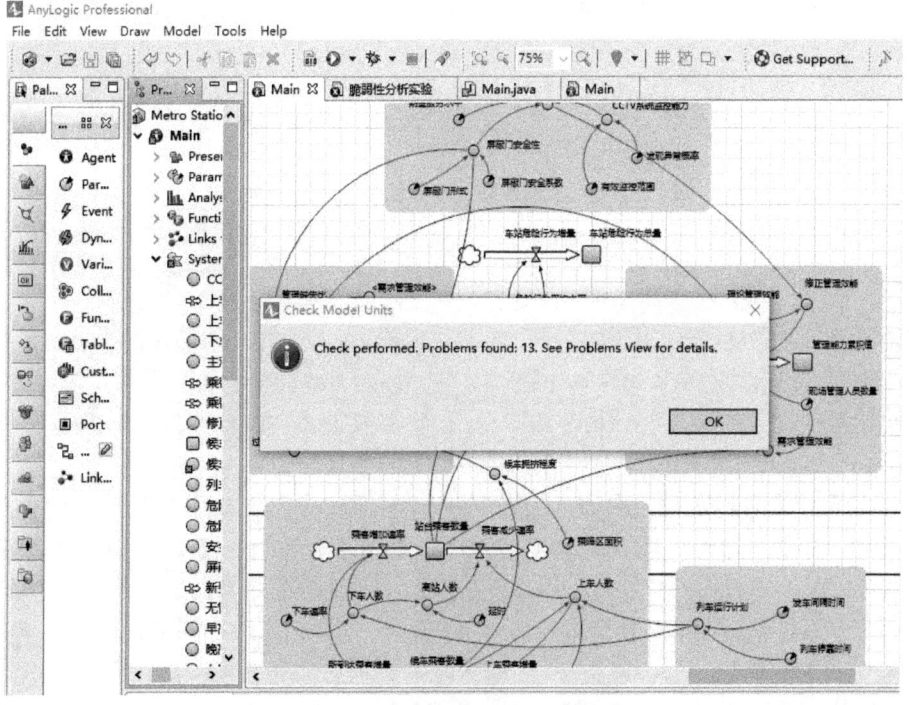

图 6-15 模型量纲一致性检验结果

地铁车站的乘客流量随时间变化是体现 PRB-MSOV 系统动力学特性的重要变量,因此,通过调节乘客到达率的高峰峰值($peak\_Max$),观测高峰期站台乘客数量($P\_no.(t)$)的变动是否合理,从而检验模型行为的适合性,结果如图 6-16 所示。当高峰乘客到达率的峰值从 50 人/min 到 90 人/min 变动时,站台客流量在早高峰(7:00~9:00,即模型时间的 60~180 min)和晚高峰(16:00~19:00,即模型时间的 600~780 min)呈现出明显的峰值。随着 $peak\_Max$ 的变动,早高峰乘客数量的最大值从 400 人左右上升至 1 300 人左右,晚高峰乘客数量最大值从 300 人左右上升至接近 1 200 人。由于五棵松地铁站早高峰客流集中性更强,所以其峰值始终略高于晚高峰。仔细观察可以发现,乘客数量始终在小范围内波动,符合乘客到达率在短期内呈随机均匀分布的特性。经过测试,站台乘客数量的变动规律合理且符合实际情况,模型通过该项检验(图 6-16,参见彩图附录)。

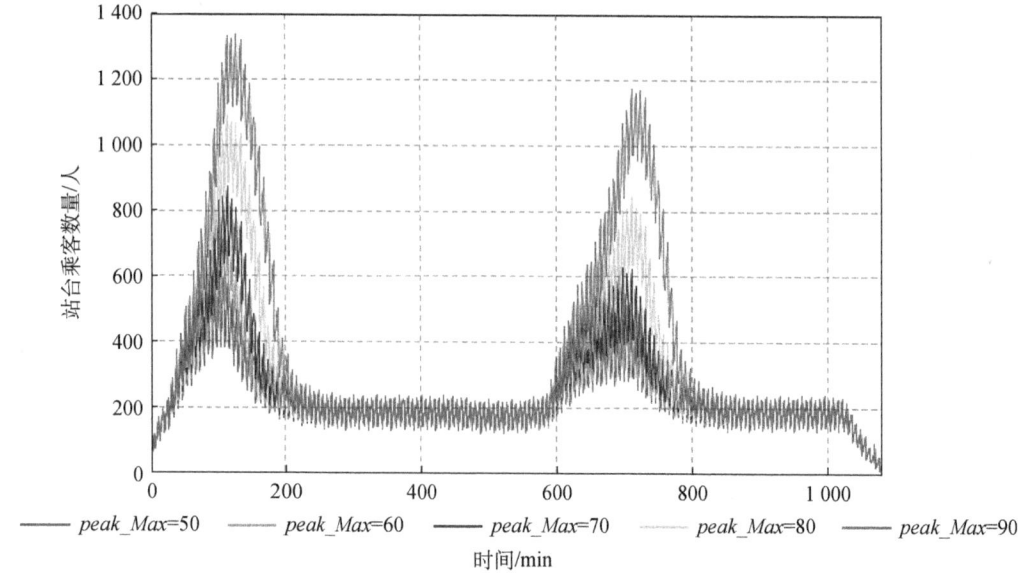

图 6-16 高峰乘客到达率峰值变动时的测试图

6.4.3 基本模拟分析

基本模拟是在初始条件下,按表 6-1 的参数取值,对 1 号线五棵松站的乘客危险行为水平进行仿真模拟。运行 PRB-MSOV 模型,观测"危险行为平均水平""潜在危险乘客数量""候车拥挤程度""乘客危险行为水平"等几个主要指标的变动曲线,输出结果如图 6-17 至图 6-20 所示。

乘客危险行为平均水平的取值范围是 1 到 49,由图 6-17 可知,该指标值大约在 2 到 24 范围内变动。由图 6-18 可知,站台上具有潜在危险的乘客数量在 7:30~8:30 短时间内迅速增加,最高达 180 人,在 17:30~18:00 又出现一个短时的小高峰,最高达 85 人。由图 6-19 可知,候车拥挤程度的变动趋势基本与图 6-19 中基本模拟情况下($peak\_Max = 80$)站台乘客数量的变动趋势一致。该指标早、晚高峰的峰值分别出现在 7:30~8:30 和 17:00~18:40 的位置,早高峰的峰值明显强而集中,最高达 2.4 人/m^2,相比之下晚高峰的峰值弱而分散,最高达 1.8 人/m^2。

由图 6-20 可知,车站的乘客危险行为水平从 6:00 开始呈波动式的缓慢上升,到 7:30 左右迅速激增至 1 500 以上,最高值达 3 470,到 8:30 左右从 1 500 迅速回落。晚高峰时段的危险行为水平明显低于早高峰时段,其值上升和下降也更为平缓,最大值为 1 425。平峰时段的危险行为水平平稳地在 50～150 范围内波动。对五棵松站乘客危险行为水平的模拟结果表明,在早、晚客流量的高峰期,尤其是客流更为集中的早高峰时段,受管理能力、未安装屏蔽门、列车运输能力等资源瓶颈的限制,乘客危险行为动机得到加强,同时危险乘客的数量也随之迅速增加,导致在此时间段车站乘客的危险行为水平大幅增加。

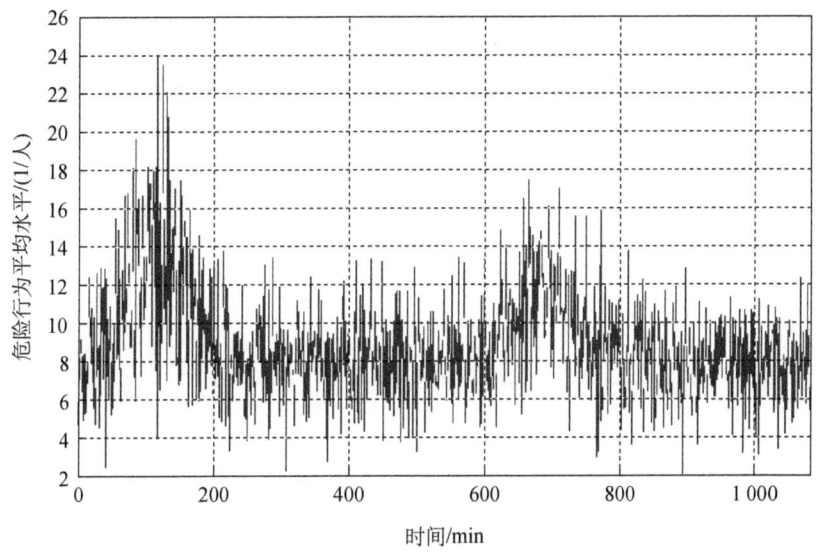

图 6-17 基本模拟下危险行为平均水平曲线

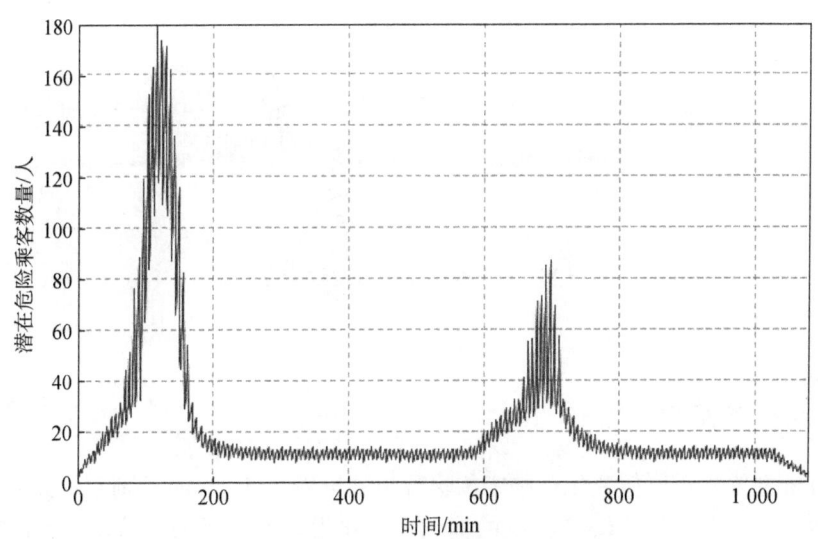

图 6-18 基本模拟下潜在危险乘客数量曲线

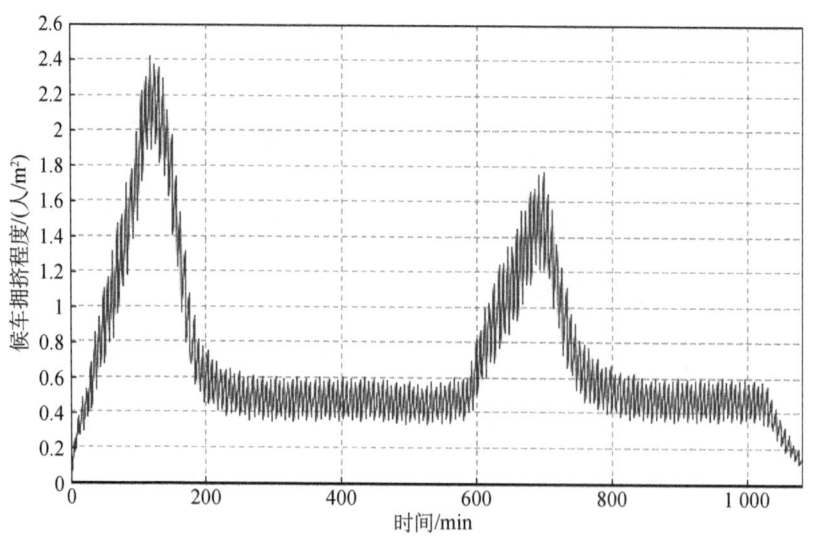

图 6-19 基本模拟下候车拥挤程度曲线

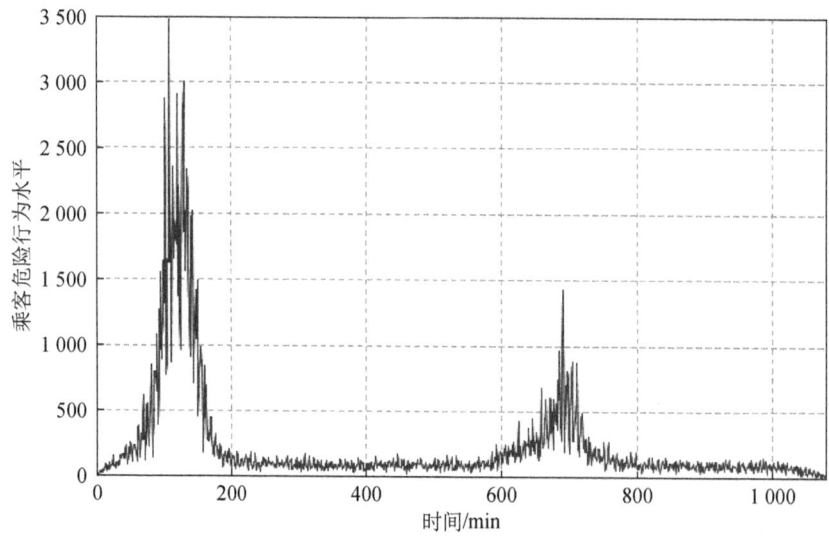

图 6-20 基本模拟下乘客危险行为水平

6.5 车站运行脆弱性分析

为了分析主要常量取值变化对乘客危险行为的影响大小,从而识别车站运行中的脆弱情景或脆弱环节,在 PRB-MSOV 模型的基础上构建敏感性分析的实验平台,如图 6-21 所示。在基本模拟的基础上,对发车间隔时间、客流高峰峰值、屏蔽门形式以及现场管理人员数量 4 个主要影响因素分别进行敏感性分析。运算过程是在后台设定待测常量,在一定范围内按规定步长取值,让模型运行若干次,观测车站乘客危险行为在不同情景下仿真结果的差异。

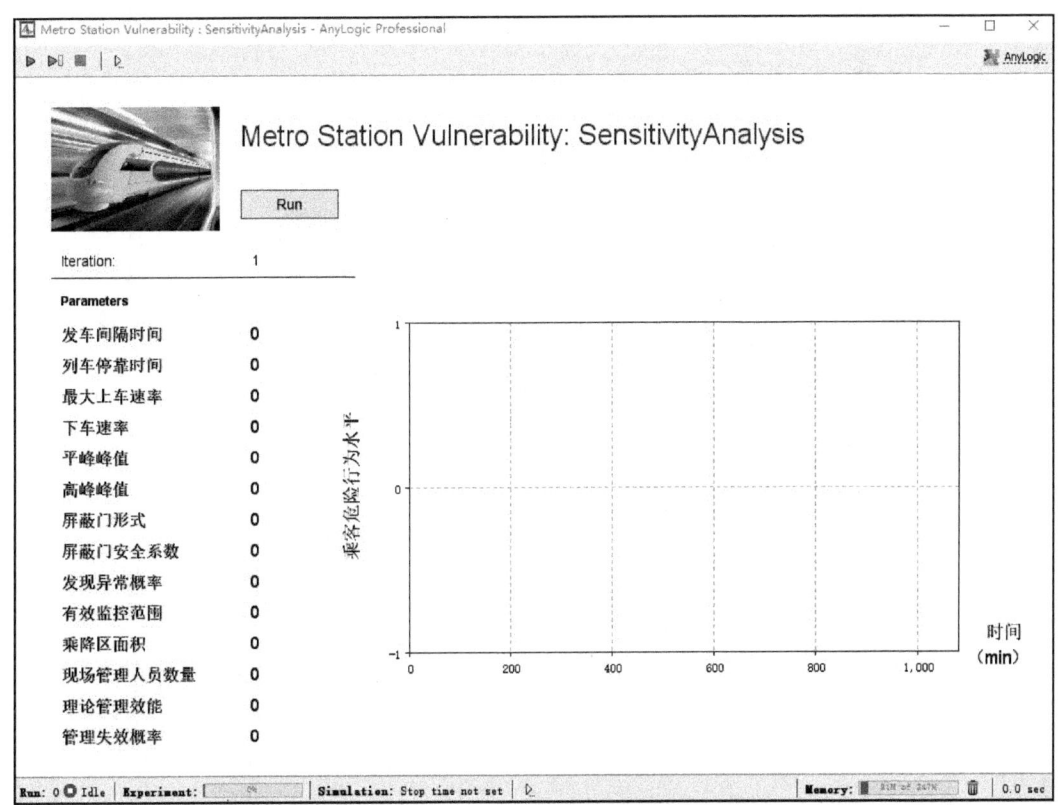

图 6-21 基于 PRB-MSOV 模型的敏感性分析实验平台

6.5.1 发车间隔时间(interval)分析

设定发车间隔时间从 1 min 到 10 min 按步长 1 连续取值,仿真结果如图 6-22 所示。结合图 6-23 对 interval = 5 和 6 时危险行为曲线的对比,发现 interval 等于或小于 5 min 时,不同 interval 下危险行为水平的差异并不明显,最大值在 900 以下。然而,当发车间隔时间等于或大于 6 min 时,高峰期的危险行为水平开始对 interval 的取值变得敏感。从图 6-22 可以明显地看出,发车间隔增加到 6 min 以后,每再增加 1 min 等待时间,乘客的危险行为水平以越来越大的幅度增加。说明在其他变量保持基本模拟取值,发车间隔取值 6 min 的情景下,车站运行表现出脆弱性(参见彩图附录)。

另外,还可以看到随着发车间隔时间的增加,乘客危险行为的影响将产生越来越大的向后传导作用。说明不合理的列车运行计划不仅使乘客危险行为水平激增,还会使行为的影响累积并向后续运行传导。基本模拟中设定 interval = 6 min 是根据车站全天平均发车间隔时间的取值,在实际中地铁高峰期与平峰期的发车间隔一般会根据客流大小调整。从控制车站运行脆弱性的角度,建议五棵松站在客流高峰期的发车间隔时间应设定在 5 min 或以下。

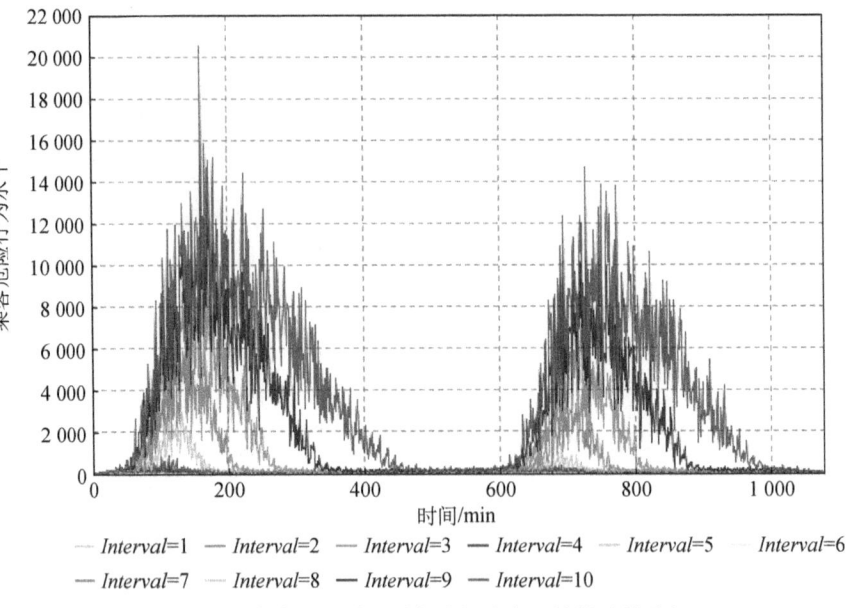

图 6-22 发车间隔时间对危险行为水平的敏感性分析

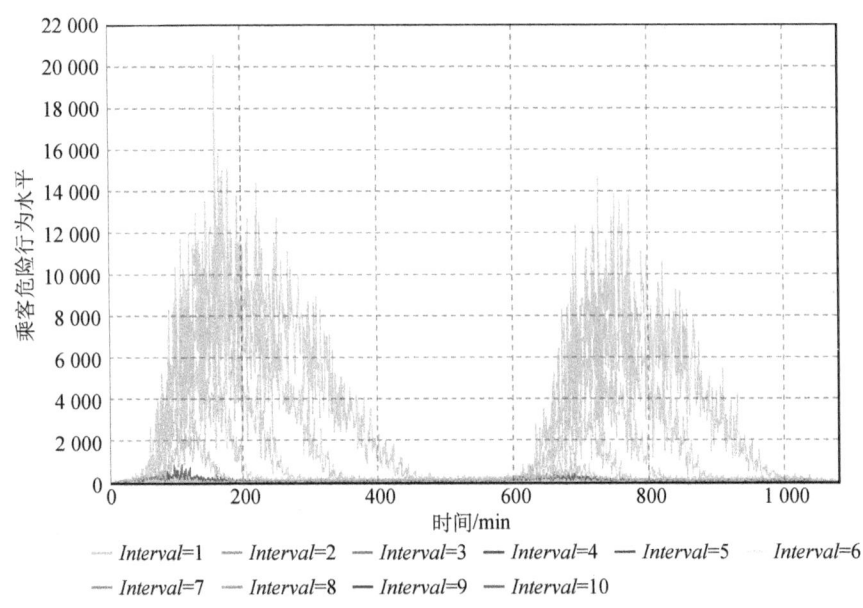

图 6-23 从 $interval=6$ min 开始危险行为水平激增

6.5.2 客流高峰峰值($peak\_Max$)分析

设定早、晚高峰期乘客到达率的峰值从 50 人/min 到 130 人/min 按步长 10 连续取值，对危险行为的仿真结果如图 6-24 所示(参见彩图附录)。由图可知，随着高峰期乘客到达率的增加，危险行为水平在早、晚高峰时段逐步增加，但从图中曲线很难直接判断在哪种 $peak\_Max$ 的情景下，危险行为水平的增幅最大。通过比较每种情景下危险行为水平增加率的差异量,确定 $peak\_Max$ 影响下的脆弱情景。由于数据量巨大,表 6-2 仅列出早高峰时段变化幅度较大的 20 个数据的比较结果。可以看到,Δ_{3-2} 所对应的增加率的差值是最大的,也就是说在所有模拟情景中,$peak\_Max$ 值从 70 增加到 80 与从 60 增加到 70 相比,危险行为水平增加率的变化最大。图 6-25(参见彩图附录)是 $peak\_Max$ 取值 70 和 80 两种情景下,危险行为水平变化趋势的对比。对晚高峰时段的比较得到与此相同的结论。这表明保持其他变量按基本模拟取值,高峰期乘客到达率的峰值达到 70 人/min 后乘客行为影响激增,车站运行表现出脆弱性。

对比图 6-24 和图 6-22 可以看到,客流高峰峰值对危险行为的影响方式不同于发车间隔时间的影响方式,前者的影响基本限于高峰时段,影响稍有向后传导但不像后者那样明显。这是因为对 $peak\_Max$ 的敏感性分析仅调整了高峰期的客流量,高峰期增加的客流基本可以通过列车运输在相对较短的时间内消化掉,不对后续运行产生严重影响;而延长发车间隔会对整个运营期的客流运输造成影响,高峰期的影响不易消化,从而累积向后传递。

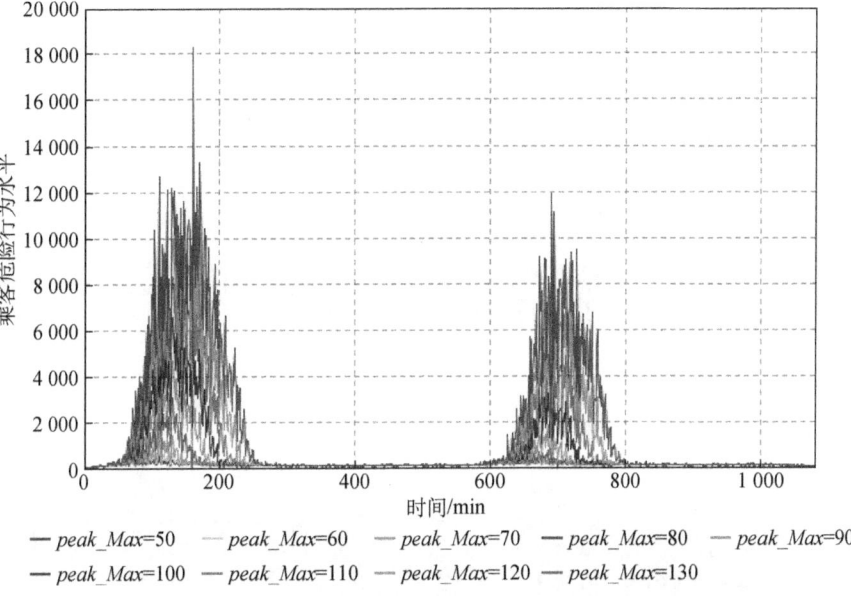

图 6-24　客流高峰峰值对乘客危险行为水平的敏感性分析

表 6-2　不同客流高峰峰值情景下乘客危险行为水平增加率比较

Δ_{2-1}	Δ_{3-2}	Δ_{4-3}	Δ_{5-4}	Δ_{6-5}	Δ_{7-6}	Δ_{8-7}
0.42	1.55	1.02	−0.95	1.29	−1.70	1.10
0.15	1.72	0.64	0.87	−1.00	1.06	−1.54
0.66	1.22	1.08	0.89	−1.63	1.28	−1.64
1.06	1.59	0.36	0.74	−1.58	1.36	−1.94

续 表

Δ_{2-1}	Δ_{3-2}	Δ_{4-3}	Δ_{5-4}	Δ_{6-5}	Δ_{7-6}	Δ_{8-7}
0.86	1.37	0.19	1.28	−1.76	1.20	−1.56
0.42	1.16	0.22	1.29	−1.54	1.05	−1.14
0.30	1.49	0.94	−0.62	1.50	−1.67	2.55
−0.29	1.60	0.68	0.67	0.86	−0.36	0.56
−0.02	1.42	0.72	0.14	0.97	−0.31	1.20
1.15	1.36	0.51	−0.11	1.45	−0.74	1.39
1.12	1.53	0.48	−0.16	0.95	−0.22	0.68
1.16	1.56	1.27	−0.75	0.53	0.40	0.00
0.69	1.65	1.00	0.69	−0.45	0.78	−0.52
0.08	1.04	0.02	1.62	−0.46	0.89	−0.75
−0.39	0.94	0.39	−0.59	1.90	−1.37	1.63
−0.05	1.30	0.31	−0.61	1.66	−1.11	1.44
0.90	0.90	0.85	−0.54	1.08	−0.79	1.09
0.16	0.97	0.10	−0.10	0.83	−0.37	0.81
0.17	1.02	0.27	−0.18	0.81	−0.30	0.74
0.15	0.93	−0.68	1.08	−0.08	0.44	−0.25

注：Δ_{2-1} 表示 $peak\_Max$ 的取值由 60 增加到 70 与 50 增加到 60 的危险行为水平增加率的差值，依此类推，Δ_{8-7} 表示 $peak\_Max$ 取值由 120 增加到 130 与 110 增加到 120 的危险行为水平增加率的差值。

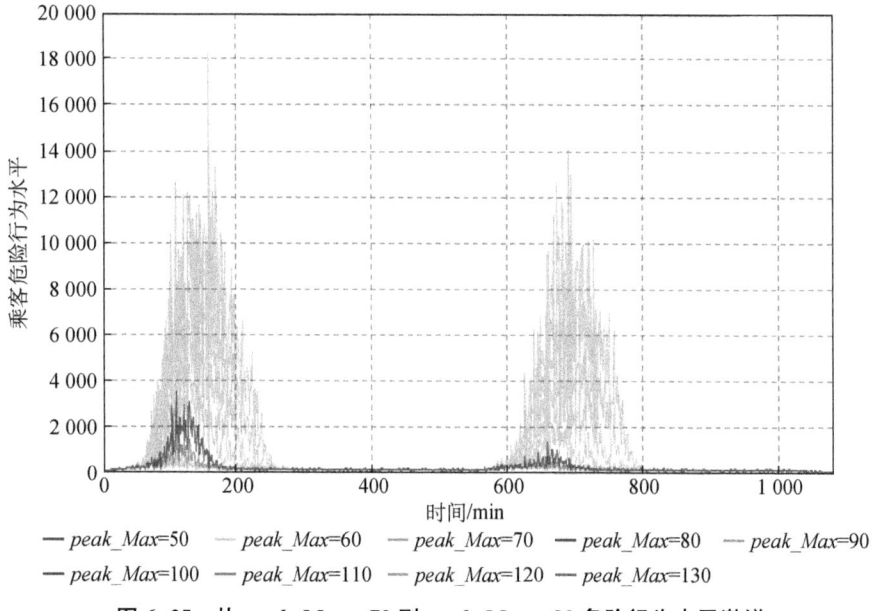

图 6-25　从 $peak\_Max=70$ 到 $peak\_Max=80$ 危险行为水平激增

6.5.3 屏蔽门形式(*Door_type*)分析

屏蔽门形式属于类别常量,按表 6-1 中设定的,*Door_type* = 0,0.5,1 分别对应无屏蔽门、半高式屏蔽门和封闭式屏蔽门,3 种情况各自对应的危险行为曲线见图 6-26。从整体上看,不同屏蔽门形式对危险行为水平的影响不如其他常量那样明显。相对而言,安装屏蔽门的情况下,半高式和封闭式对乘客行为的影响差异很小,两种情景下仿真结果对比如图 6-27 所示,但不安装屏蔽门会明显增加车站的危险行为水平(参见彩图附录)。

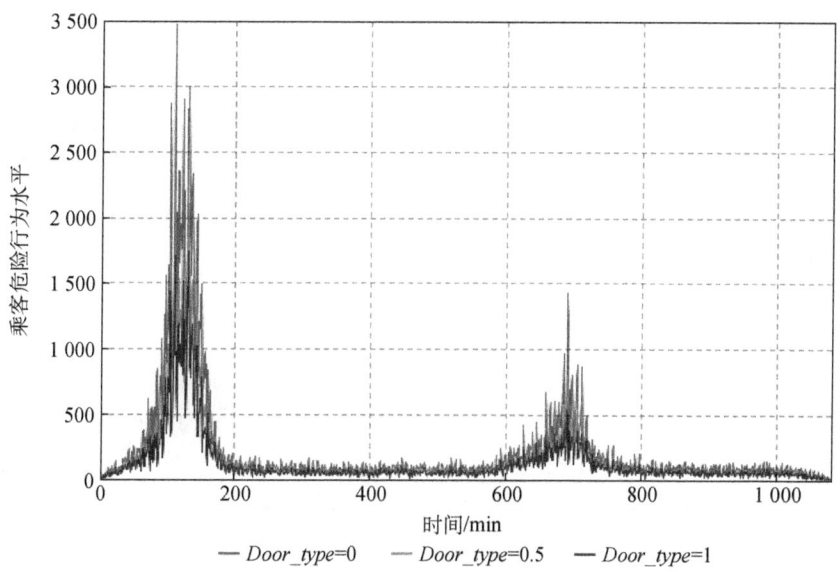

图 6-26 屏蔽门形式对乘客危险行为水平的敏感性分析

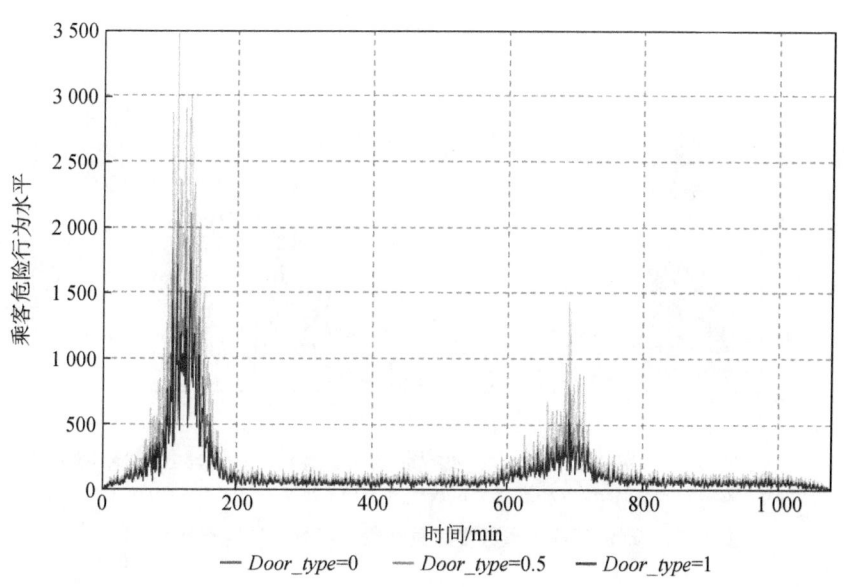

图 6-27 *Door_type*=0.5 与 *Door_type*=1 情景下危险行为水平比较

在本研究调查过程中,五棵松站还尚未安装屏蔽门,故基本模拟是在 $Door\_type = 0$ 的情景下进行的,早高峰和晚高峰的危险行为水平分别在 1 000～3 500 之间和 200～1 400 之间波动,平峰时段的脆弱性增量在 50～150 之间波动;若为车站安装半高式屏蔽门,早、晚高峰的危险行为水平分别降至 600～2 200 之间和 180～800 之间,平峰时段降至 30～120 之间;若安装封闭式屏蔽门,早、晚高峰的危险行为水平分别降至 500～1 800 和 180～550 之间,平峰时段的危险行为水平基本与半高式情景无差异。因此,从降低车站运行脆弱性和节省成本的角度,建议为五棵松站安装半高式的屏蔽门。

6.5.4 现场管理人员数量($Superv\_no.$)分析

设定现场管理人员数量从 2 人到 16 人按步长 2 连续取值,仿真结果如图 6-28 所示(参见彩图附录)。为了识别其中的脆弱情景,对危险行为水平的增加率进行比较,表 6-3 同样列出了早高峰时段变化幅度较大的 20 个数据的比较结果。表中 γ_{2-1} 所对应的增加率的差值最大,说明在所有模拟的情景中,$Superv\_no.$ 从 4 减少到 2 与从 6 减少到 4 相比,危险行为水平增加率的变化最大。对晚高峰以及平峰时段的比较得到与此相同的结论。分析结果表明,保持其他变量按基本模拟取值,站台管理人员的数量减少到 4 人或以下时,从乘客行为影响的角度来说车站运行表现出脆弱性。

图 6-29(参见彩图附录)是 $Superv\_no.$ 取值 4 和 12 两种情景下危险行为曲线的情况。可以看到,管理人数增加到 12 人后,再增加管理人手对乘客危险行为的抑制作用变得非常有限。从表6-3 可以更清楚地观察到这一点,从 γ_{6-5} 开始危险行为水平增加率的差异增幅明显变小,即从 14 人减少到 12 人引起的危险行为的增加率,与从 12 人减少到 10 人相比,无明显差异。

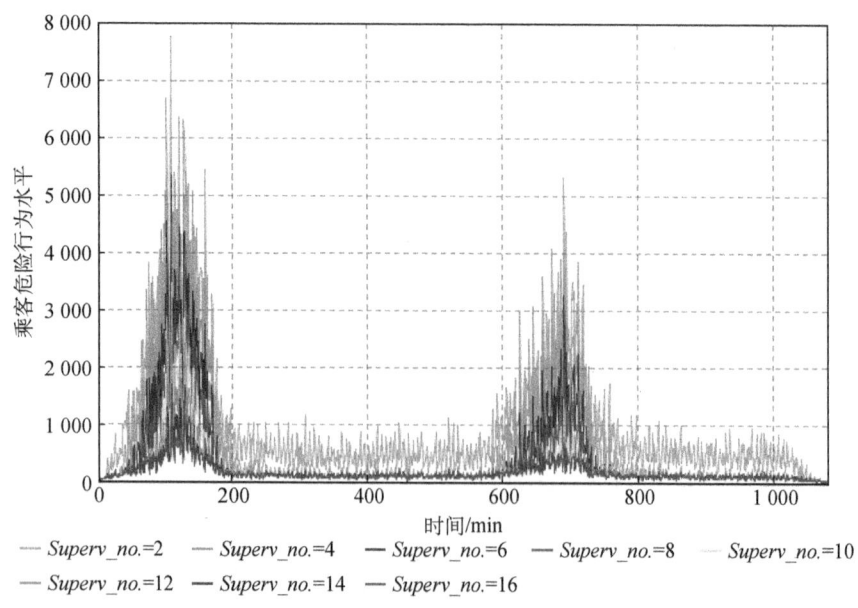

图 6-28 现场管理人员数量对乘客危险行为水平的敏感性分析

综合对现场管理人员数量的分析结果,五棵松站在平峰期应安排不少于 4 人承担站务岗,在高峰期可安排 4 到 12 人进行站务管理。为了尽可能降低乘客行为影响,建议高峰期安排 12 个站务员比较合适。

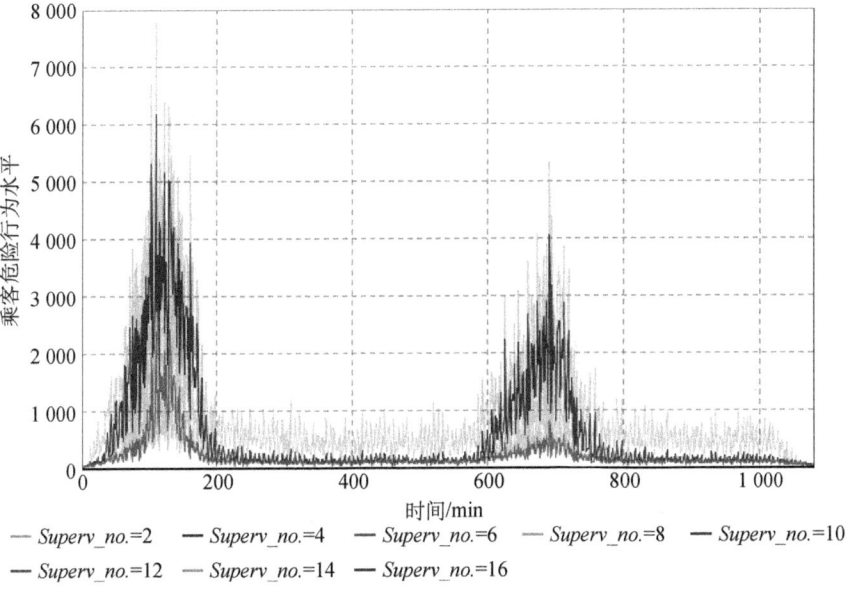

图 6-29　$Superv\_no.=4$ 与 $Superv\_no.=12$ 情景下的危险行为水平

表 6-3　不同管理人员数量情景下乘客危险行为水平增加率比较

γ_{2-1}	γ_{3-2}	γ_{4-3}	γ_{5-4}	γ_{6-5}	γ_{7-6}
1.34	0.22	0.31	0.23	0.00	0.12
1.10	0.69	0.14	0.12	0.00	0.04
0.89	0.60	0.46	0.16	0.09	−0.01
1.10	0.04	0.35	0.22	0.06	−0.02
1.56	1.67	0.03	0.11	−0.23	0.09
0.90	0.53	0.27	0.08	0.10	0.25
1.38	0.54	0.19	0.14	0.05	0.14
1.35	0.85	0.46	0.12	0.03	−0.05
1.99	0.22	0.36	0.25	0.08	−0.14
2.39	0.24	0.23	0.41	0.07	0.04
1.08	0.48	0.32	0.12	0.12	−0.04
0.68	1.06	0.21	0.11	0.06	0.17
1.32	0.77	0.11	0.20	0.08	0.03
1.54	0.29	0.57	0.30	0.02	0.09
0.81	0.20	0.36	0.32	0.18	−0.16
0.99	0.30	0.26	0.10	0.04	−0.09

续 表

γ_{2-1}	γ_{3-2}	γ_{4-3}	γ_{5-4}	γ_{6-5}	γ_{7-6}
2.06	0.06	0.19	0.14	0.00	−0.05
2.35	0.25	0.07	0.38	0.01	0.08
1.37	0.84	0.45	0.16	−0.12	0.07
0.53	0.23	0.56	0.06	0.08	0.27

注：γ_{2-1} 表示 $Superv\_no.$ 的取值由 4 减少到 2 与 6 减少到 4 的危险行为水平增加率的差值，依此类推，γ_{7-6} 表示 $Superv\_no.$ 取值由 14 减少到 12 与 16 减少到 14 的危险行为水平增加率的差值。

分析发车间隔时间、客流高峰峰值、屏蔽门形式、现场管理人员数量 4 个因素对乘客危险行为影响的敏感性，是从乘客行为角度分别对列车运行、乘客流、安全设施和工作人员管理等车站运行要素中存在的脆弱情景进行分析和评估。由于 4 个因素的量纲不同，敏感性分析结果从严格意义上来说不具有横向可比性，但根据图 6-22、6-24、6-26、6-28 中危险行为水平的变动情况，仍可大致判断因素的敏感性由强到弱依次为发车间隔时间＞客流高峰峰值＞现场管理人员数量＞屏蔽门形式。

6.5.5 脆弱情景综合分析

通过上述分析，可以得到 4 个主要影响因素各自变动时车站运行的脆弱情景，它们分别是 $interval = 6$ min、$peak\_Max = 70$ 人/min、$Door\_type = 0$、$Superv\_no. = 4$ 人。若在地铁运行中，这 4 个脆弱情景同时发生，而模型中的其他变量保持基本模拟取值，则乘客危险行为水平曲线如图 6-30 所示。也就是说，图 6-30 是当所考察的因素均达到敏感临界状态时，危险行为水平的变动趋势，此时任何一个因素向不利方向变动，都将引起危险行为水平激增。与基本模拟(图 6-20)相比，脆弱情景叠加的情况下，车站中的乘客危险行为水平有较大幅度的上升。

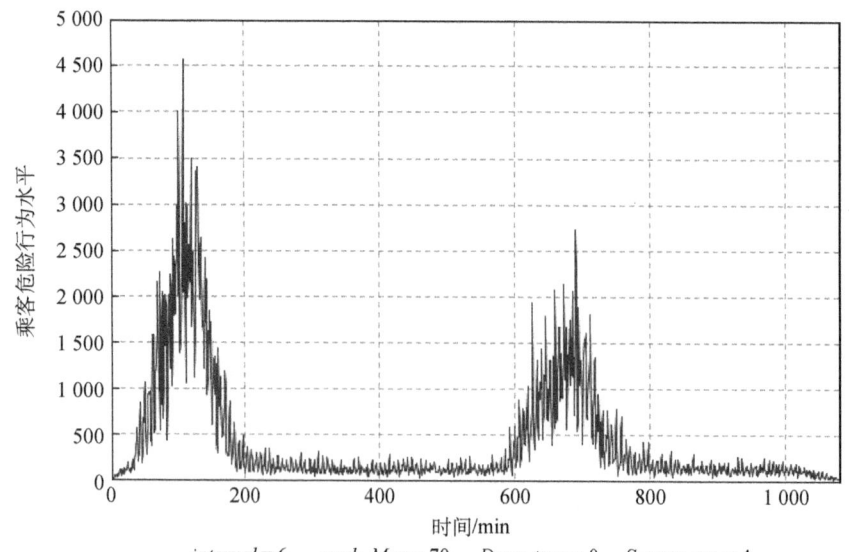

$interval = 6$ 　　$peak\_Max = 70$ 　　$Door\_type = 0$ 　　$Superv\_no. = 4$

图 6-30　脆弱情景同时发生时乘客危险行为水平曲线

6.6 本章小结

本章从乘客行为影响的角度探讨地铁车站运行的脆弱性,以此为基本视角,建立各要素对乘客行为直接或间接的影响关系,以及各要素之间的相互影响关系,从而构建可用于模拟分析乘客危险行为演化过程的系统动力学模型,并以此为仿真实验平台,分析发车间隔时间、客流高峰峰值、屏蔽门形式和现场管理人员数量等几个重要因素对车站乘客危险行为的影响大小和影响方式,识别并评估了车站运行中的脆弱情景。所构建的 PRB-MSOV 系统动力学模型包含 6 个子模块,即车站危险行为子模块、列车运行子模块、乘客流量子模块、安全设施子模块、工作人员管理子模块和乘客心理认知模块。最后,以北京地铁 1 号线五棵松站为实例,进行基本模拟分析和运行脆弱性分析。仿真以分钟为单位,周期为地铁车站正常运行的一天。

（1）基本模拟的分析结果表明,由于受管理能力、安全设施、列车运输能力等资源条件的限制,客流高峰期的乘客危险行为水平要远高于平峰期,并且早高峰的危险行为水平强而集中,晚高峰则相对弱而分散。

（2）敏感性分析结果表明,在其他变量按基本模拟取值的前提下,发车间隔时间为 6 min 时、高峰期乘客到达率的峰值为 70 人/min 时、车站未安装屏蔽门时,以及现场管理人员数量为 4 人时,分别是车站运行中使乘客危险行为水平激增的脆弱情景。据此,对五棵松站的运行管理提出了相应建议。

（3）敏感性分析结果还表明,4 个因素的变动对危险行为水平的影响方式也不尽相同。发车间隔时间和客流高峰峰值的增加,尤其是前者,会使危险行为产生累积并向后产生传导作用,而屏蔽门形式和现场管理人数对行为的影响不会产生向后传导；4 个因素的敏感性排序是发车间隔时间＞客流高峰峰值＞现场管理人员数量＞屏蔽门形式。

（4）将所有脆弱情景叠加时,乘客危险行为水平与基本模拟情况相比,有了较大幅度的上升。

7 结论与展望

7.1 研究结论

(1) 通过详细的文献综述,对地铁系统运行安全、脆弱性理论及评估方法、地铁乘客行为及行为心理等国内外研究现状进行了总结和评述,指出研究不足在于:地铁运行安全研究缺少深入、具体、有针对性的研究;缺少对正常状态下地铁运行安全的研究;对网络拓扑结构脆弱性的研究较多,较少有对要素系统脆弱性的研究;脆弱性研究中缺少对干扰源,及其与系统之间作用关系的考量;乘客行为对地铁安全的影响未引起足够重视,缺少从社会学角度分析乘客行为的研究。

(2) 界定了 MSOV 的内涵及原理。在不同的研究领域,或在同一研究领域针对不同的研究对象,脆弱性有其不同的内涵。根据干扰来源不同以及地铁系统的层次划分,构建地铁系统运行脆弱性理论体系,将运行阶段地铁系统的脆弱性分为内部自发脆弱性和外部引发脆弱性。前者是地铁设备系统自身的缺陷或错误造成的,与外部因素的影响无关;后者按干扰源分为乘客行为引发脆弱性、地铁工作人员引发脆弱性和环境引发脆弱性。本研究从乘客行为影响的角度分析 MSOV,属于该理论体系中外部引发脆弱性的一种。MSOV 描述的是车站运行所处的某种状态,在此状态下车站运行是脆弱的,因为它将有很大的可能性导致安全事故,或者使乘客异常(危险)行为水平大幅度增加。脆弱性评估就是从众多车站运行情景中识别出那些很可能导致事故或使危险行为激增的脆弱情景。

(3) 分析了 PAB 事故的特征及形成机理。根据本研究对脆弱性的定义,MSOV 首先是与事故相联系的概念,从事故案例入手可为 MSOV 分析提供较为客观的线索和依据。对收集的 165 个 PAB 事故案例进行研究,将 PAB 初步归纳为两大类:一类是与乘坐地铁直接相关的异常行为,也是本研究所关注的行为;另一类是与乘坐行为无直接关系,由心理或生理原因导致的异常行为。案例统计结果表明,PAB 事故多发生在站台、轨道和列车区域,并且多数发生在早、晚高峰时段。通过案例研究还分析了 PAB 事故的形成机理,将事故的发展过程分为干扰源产生、事故发生和后果影响三个阶段。脆弱性评估所对应的范畴是事故发展的前两个阶段,在每一阶段都有促进或阻碍事故发展的因素存在,这些影响因素即为脆弱性分析中需要考虑的要素。

(4) 识别了 PAB 引发地铁运行事故的脆弱情景。通过对 PAB 事故的研究发现,从 PAB 产生到发展成事故,其间由一系列具有因果关系的因素或事件相连接,每当有递推关系成立事件就向前发展一步,直到关系不再满足事件停止或到达终点事件引发事故。采用模糊 Petri 网方法构建该事故的网络模型,基于模糊推理规则建立事件之间的递推关系,根据专家知识对模型赋初始值。经过一系列的推理分析,输出可达标识图,发现共有三种脆弱情景可导致地铁运行事故发生。脆弱度最大的是情景1,它是由于车站管理人员、安全设施、乘车环境,以及法律约束等多方面存在漏洞,发生乘客强行上下车或冲突行为,造成人或物品进入轨道区并与列车碰撞,并导致地铁运行延误;脆弱度次之的情景2以相同的路径导致外物侵入轨道区,虽然由于站务员或司机及时发现险情刹停列车,未发生碰撞,但仍然导致了运行延误;脆弱度再次之的情景3是由于法律约束和乘客安全意识存在漏洞,发生乘客随意使用应急设备,直接导致了地铁运行延误。为了防止脆弱情景发生,需要针对脆弱情景中的因素采取适当措施,如加强对站务员、司机的培训,对乘客违反行为采取严格措施,充分利用监控设施等。

(5) 分析了PAB的表现形式、因子结构与危险性。对地铁乘客行为做全面细致的调查和分析是进一步深入探讨MSOV的前提和基础。考虑到基于事故案例分析PAB的局限性,通过文献回顾、访谈和实地观察共识别了32项PAB,据此设计地铁乘客行为量表(MPBQ),收集关于行为频率的乘客自评数据,从而探索MPBQ的因子结构。分析结果显示,MPBQ适合于3因子的解决方案:"一般性违反(TS)"行为、"自我意识的疏忽(SI)"行为和"突然性违反(AV)"行为。为了从多个维度评估32项PAB的影响,设计地铁车站员工评估量表(MSEQ),邀请地铁工作人员参与调查。根据行为发生频率和后果影响程度,将PAB按其危险性划分为高、中、低3类,共有14项行为被归为高危险(HR)类行为,它们多数是发生在站台区、与上下车或候车有关的行为,通常会同时对设备系统运行和乘客安全造成影响。对不同人群异常行为差异的分析结果显示,不同乘坐时段、乘坐站数,以及不同年龄、性别的乘客,在TS、SI、AV、HR行为上存在不同程度的差异。在MPBQ中要求应答者报告了发生事故的情况,以此为因变量,建立PAB与事故发生的Logistic模型,分析结果显示,一般性违反和突然性违反行为、乘坐时段和站数是事故发生的显著预测变量。

(6) 探索了两种重要PRB产生的心理认知机理。乘客对某特定行为的心理认知是其行为决策的内在决定因素。以改进的TPB为理论框架,建立PRB心理认知的假设模型,通过乘客危险行为心理认知量表(PRBQ),收集关于最后一秒乘车行为(LR)和强行扒车门行为(DR)的心理认知数据,基于结构方程模型对假设模型进行验证。经过一系列的检验和修正,两种行为的最终模型通过了整体拟合度检验和内在结构适配度检验,模型与数据拟合度良好,最终模型确定的变量关系即为得到验证的假设关系。总体而言,3个TPB变量即态度、主观规范和行为控制,再加上额外变量中的过去行为,是影响两种危险行为意向的主要变量。此外,额外变量中的风险感知对LR行为有显著影响,而道德规范、自我认同,以及乘客基本信息变量对两种行为均无显著影响。PRBQ采用的是信念测量法,可用于区分行为意向者和非意向者,为行为纠正提供依据。对行为信念、规范信念和控制信念的分析结果显示,行为后果中的"节省时间"、控制感知中的"迟到/赶时间"和"防夹功能能保证我安全"是促使意向者从事行为的关键信念;来自"车站工作人员"反对的压力和控制感知中的"有车站工作人员维持秩序"是避免意向者从事行为的关键信念。

(7) 从PRB影响的角度分析和评估了MSOV。基于事故分析识别车站运行的脆弱情景是以离散事件发展为视角的静态分析,未考虑PRB在多种因素综合作用下的动态演化过程。构建PRB-MSOV系统动力学模型,包括车站乘客危险行为、列车运行、乘客流量、安全设施、工作人员管理和乘客心理认知6个模块,以北京五棵松地铁站为实例,仿真一个正常工作日内PRB随时间变化的情况。然后,选择几个重要因素设定取值范围和仿真步长,分析因素对危险行为水平影响的敏感性,从而确定车站运行的脆弱情景。基本模拟结果显示,车站客流高峰期的危险行为水平远高于平峰期,并且早高峰的危险行为水平强而集中,晚高峰则相对弱而分散,这与早高峰乘客到达时间更集中有关。敏感性分析结果显示,在其他因素保持与基本模拟相同的情况下,发车间隔时间增加至 6 min、高峰期乘客到达率峰值达到 70 人/min、车站未安装屏蔽门或现场管理人员数量减少至 4 人时,五棵松站的乘客危险行为水平出现大幅增加,车站运行受乘客行为的影响表现出脆弱性。此外,各因素对危险行为的影响大小和方式不尽相同,4 个因素的敏感性排序是发车间隔时间＞客流高峰峰值＞现场管理人员数量＞屏蔽门形式,其中,前两个因素对行为的影响具有向后传导作用。

7.2 创新点

(1) 全新界定了地铁车站运行脆弱性(MSOV)的内涵及原理,并揭示了乘客异常行为(PAB)引发地铁运行事故的机理。从脆弱性的角度探讨了地铁车站运行安全问题,将 MSOV 界定为具有较大可能性导致安全事故或使乘客危险行为水平大幅增加的车站运行状态,并基于此从人、设备、环境、管理等几个角度分析了 PAB 事故从干扰源产生、事故发生到后果影响的成形机理。(相关研究成果已发表于"ICCREM 2015:1124-1135")

(2) 系统地调查和分析了乘客异常(危险)行为的表现形式、影响和产生机理。设计了地铁乘客行为量表(MPBQ)和地铁员工评估量表(MSEQ),对异常行为的表现形式、分类、危险性、影响对象以及与事故之间的关系进行了全面分析;设计了乘客危险行为心理认知量表(PRBQ),对两种重要危险行为的心理认知结构分别进行了结构方程模型(SEM)的假设和验证,并识别了能够区分危险行为意向者和非意向者的关键信念。(相关研究成果已发表于 *Accident Analysis & Prevention*,2015,82:90-100)

(3) 构建了 PAB 事故的模糊 Petri 网(FPN)模型,识别了 PAB 导致地铁运行事故的脆弱情景。结合 Petri 网与模糊数学方法的优势,定义了 FPN 的推理规则,构建了 PAB 事故的网络模型,通过 Matlab 编程实现了对模型的计算过程,根据推理得到的可达标识图和可达事故路径真值度,识别了可能导致损失后果发生的脆弱情景,并衡量了脆弱情景的脆弱度大小。[相关研究成果已发表于《中国安全科学学报》,2014,24(9):152-158]

(4) 构建了 PRB-MSOV 的系统动力学(SD)仿真模型,分析了车站运行状态变化对乘客危险行为(PRB)影响的敏感性,实现了对脆弱性的动态识别与评估。基于危险行为与车站运行的时变关系,对 PRB-MSOV 进行了系统分析,明确了 SD 模型各子模块内部及子模块之间的作用关系,构建了 PRB-MSOV 系统的因果关系图和流图,通过敏感性分析实验识别了使危险行为水平激增的车站运行的脆弱情景。

7.3 研究不足及展望

(1) 本研究对脆弱性的探讨主要以站台以及站台上的乘客行为为重点研究对象,并不能涵盖车站运行的所有可能薄弱环节。虽然站台是车站中最易受乘客行为影响的区域,并且所分析行为是经过筛选得出的危险性较大的行为,使本研究的分析结果具有一定的代表性,但在未来研究中,可继续针对本研究识别出的其他高危险类行为进行调查和分析,探索这些行为引发地铁车站运行脆弱性或安全相关问题的特征和方式,并可将分析结果与本研究的结果进行对比。

(2) 对事故案例进行研究是脆弱性分析的重要手段之一,然而,通过媒体报道途径收集的事故案例,通常着重于对事故后果的报道,对事故过程的描述非常有限,基于此提取影响因素建立相关分析模型,有可能忽略了某些导致事故的关键细节。随着地铁行业信息备案与公开制度的完善,未来可基于详细的事故报告建立事故数据库,对乘客行为引发地铁事故的过程作更为翔实深入的分析,扩充和完善本研究所构建的 FPN 事故模型,从而更精确、更全面地识别地铁系统运行的脆弱情景。

(3) 地铁车站运行需要人、机、环境、管理等多方面要素的协调配合,其中涉及的要素关系错综复杂,正确合理地描述这些关系决定了模型分析的正确性和可靠性。本研究尝试利用 SD 描述系统要素内部及要素之间的关系,构建用于分析系统运行脆弱性的仿真模型。模型虽然经过验证可以在一定程度上反映系统行为,但仍基于一些研究假设,例如,假设车站的上行和下行列车同时到发,假设乘客的上车和下车同时进行,假设有潜在危险乘客的心理认知结构由扒车门行为决定等。在未来研究中,可以放宽研究假设,考虑更复杂的要素关系,使模型更为真实客观地反映实际系统的行为。

(4) 多 Agent 建模技术可以高效、灵活地描述人的微观行为,以及由此导致的行为演化过程。在基于乘客行为的脆弱性分析中,可以将多 Agent 建模技术与 SD 相结合,用 Agent 构建乘客行为模型,嵌入基于 SD 构建的系统运行基本模型中,并借助 Agent 在 3D 技术上的优势,实现对车站人—机—环境复杂系统的 3D 建模仿真,从而提高脆弱性分析结果的精确程度和可视化程度。

参考文献

[1] Wan X, Li Q, Yuan J, et al. Metro passenger behaviors and their relations to metro incident involvement[J]. Accident Analysis & Prevention, 2015, 82: 90-100.

[2] 袁竞峰,李启明,贾若愚,等. 城市地铁网络系统运行脆弱性分析[J]. 中国安全科学学报,2012,22(5):92-98.

[3] Adger W N. Vulnerability[J]. Global Environmental Change, 2006, 16(3): 268-281.

[4] Jenelius E, Petersen T, Mattsson L G. Importance and exposure in road network vulnerability analysis[J]. Transportation Research Part A: Policy and Practice, 2006, 40(7): 537-560.

[5] Apostolakis G E, Lemon D M. A screening methodology for the identification and ranking of infrastructure vulnerabilities due to terrorism[J]. Risk Analysis: An Official Publication of the Society for Risk Analysis, 2005, 25(2): 361-376.

[6] Jenelius E, Petersen T, Mattsson L-G. Road network vulnerability: Identifying important links and exposed regions[J]. Transportation Research A, 2006, 20: 537-560.

[7] Smit B, Wandel J. Adaptation, adaptive capacity and vulnerability[J]. Global Environmental Change, 2006, 16(3): 282-292.

[8] Berdica K. An introduction to road vulnerability: What has been done, is done and should be done[J]. Transport Policy, 2002, 9(2): 117-127.

[9] Zhou Z, Miang Y, Li Q. Overview and analysis of safety management studies in the construction industry[J]. Safety Science, 2015, 72: 337-350.

[10] 王志华. 地铁车站运营安全风险评价研究[D]. 北京:北京交通大学,2012.

[11] 崔立秋. 城市轨道交通运营安全管理模式研究[D]. 北京:北京交通大学,2009.

[12] 彭玲云. 城市轨道交通安全管理模式及应急管理研究[D]. 西安:长安大学,2014.

[13] 徐田坤. 城市轨道交通网络运营安全风险评估理论与方法研究[D]. 北京:北京交通大学,2012.

[14] Kyriakidis M, Hirsch R, Majumdar A. Metro railway safety: An analysis of accident precursors[J]. Safety Science, 2012, 50(7): 1535-1548.

[15] 陆莹,李启明,周志鹏. 基于模糊贝叶斯网络的地铁运营安全风险预测[J]. 东南大学学报,2010,40(5):1110-1114.

[16] Fleury D, Brenac T. Accident prototypical scenarios, a tool for road safety research and diagnostic studies[J]. Accident Analysis & Prevention, 2001, 33(2): 267-276.

[17] Tsai M C, Su C C. Scenario analysis of freight vehicle accident risks in Taiwan[J]. Accident Analysis & Prevention, 2004, 36(4): 683-690.

[18] Shibuya H, Cleal B, Kines P. Hazard scenarios of truck drivers' occupational accidents on and around trucks during loading and unloading[J]. Accident Analysis & Prevention, 2010, 42(1): 19-29.

[19] Kim D, Moon I, Lee Y, et al. Automatic generation of accident scenarios in domain specific chemical plants[J]. Journal of Loss Prevention in the Process Industries, 2003, 16(2): 121-132.

[20] Kim D, Kim J, Moon I. Integration of accident scenario generation and multiobjective optimization for safety-cost decision making in chemical processes[J]. Journal of Loss Prevention in the Process Industries, 2006, 19(6): 705-713.

[21] Arunraj N S, Maiti J. A methodology for overall consequence modeling in chemical industry[J]. Journal of Hazardous Materials, 2009, 169(1-3): 556-574.

[22] Hale A R, Ale B J M, Goossens L H J, et al. Modeling accidents for prioritizing prevention[J]. Reliability Engineering & System Safety, 2007, 92(12): 1701-1715.

[23] Brændeland G, Refsdal A, Stølen K. Modular analysis and modelling of risk scenarios with dependencies[J]. Journal of Systems and Software, 2010, 83(10): 1995-2013.

[24] Khakzad N, Khan F, Amyotte P. Safety analysis in process facilities: Comparison of fault tree and Bayesian network approaches[J]. Reliability Engineering and System Safety, 2011, 96(8): 925-932.

[25] Kontogiannis T, Leopoulos V, Marmaras N. A comparison of accident analysis techniques for safety-critical man-machine systems[J]. International Journal of Industrial Ergonomics, 2000, 25: 327-347.

[26] Nivolianitou Z S, Leopoulos V N, Konstantinidou M. Comparison of techniques for accident scenario analysis in hazardous systems[J]. Journal of Loss Prevention in the Process Industries, 2004, 17(6): 467-475.

[27] Centrone G, Ukovich W, Fanti M P P, et al. A Colored Petri Net Model of motorways for risk evaluation of HAZMAT transportation[C]. Conference Proceedings-IEEE International Conference on Systems, Man and Cybernetics, 2011: 562-567.

[28] Cheng Y-H, Yang L-A. A Fuzzy Petri Nets approach for railway traffic control in case of abnormality: Evidence from Taiwan railway system[J]. Expert Systems with Applications, 2009, 36(4): 8040-8048.

[29] Nývlt O, Haugen S, Ferkl L. Complex accident scenarios modelled and analysed by Stochastic Petri Nets[J]. Reliability Engineering & System Safety, 2015, 142: 539-555.

[30] 何杰,张娣,张小辉,等. 基于FTA-Petri网的地铁火灾事故安全性研究[J]. 中国安全科学学报,2009,19(10):77-82.

[31] 李珊珊,郑中义. 基于Petri网的船舶碰撞事故致因[J]. 大连海事大学学报,2010,36

(4):5-7.

[32] 牟海波,俞建宁,刘林忠. 基于模糊 Petri 网的交通事故致因建模分析[J]. 中国安全科学学报,2010,20(12):93-97.

[33] 杨萌萌,袁梅,许石青. 基于 Petri 网的煤矿瓦斯爆炸危险源分析[J]. 工矿自动化,2015,41(9):67-70.

[34] 张茜. 基于 Petri 网的网络脆弱性评估技术研究[D]. 哈尔滨:哈尔滨工程大学,2010.

[35] 吴迪,连一峰,陈恺,等. 一种基于攻击图的安全威胁识别和分析方法[J]. 计算机学报,2012,35(9):1938-1950.

[36] 王纯子,黄光球. 基于脆弱性关联模型的网络威胁分析[J]. 计算机应用,2010,30(11):3047-3050.

[37] Li Y, Lin X, Feng X, et al. Life safety evacuation for cross interchange subway station fire[J]. Procedia Engineering, 2012, 45: 741-747.

[38] Cai Y, Lin Z, Mao J, et al. Study on Law of Personnel Evacuation in Deep Buried Metro Station Based on the Characteristics of Fire Smoke Spreading[J]. Procedia Engineering, 2016, 135: 543-549.

[39] Qu L, Chow W K. Common practices in fire hazard assessment for underground transport stations[J]. Tunnelling and Underground Space Technology, 2013, 38: 377-384.

[40] Jiang C S, Deng Y F, Hu C, et al. Crowding in platform staircases of a subway station in China during rush hours[J]. Safety Science, 2009, 47(7): 931-938.

[41] Gao R, Li A, Zhang Y, et al. How domes improve fire safety in subway stations[J]. Safety Science, 2015, 80: 94-104.

[42] Jiang C S, Yuan F, Chow W K. Effect of varying two key parameters in simulating evacuation for subway stations in China[J]. Safety Science, 2010, 48(4): 445-451.

[43] 崔艳萍,唐祯敏,武旭. 基于 multi-agent 的地铁事故应急处理系统研究[J]. 铁道学报,2004,26(3):8-12.

[44] Metzger M J, Leemans R, Schroter D. A multidisciplinary multi-scale framework for assessing vulnerabilities to global change[J]. International Journal of Applied Earth Observation and Geoinformation, 2005, 7(4): 253-267.

[45] Masetti M, Sterlacchini S, Ballabio C, et al. Science of the Total Environment Influence of threshold value in the use of statistical methods for groundwater vulnerability assessment[J]. Science of the Total Environment, 2009, 407(12): 3836-3846.

[46] 樊运晓,高朋会,王红娟. 模糊综合评判区域承灾体脆弱性的理论模型[J]. 灾害学,2003,18(3):20-23.

[47] Gu I, Harttgen K. Estimating Households Vulnerability to Idiosyncratic and Covariate Shocks: A Novel Method Applied in Madagascar[J]. World Development, 2009, 37(7): 1222-1234.

[48] Ezell B C. Infrastructure Vulnerability Assessment Model (I-VAM)[J]. Risk

Analysis, 2007, 27(3): 571-583.

[49] Erath A, Birdsall J, Axhausen K W, et al. Vulnerability Assessment Methodology for Swiss Road Network[J]. Transportation Research Record: Journal of the Transportation Research Board, 2010, 2137: 118-126.

[50] Jenelius E. User inequity implications of road network vulnerability[J]. Journal of Transport and Land Use, 2010, 3(4): 57-73.

[51] 李鹤, 张平宇, 程叶青. 脆弱性的概念及其评价方法[J]. 地理科学进展, 2008, 27(2): 18-25.

[52] Burton C G. Social vulnerability and hurricane impact modeling[J]. Natural Hazards Review, 2010, 11(2): 58-68.

[53] Timmerman P. Resilience and the Collapse of Society: A Review of Models and Possible Climatic Applications[M]. Toronto: Institute for Environmental Studies, University of Toronto, 1981.

[54] Turner B L, Kasperson R E, Matson P A, et al. A framework for vulnerability analysis in sustainability science.[J]. Proceedings of the National Academy of Sciences of the United States of America, 2003, 100(14): 8074-8079.

[55] Dow K. Exploring differences in our common futures: the meaning of vulnerability to global environmental change[J]. Geoforum, 1992, 23(3): 417-436.

[56] Lankao P R, Qin H. Conceptualizing urban vulnerability to global climate and environmental change[J]. Current Opinion in Environment Sustainability, 2011(3): 142-149.

[57] 刘燕华, 李秀彬. 脆弱性生态环境与可持续发展[M]. 北京: 商务印书馆, 2001.

[58] Berkes F. Understanding uncertainty and reducing vulnerability: Lessons from resilience thinking[J]. Natural Hazards, 2007, 41(2): 283-295.

[59] Gallopín G C. Linkages between vulnerability, resilience, and adaptive capacity[J]. Global Environmental Change, 2006, 16(3): 293-303.

[60] Garrick B J, Hall J E, Kilger M, et al. Confronting the risks of terrorism: Making the right decisions[J]. Reliability Engineering and System Safety, 2004, 86(2): 129-176.

[61] Husdal J. Reliability and Vulnerability versus costs and benefits[C]. Proceeding of the 2nd International Symposium on Transportation Network Reliability (INSTR), Christchurch, 2004.

[62] Husdal J. The vulnerability of road networks in a cost-benefit perspective[C]. Washington DC: 84th Transportation Research Board Annual Meeting, 2005.

[63] Michael A P Taylor, Glen M D'Este. Transport network vulnerability: A method for diagnosis of critical locations in transport infrastructure systems[M]//Grubesic T H, Alan T Murray. Critical infrastructure: Reliability and vulnerability. New York: Springer Berlin Heidelberg, 2007: 9-30.

[64] Glen M D'Este, Taylor M A P. Network vulnerability: An approach to reliability

[64] analysis at the level of national strategic transport networks[C]//Michael Y I, Bell G H. The 1st International Symposium on Transportation Network Reliability. Oxford: Pergamon, 2003: 23-44.

[65] Taylor M A P. Critical Transport Infrastructure in Urban Areas: Impacts of Traffic Incidents Assessed Using Accessibility-Based Network Vulnerability Analysis[J]. Growth and Change, 2008, 39(4): 593-616.

[66] Chao Y, Yingfei T U, Xiaohong C. Analysis method for topology vulnerability of transportation network[C]. The 2nd International Conference on Transportation Engineering, Chengdu, 2009: 3639-3644.

[67] Yang L, Qian D. Vulnerability Analysis of Road Networks[J]. Journal of Transportation Systems Engineering and Information Technology, China Association for Science and Technology, 2012, 12(1): 105-110.

[68] Bell M G. A game theory approach to measuring the performance reliability of transport networks[J]. Transportation Research Part B: Methodological, 2000, 34(6): 533-545.

[69] Sohn J. Evaluating the significance of highway network links under the flood damage: An accessibility approach[J]. Transportation Research Part A: Policy and Practice, 2006, 40(6): 491-506.

[70] Jenelius E, Mattsson L-G. Road network vulnerability analysis: Conceptualization, implementation and application[J]. Computers, Environment and Urban Systems, 2015, 49: 136-147.

[71] Chen A, Yang C, Kongsomsaksakul S, et al. Network-based accessibility measures for vulnerability analysis of degradable transportation networks[J]. Networks and Spatial Economics, 2007, 7: 241-256.

[72] Piwowar J, Châtelet E, Laclémence P. An efficient process to reduce infrastructure vulnerabilities facing malevolence[J]. Reliability Engineering and System Safety, 2009, 94(11): 1869-1877.

[73] 谢欢. 地铁车站运营脆弱性评价体系研究[D]. 北京:北京交通大学,2014.

[74] 白亚飞. 大客流条件下地铁车站的脆弱性研究[D]. 北京:北京交通大学,2013.

[75] 窦元辰. 大客流状态下地铁脆弱性中暴露度研究[D]. 北京:北京交通大学,2015.

[76] 张子龙. 火灾扰动下的北京地铁车站脆弱性研究[D]. 北京:北京交通大学,2015.

[77] 王扬. 基于乘客行为模拟换乘站设施通行能力的研究[D]. 北京:北京交通大学,2010.

[78] Yuen J K K, Lee E W M. The effect of overtaking behavior on unidirectional pedestrian flow[J]. Safety Science, 2012, 50(8): 1704-1714.

[79] Minoru Fukui Y I. Self-organized phase transitions in CA-models for pedestrians[J]. Journal of the Physical Society of Japan, 1999, 68(8): 2861-2863.

[80] Tajima Y, Takimoto K, Nagatani T. Scaling of pedestrian channel flow with a bottleneck[J]. Physica A: Statistical Mechanics and its Applications, 2001, 294(1-2): 257-268.

[81] Helbing D, Farkas I, Vicsek T. Simulating dynamical features of escape panic[J]. Nature, 2000, 407(6803): 487-490.

[82] Henderson L. The statistics of crowd fluids[J]. Nature, 1971, 229: 381-383.

[83] Zarboutis N, Marmaras N. Searching efficient plans for emergency rescue through simulation: the case of a metro fire[J]. Cognition, Technology & Work, 2004, 6(2): 117-126.

[84] Hoogendoorn S P, Bovy P H L. Normative pedestrian behavior theory and modeling [C]//Michael A P Taylor. Transportation and traffic theory in the 21st century. Oxford: Elsevier Science, 2002: 219-245.

[85] O'Donnell I, Farmer R D T. Suicidal acts on metro systems: An international perspective[J]. Acta Psychiatrica Scandinavica, 1992, 86(1): 60-63.

[86] Erazo N, Baumert J J, Ladwig K-H. Factors associated with failed and completed railway suicides[J]. Journal of Affective Disorders, 2005, 88(2): 137-143.

[87] Lin P T, Gill J R. Subway train-related fatalities in New York City: accident versus suicide[J]. Journal of Forensic Sciences, 2009, 54(6): 1414-1418.

[88] Ladwig K-H, Baumert J J. Patterns of suicidal behaviour in a metro subway system: a study of 306 cases injured by the Munich subway, 1980—1999[J]. European Journal of Public Health, 2004, 14(3): 291-295.

[89] Dinkel A, Baumert J, Erazo N, et al. Jumping, lying, wandering: analysis of suicidal behaviour patterns in 1,004 suicidal acts on the German railway net[J]. Journal of psychiatric research, 2011, 45(1): 121-125.

[90] Niederkrotenthaler T, Sonneck G, Dervic K, et al. Predictors of suicide and suicide attempt in subway stations: a population-based ecological study[J]. Journal of Urban Health: Bulletin of the New York Academy of Medicine, 2012, 89(2): 339-353.

[91] Gershon R R M, Pearson J M, Nandi V, et al. Epidemiology of subway-related fatalities in New York City, 1990—2003[J]. Journal of Safety Research, 2008, 39(6): 583-588.

[92] Chung Y W, Kang S J, Matsubayashi T, et al. The effectiveness of platform screen doors for the prevention of subway suicides in South Korea[J]. Journal of Affective Disorders, 2016, 194: 80-83.

[93] 万欣,李启明,袁竞峰. 乘客异常行为引发地铁运行延误事件关键路径识别[J]. 中国安全科学学报,2014,24(9):152-158.

[94] 刘艳,汪彤,吴宗之. 地铁运营事故风险中的乘客因素分析[J]. 应用基础与工程科学学报,2006,14:329-334.

[95] 张琦,韩宝明,鲁放. 城市轨道交通乘客与车站环境交互作用特征[J]. 城市轨道交通研究,2011,10:44-48.

[96] 李逊. 城市轨道交通车站疏散乘客行为及影响分析[J]. 轨道交通,2012,6:120-123.

[97] 郭雩,何理,石杰红,等. 地铁不同人群疏散行为特征调查问卷研究[J]. 中国安全生产科学技术,2012,8(4):183-188.

[98] Reason J, Manstead A, Stradling S, et al. Errors and violations on the roads: a real distinction? [J]. Ergonomics, 1990, 33(10-11): 1315-1332.

[99] Parker D, Reason J, Manstead A, et al. Driving errors, driving violations and accident involvement[J]. Ergonomics, 1995, 38(5): 1036-1048.

[100] Eugenia Gras M, Sullman M J M, Cunill M, et al. Spanish drivers and their aberrant driving behaviours [J]. Transportation Research Part F: Traffic Psychology and Behaviour, 2006, 9(2): 129-137.

[101] Sullman M J M, Meadows M L, Pajo K B. Aberrant driving behaviours amongst New Zealand truck drivers[J]. Transportation Research Part F: Traffic Psychology and Behaviour, 2002, 5(3): 217-232.

[102] Lawton R, Parker D, Manstead A S R, et al. The Role of Affect in Predicting Social Behaviors: The Case of Road Traffic Violations[J]. Journal of Applied Social Psychology, 1997, 27(14): 1258-1276.

[103] Xie C, Parker D. A social psychological approach to driving violations in two Chinese cities [J]. Transportation Research Part F Traffic Psychology and Behaviour, 2002, 5(4): 293-308.

[104] Shi J, Bai Y, Ying X, et al. Aberrant driving behaviors: A study of drivers in Beijing[J]. Accident Analysis and Prevention, 2010, 42(4): 1031-1040.

[105] Kontogiannis T, Kossiavelou Z, Marmaras N. Self-reports of aberrant behaviour on the roads: Errors and violations in a sample of Greek drivers[J]. Accident Analysis and Prevention, 2002, 34(3): 381-399.

[106] Sullman M J M, Gras M E, Font-Mayolas S, et al. The pedestrian behaviour of Spanish adolescents[J]. Journal of Adolescence, 2011, 34(3): 531-539.

[107] Verschuur W L G, Hurts K. Modeling safe and unsafe driving behaviour[J]. Accident Analysis & Prevention, 2008, 40(2): 644-656.

[108] Evans D. Predicting adolescent pedestrians' road-crossing intentions: an application and extension of the Theory of Planned Behaviour[J]. Health Education Research, 2003, 18(3): 267-277.

[109] Yagil D. Beliefs, motives and situational factors related to pedestrians' self-reported behavior at signal-controlled crossings[J]. Transportation Research Part F: Traffic Psychology and Behaviour, 2000, 3: 1-13.

[110] Granié M A, Pannetier M, Guého L. Developing a self-reporting method to measure pedestrian behaviors at all ages[J]. Accident Analysis and Prevention, 2013, 50: 830-839.

[111] Papadimitriou E, Theofilatos A, Yannis G. Patterns of pedestrian attitudes, perceptions and behaviour in Europe[J]. Safety Science, 2013, 53: 114-122.

[112] Elliott M A, Baughan C J, Sexton B F. Errors and violations in relation to motorcyclists' crash risk[J]. Accident Analysis and Prevention, 2007, 39(3): 491-499.

[113] Elliott M A. Predicting motorcyclists' intentions to speed: Effects of selected

cognitions from the theory of planned behaviour, self-identity and social identity [J]. Accident Analysis and Prevention, 2010, 42(2): 718-725.

[114] Steg L, Brussel A Van. Accidents, aberrant behaviours, and speeding of young moped riders [J]. Transportation Research Part F: Traffic Psychology and Behaviour, 2009, 12(6): 503-511.

[115] Elliott M, Baughan C. Developing a self-report method for investigating adolescent road user behaviour[J]. Transportation Research Part F: Traffic Psychology and Behaviour, 2004, 7(6): 373-393.

[116] Sullman M J M, Mann H N. The road user behaviour of New Zealand adolescents [J]. Transportation Research Part F: Traffic Psychology and Behaviour, 2009, 12 (6): 494-502.

[117] Ajzen I. From intentions to actions: A theory of planned behavior[M]//Kuhl J B J. Action-control: From cognition to behavior. Heidelberg: Springer, 1985: 11-39.

[118] Ajzen I. The Theory of Planned Behavior[C]. Organisation Behavior and Human Decision Process, 1991: 179-211.

[119] Armitage C J, Conner M. Efficacy of the Theory of Planned Behaviour: A meta-analytic review[J]. British Journal of Social Psychology, 2001, 40(4): 471-499.

[120] Gaston Godin G K. The theory of planned behavior: A review of its applications to health-related behaviors[J]. American Journal of Health Promotion, 1996, 11: 87-98.

[121] Delhomme P, De Dobbeleer W, Forward S, et al. Manual for designing, implementing and evaluating road safety communication campaigns[R]. Brussels: Belgian Road Safety Institute, 2009: 1-328.

[122] Parker D, Manstead A S R, Stradling S G, et al. Intention to commit driving violations: An application of the theory of planned behavior[J]. Journal of Safety Research, 1994, 25(1): 63.

[123] Elliott M A, Armitage C J, Baughan C J. Drivers' compliance with speed limits: an application of the theory of planned behavior [J]. The Journal of Applied Psychology, 2003, 88(5): 964-972.

[124] Forward S E. The theory of planned behaviour: The role of descriptive norms and past behaviour in the prediction of drivers' intentions to violate[J]. Transportation Research Part F: Traffic Psychology and Behaviour, 2009, 12(3): 198-207.

[125] Elliott M A, Armitage C J, Baughan C J. Exploring the beliefs underpinning drivers' intentions to comply with speed limits[J]. Transportation Research Part F: Traffic Psychology and Behaviour, 2005, 8(6): 459-479.

[126] Warner H, Åberg L. Drivers' beliefs about exceeding the speed limits[J]. Transportation Research Part F: Traffic Psychology and Behaviour, 2008, 11(5): 376-389.

[127] Chorlton K, Conner M, Jamson S. Identifying the psychological determinants of

risky riding: an application of an extended Theory of Planned Behaviour[J]. Accident: analysis and prevention, 2012, 49: 142-153.

[128] Triandis H C. Values, attitudes, and interpersonal behavior[M]//Nebraska symposium on motivation, Lincoln: University of Nebraska Press, 1979: 195-259.

[129] Rogersa R W. A protection motivation theory of fear appeals and attitude change [J]. The Journal of Psychology: Interdisciplinary and Applied, 1975, 91(1): 93-114.

[130] Johansson J, Hassel H. An approach for modelling interdependent infrastructures in the context of vulnerability analysis[J]. Reliability Engineering & System Safety, 2010, 95(12): 1335-1344.

[131] 中华人民共和国建设部. 地铁运营安全评价标准 GB/T 50438—2007[S]. 北京:中国建筑工业出版社,2007.

[132] 赵惠祥. 城市轨道交通系统的运营安全性与可靠性研究[D]. 上海:同济大学,2006.

[133] 邓小鹏,周志鹏,李启明,等. 地铁工程 Near-miss 知识库构建[J]. 东南大学学报(自然科学版),2010,40(5):1103-1109.

[134] Michael Stamatelatos H D. Probabilistic Risk Assessment Procedures Guide for NASA Managers and Practitioners [M]. 2nd. Washington DC: NASA Headquarters, 2011.

[135] Chen S. Knowledge Representation Using Fuzzy Petri Nets[J]. IEEE Trans. Knowl. Data Eng., 1990, 2(3): 311-319.

[136] 贾立新,薛钧义,茹峰. 采用模糊 Petri 网的形式化推理算法及其应用[J]. 西安交通大学学报,2003,37(2):1263-1266.

[137] Bugarin A J, Barro S. Fuzzy reasoning supported by Petri nets[J]. IEEE Transactions on Fuzzy Systems, 1994, 2(2): 135-150.

[138] 中华人民共和国建设部. 城市轨道交通工程项目建设标准 建标 104—2008[S]. 北京:中国计划出版社,2008.

[139] 中华人民共和国住房和城乡建设部. 城市轨道交通技术规范 GB 50490—2009[S]. 北京:中国建筑工业出版社,2009.

[140] Corbett C. Explanations for "understating" in self-reported speeding behaviour[J]. Transportation Research Part F: Traffic Psychology and Behaviour, 2001, 4(2): 133-150.

[141] 张衍阁. 中国城市分级[J]. 第一财经周刊,2013(282).

[142] Ledesma R D, Universidad C, Mar N De, et al. Determining the Number of Factors to Retain in EFA: an easy-to-use computer program for carrying out Parallel Analysis[J]. Practical Assessment, Research & Evaluation, 2007, 12(2): 2-11.

[143] Field A. Discovering Statistics using IBM SPSS Statistics[M]. 4th. London: SAGE Publications Ltd, 2013.

[144] 王济川,郭志刚. Logistic 回归模型——方法与应用[M]. 北京:高等教育出版社,2002.

[145] Ajzen I. Attitudes, personality and behavior[M]. 2nd. New York: Open University Press, 2005.

[146] 段文婷,江光荣. 计划行为理论述评[J]. 心理科学进展,2008,16(2):315-320.

[147] Martin Fishbein I A. Belief, attitude, intention, and behavior: An introduction to theory and research[J]. Philosophy & Rhetoric, 1975, 10(2): 130-132.

[148] Conner M, Armitage C J. Extending the Theory of Planned Behavior: A Review and Avenues for Further Research[J]. Journal of Applied Social Psychology, 1998, 28: 1429-1464.

[149] Conner M S P. Theory of planned behaviour and health behaviour[M]// Conner M, Norman P. Predicting Health Behaviour. 2nd. Maidenhead: Open University Press, 2005: 170-222.

[150] Manstead A S R. The role of moral norm in the attitude-behavior relation[M]// Hogg M A, Terry Deborah J. Attitudes, behavior and social context: The role of norms and group membership. Mahwah, NJ: Lawrence Erlbaum, 2000: 11-30.

[151] Godin G, Conner M, Sheeran P. Bridging the intention-behaviour gap: The role of moral norm[J]. British Journal of Social Psychology, 2005, 44(4): 497-512.

[152] Stryker S. Identity theory: developments and extensions[M]//T Yardley, K Honess. Self and Identity. New York: Wiley, 1987: 89-104.

[153] Watson B, White K, Wishart D. Psychological and social factors influencing motorcycle rider intentions and behaviour[R]. Canberra: Australian Transport Saftery Bureau, 2007:1-149.

[154] Evans D, Norman P. Understanding pedestrians' road crossing decisions: an application of the theory of planned behaviour[J]. Health Education Research, 1998, 13(4): 481-489.

[155] Forward S E. The theory of planned behaviour: The role of descriptive norms and past behaviour in the prediction of drivers' intentions to violate[J]. Transportation Research Part F: Traffic Psychology and Behaviour, 2009, 12(3): 198-207.

[156] Ouellette J A, Wood W. Habit and intention in everyday life: the multiple processes by which past behavior predicts future behavior[J]. Psychological Bulletin, 1998, 124: 54-74.

[157] Conner M, Kirk S F, Cade J E, et al. Why do women use dietary supplements? The use of the theory of planned behaviour to explore beliefs about their use[J]. Social Science & Medicine, 2001, 52: 621-633.

[158] Zhou R, Horrey W J, Yu R. The effect of conformity tendency on pedestrians' road-crossing intentions in China: An application of the theory of planned behavior[J]. Accident Analysis & Prevention, 2009, 41(3): 491-497.

[159] Zhou R, Horrey W J. Predicting adolescent pedestrians' behavioral intentions to follow the masses in risky crossing situations[J]. Transportation Research Part F: Traffic Psychology and Behaviour, 2010, 13(3): 153-163.

[160] Phetvaroon K. Application of the theory of planned behavior to select a destination after a crisis: A case study of Phuket, Thailand[D]. Bangkok: Kasetsart University, 2006.

[161] 邹庆茹. 基于改进的计划行为理论的交通行为分析[D]. 北京:北京交通大学,2011.

[162] 苑凤霞. 基于计划行为理论的驾驶行为模型研究[D]. 西安:长安大学,2011.

[163] 冯俊辉. 基于心理学的行人交通违规行为的研究[D]. 昆明:昆明理工大学,2009.

[164] Ajzen I. Constructing a theory of planned behavior questionnaire[J]. Biofeedback and selfregulation, 2010, 17: 1-7.

[165] Ajzen I. Residual Effects of Past on Later Behavior: Habituation and Reasoned Action Perspectives[J]. Personality and Social Psychology Review, 2002, 6(2): 107-122.

[166] Andy Field. Discovering Statistics Using SPSS[M]. 3rd. London: SAGE publications Ltd, 2009:56-60.

[167] Tomczak M, Tomczak E. The need to report effect size estimates revisited. An overview of some recommended measures of effect size[J]. Trends in Sport Sciences, 2014,1(21):19-25.

[168] Cohen J. Statistical power analysis for the behavioral sciences[M]. 2nd. New Jersey: Hill sdale, 1988.

[169] 吴明隆. 结构方程模型——Amos 的操作与应用[M]. 重庆:重庆大学出版社,2009.

[170] 王其藩. 系统动力学[M]. 上海:上海财经大学出版社,2010.

[171] 贾一伟. 基于系统动力学的高校科技产业可持续发展研究[D]. 北京:北京交通大学,2013.

[172] 王子甲,陈峰,李小红. 地铁车站站台宽度计算方法改进及仿真评价[J]. 交通运输系统工程与信息,2012,12(5):168-173.

[173] 李三兵,陈峰,李程垒. 对地铁站台集散区客流密度与行进速度的关系探讨[J]. 城市轨道交通研究,2009,2:34-37.

[174] 李森荟. 城市轨道交通站台乘客行为规律与引导措施研究[D]. 北京:北京交通大学,2015.

[175] 吴娇蓉,马山,刘学丽. 设屏蔽门的岛式地铁车站站台宽度设计方法[J]. 同济大学学报(自然科学版),2015,43(10):1510-1515.

[176] 鲁放,韩宝明,蔡晓春. 城市轨道交通常乘客行为研究[J]. 城市轨道交通研究,2012,2:39-42.

附　　录

附录A　典型城市地铁乘客守则及乘车规定

北京市轨道交通乘客守则

第一条　为加强本市轨道交通运营安全管理,保障运营秩序,为乘客创造安全、便捷、和谐的乘车环境,依据《北京市轨道交通运营安全条例》等规定,制定本守则。

第二条　凡进入本市轨道交通各车站出入口、通道、站厅、站台和列车车厢的人员,均应遵守本守则。

第三条　乘客应遵守《北京市城市轨道交通车票使用规则》购票乘车。

第四条　乘客应当按照有关规定接受并配合安全检查。不接受安全检查的,安全检查人员可拒绝其进站乘车;拒不接受安全检查并强行进入车站或者扰乱安全检查现场秩序的,安全检查人员可制止并报公安机关依法处理。

第五条　乘客禁止携带法律、法规规定的违禁物品(具体禁止携带物品目录参见公安机关公告)。安全检查人员发现携带违禁物品的可按照规定处置并及时报告公安机关依法处理。

第六条　乘客携带的物品重量不得超过30千克,长度不得超过1.8米,宽和高均不得超过0.5米。不得携带妨碍车内及站内通行和对运营安全可能造成影响的其他物品乘车。

第七条　1.3米以下儿童须在成人陪同下乘车,以确保安全。

第八条　衣冠不整、醉酒肇事等不文明行为者及因疾病、健康状况可能危及其他乘客者不得进站乘车。

第九条　行动不便者、精神病患者等应当由其监护人或者其他健康成年人陪同乘车。

第十条　搭乘自动扶梯时,乘客应遵守乘梯安全要求,扶稳扶手带,不得倚靠扶梯侧壁,应靠右站立。

第十一条　乘客应遵守以下乘车规定:

(一)候车时应自觉排队,禁止越过安全线,禁止倚靠屏蔽门;

(二)乘车时应当先下后上,从车门两侧依次登车,留意列车与站台间的空隙;

(三)列车到达终点站,乘客应当全部下车;

(四)列车因故不能继续运行时,应当服从工作人员的安排或者换乘其他交通工具。

第十二条　严禁乘客下列行为:

(一)擅自进入轨道、隧道等高度危险活动区域;

(二)在轨道线路上放置、丢弃障碍物;

（三）列车车门或屏蔽门提示警铃鸣响时，禁止强行上下列车；车门或屏蔽门关闭后，禁止扒门；

（四）在非紧急状态下动用紧急或者安全装置；

（五）在车站、车厢或者疏散通道内堆放物品、设置摊点等影响疏散的行为；

（六）在运行的自动扶梯上逆行；

（七）其他危害轨道交通运营安全的行为。

第十三条　乘客应自觉为老、幼、病、残、孕、怀抱婴儿者或者其他有需要的人士让座和提供方便。

第十四条　乘客应当自觉保持车站、车厢的文明卫生。禁止吸烟、随地吐痰、便溺、吐口香糖、乱扔废弃物、乱写乱画；禁止携带宠物乘车（警犬、导盲犬除外）；禁止大声喧哗或者弹奏乐器、播放音乐等；不得踩踏车站和车厢内的座席。

第十五条　严禁损毁轨道交通范围内的各项设施、设备。严禁移动、遮盖或污损警示标志、疏散或导向标志、安全标志等。

第十六条　轨道交通范围内发生突发事件或意外情况时，乘客应当保持冷静，服从现场工作人员指挥或按广播提示有序疏散。

第十七条　乘客可配合运营单位通过乘客满意度调查等形式对轨道交通运营安全服务情况进行公众评价。

第十八条　乘客对轨道交通运营安全服务不满意的情况可向运营单位或市交通行政主管部门进行反映或投诉处理。

第十九条　乘客应自觉遵守本守则。违反本守则的，运营单位有权采取制止、劝离或者拒绝提供服务；违反法律法规规定的，应当依法移送交通部门或者公安部门处理。

第二十条　本守则自2016年2月1日起施行。

上海市轨道交通乘客守则

一、根据《上海市轨道交通管理条例》（以下简称《条例》）第二十九条规定，制定本守则。

二、凡进站、乘车的，应当遵守本守则。

三、乘客应当遵守以下有关票务管理的规定：

（一）乘客应当持有效车票乘车；

（二）越站乘车的，应当补交超过部分票款；持票进入收费区后，须在合理时间内出收费区，超出合理时间的，应当按照网络单程最低票价补交票款；

（三）享受乘车优惠的乘客应当持本人有效证件乘车。乘客不得冒用他人证件、使用伪造证件乘车。

四、残疾军人凭本人《中华人民共和国残疾军人证》、离休干部凭本人《中华人民共和国老干部离休荣誉证》或者《中国人民解放军离休干部荣誉证》、盲人凭本人《上海市盲人乘坐车船有轨交通免费证》、革命烈士家属凭本人《上海市革命烈士家属优待证》、伤残警察凭《中华人民共和国伤残人民警察证》可免费乘坐轨道交通。

五、乘客须在安全线内候车，乘车时应当先下后上，上、下列车应当注意站台间隙；列车车门蜂鸣器响，车门及屏蔽门、安全门警示灯亮，乘客不得强行上、下车；车门开启、关闭时，不得触摸车门；车到终点，乘客应当全部下车。

六、老、幼、病、残、孕妇及怀抱婴儿者优先上、下车,其他乘客应当主动让座。

七、乘客可以免费带领一名身高1.3米(含1.3米)以下的儿童乘车,超过一名的按超过人数购票。无成年人带领的学龄前儿童不得单独乘车。

八、乘客携带的物品重量不得超过23千克,体积不得超过0.2立方米,长度不得超过1.7米,并不得影响其他乘客乘车。

九、凡进站、乘车的,禁止下列行为:

(一)拦截列车;

(二)擅自进入轨道、隧道等禁止进入的区域;

(三)攀爬或者跨越围墙、栅栏、栏杆、闸机;

(四)强行上下车;

(五)吸烟,随地吐痰、便溺,乱吐口香糖渣,乱扔纸屑等杂物;

(六)擅自涂写、刻画或者张贴;

(七)擅自设摊、停放车辆、堆放杂物、卖艺、散发宣传品或者从事销售活动;

(八)乞讨、躺卧、收捡废旧物品;

(九)携带活禽以及猫、狗(导盲犬除外)等宠物;

(十)携带自行车(含折叠式自行车);

(十一)携带易燃、易爆、有毒、有放射性、有腐蚀性以及其他有可能危及人身和财产安全的危险物品;

(十二)携带有严重异味、未经安全包装的易碎、尖锐物品;

(十三)使用滑板、溜冰鞋;

(十四)非紧急状态下动用紧急或者安全装置。

十、赤脚、赤膊、油污衣裤者、醉酒肇事者、烈性传染病患者、无人监护的精神病患者或者健康状况危及他人安全者不得进站、乘车。

十一、乘客应当自觉保持车站、车厢的文明卫生,不得在列车车厢内饮食、大声喧哗,不得踩踏车站和车厢内座席。

十二、乘客应当正确使用轨道交通自动扶梯、自动售检票机、公共交通卡充值验票机及有关设施、设备。因乘客原因造成设施设备损坏的,乘客应当给予相应的经济赔偿。

十三、乘客应当自觉遵守轨道交通企业有关票务、安全等方面的服务须知,接受和配合安全检查,遵从服务、应急设施的使用提示,服从轨道交通工作人员的管理。发生纠纷时,可向轨道交通企业反映,但不得影响轨道交通工作人员的管理和轨道交通的正常运行。

十四、乘客违反《条例》及其他相关法律规定的,按照《条例》及其他有关法律规定予以处罚。

十五、本守则自2016年6月26日起施行。

深圳市城市轨道交通乘客守则

第一条 适用范围

为保障城市轨道交通运营秩序,给乘客创造安全、便捷、和谐的乘车环境,依据《深圳市城市轨道交通运营管理办法》的规定,特制定本守则。

凡进入城市轨道交通范围(含出入口、通道、站台、站厅、车厢)者均须自觉遵守本守则,遵守运营单位张贴的通告和播放的广播,听从运营单位工作人员的合理指示及要求,爱护城市轨道交通设施和公共环境卫生,讲究文明礼貌,共同维护乘车秩序。

第二条 客运对象

城市轨道交通的客运对象是乘客及随身携带的行李、物品。

乘客不得携带以下动物、物品进站乘车:

1. 除盲人乘车时携带的导盲犬及执行任务的军警犬外的其他活体动物。

2. 爆炸性、易燃易爆性、毒害性、腐蚀性、放射性物品及传染病病原体。

3. 除执行公务外的枪械弹药、管制刀具及各类攻击性武器。

4. 易污损、有严重异味或者无包装易碎的物品,未能妥善包装的肉制品及其他妨碍公共卫生、容易污损城市轨道交通设备和车站及列车环境的物品。

5. 充气气球、风筝、自行车(已折叠且符合行李规范的折叠自行车除外)、尖锐物品等有安全隐患或者影响应急逃生的物品。

6. 重量超过 30 千克或者外部尺寸长宽高之和超过 1.6 米的物品。

7. 其他影响公共安全、运营安全或者乘客人身、财产安全的物品。

禁止入站的物品样式和目录,由市公安机关会同主管部门公告,并由运营单位在车站内予以张贴、陈列。运营单位、公安机关及其授权委托单位可对乘客携带的物品进行检查。乘客应当接受、配合安全检查。

第三条 购票乘车

乘客持有效车票乘车,车票使用规则依据《深圳市城市轨道交通票务须知》处理,经检票后有序地进站乘车。

第四条 乘车秩序

乘客须遵守以下乘车秩序:

1. 乘客应配合运营单位的客流管理,有序排队候车,不得破坏运营单位临时或永久安放的排队设施、擅自调整可活动的排队设施。

2. 乘客在车站范围内行走,应时刻注意周边环境,不得边行走边查看移动电子设备、报纸、杂志或边做其他干扰正常行走的行为,不得奔跑、跳跃、抢行、冲撞或推挤他人等。

3. 乘客通过闸机进出站时,应排队依次刷票卡、投票,不冲闯闸机。推婴儿车、坐轮椅、携带行李的乘客应选用宽通道闸机。带领幼童通过闸机的,应将幼童抱起。带领享受免费乘车政策的小童通过闸机的,应小童在前、成人在后,紧接着通过闸机。需要从人工管理通道进出站的,应服从工作人员管理。

4. 乘客在站台层候车时,应按照站台地面箭头指示,在黄色安全线远离轨道侧排队候车,禁止在安全门或屏蔽门边缘与黄色候车线之间行走、坐卧、放置物品,不得互相推挤,乘车、候车时不要手扶或挤靠安全门、屏蔽门、车门。

5. 列车停稳后遵从先下后上原则,乘客按地面箭头指示从车门两侧依次登车,不得强行上下车,不得争抢座位。上下车时,应留意列车与站台间的空隙。列车车门蜂鸣器响,车门及屏蔽门、安全门警示灯亮,乘客应停止上下车。车门、屏蔽门、安全门开启、关闭时,不得触摸车门、屏蔽门和安全门。在车上应留意到站情况,留意车门开闭侧向,下车应提前准备。车到终点,乘客应全部下车。

6. 乘客在列车上应正当使用车厢内设施,坐好站稳,正确使用扶手,保持平衡。在车厢内不背靠扶手立杆,不在扶手立杆、横杆、拉杆、拉环等设施上嬉戏、挂系物品。不在座位上躺卧、放置行李,坐时自然放下腿部,不翘腿、不伸腿。当车厢内拥挤时,不翻阅大幅报刊。

7. 乘客在车站范围内或列车上不慎倾洒液体或其他物品,应及时联系工作人员进行清洁。携带雨具的,应注意避免弄湿其他乘客,持雨伞应伞尖朝下。

8. 乘客须留意随身携带的物品,在轨道范围不慎掉落物品,应请求工作人员协助捡拾。如果拾到他人遗落的物品,应交给工作人员处理。

9. 根据实际情况,为保障公众乘车安全和顺畅而应当遵守的其他乘车秩序。

第五条 安全与文明

乘客应安全使用车站内及列车上的各项设施:

1. 搭乘自动扶梯时注意乘梯安全,站稳保持平衡,紧握扶手带。

2. 垂直电梯使用者较多时,应排队候梯。携带大件行李、乘坐轮椅或婴儿车、拄拐杖、怀抱婴儿的乘客、孕妇及其他行动不便者应使用垂直电梯,并优先候梯。

3. 留意车站及列车上的各种安全警示标识,突发紧急情况时,正确使用逃生门、灭火器、电扶梯急停键、紧急停车按钮、紧急通话装置等安全设施,听从工作人员指挥,紧急疏散时按照疏散指示尽快到达安全区域。

4. 正确使用其他有关乘客及公众安全的设备设施。

学龄前儿童、高龄老年人、醉酒者、精神病患者、突发病人、残障人士、行动不便者以及其他需要帮助人士等乘客,乘搭城市轨道交通时须由有监护能力的健康成年人陪同。有监护能力的健康成年人应确保该等乘客安全乘搭城市轨道交通。无人陪同时,请及时联系车站工作人员,以便获得相应帮助。

乘客应提倡尊老爱幼文明乘车的美德,主动给老、幼、病、残、孕妇、抱婴者或者其他有需要的人士让座和提供方便。在乘车过程中,应保持文明礼貌,避免冲突。

第六条 场地秩序

乘客在城市轨道交通范围内禁止下列行为:

1. 在车站或者列车内滋事斗殴、酒后闹事、猥亵他人、衣冠不整或者有其他违反公序良俗的行为。

2. 妨碍列车正常运行,不服从运营单位对列车的调度安排。

3. 擅自进入轨道、隧道、桥梁或者其他有禁止进入标志的区域。

4. 攀爬或者跨越围墙、栅栏、栏杆、闸机、机车、安全门、屏蔽门等设施。

5. 冲抢、阻碍屏蔽门、安全门、列车车门开关或者强行上下车。

6. 在运行的自动扶梯或者活动平台跑动、打闹或者逆向行走;在垂直电梯中蹦跳、砸放重物或不正当使用垂直电梯。

7. 擅自操作有警示标识的按钮、开关等装置,非紧急情况下动用紧急安全装置。

8. 在车站或者列车内起哄、聚集、擅自拉横幅,扰乱乘车秩序或公共秩序。

9. 携带重量超过20千克或者外部尺寸长宽高之和大于1.4米的大件行李乘坐自动扶梯。

10. 堵塞通道及出入口,或者有其他阻碍、影响乘客顺畅通行的行为。

11. 抛投物体进入轨道运行区,或者使风筝、气球、飞行模型、孔明灯等进入、飞越城市轨道交通设施范围。

12. 在车站付费区及列车内饮食,但婴儿饮食除外。
13. 吸烟、点燃明火、随地吐痰、便溺、乱吐口香糖、乱扔果皮、纸屑等废弃物。
14. 涂写、刻画,擅自悬挂物品或者张贴、派发传单(广告)、礼品等。
15. 擅自设摊或者从事销售活动,擅自以营利为目的的招揽搬运行李、物品。
16. 揽客拉客、乞讨、捡拾垃圾(含报纸)、卖艺、躺卧、踩踏车站及车厢内的座位。
17. 穿溜冰鞋(板)滑行、追逐打闹、大声喧哗、弹奏乐器、播放音乐等影响乘客乘车。
18. 患有烈性传染病,健康状况危及其他乘客人身安全。
19. 其他违反城市轨道交通运营安全、运营秩序及城市轨道交通设施容貌、环境卫生管理规定的行为。

进入城市轨道交通范围内进行采访、拍摄、宣传、募捐、广告等活动的,须事先经运营单位同意,在运营单位工作人员的安排下进行相关活动。

第七条 安全管理

禁止下列危害城市轨道交通运营安全的行为:

1. 擅自移动、遮盖、损坏安全消防警示标识、疏散导向标志、测量设施及安全防护等设施。
2. 损坏车辆、隧道、桥梁、轨道、路基、车站等设施、设备。
3. 损坏或者干扰机电设备、电缆和通信信号系统。
4. 非法拦截列车或者阻碍列车正常运行。
5. 不当使用城市轨道交通设施,危害他人人身、财产安全或者城市轨道交通正常运营。
6. 在通风口、车站出入口、高架桥 50 米范围内存放有毒、有害、易燃、易爆、放射性和腐蚀性等物品。
7. 在车站出入口、通风亭、变电站、冷却塔外侧 5 米范围内堆放、晾晒物品,停放车辆,摆设摊点,候车拉客及其他妨碍乘客通行和救援疏散的行为。
8. 其他危害城市轨道交通运营安全的行为。

第八条 责任及其他

除本守则外,进入城市轨道交通范围者应同时遵守其他有效的各项法律、法规和规章。违反本守则和相关规定的,运营单位有权要求其纠正行为、拒绝其乘车或者责令其出站。违反治安管理规定的,移送公安机关依法处理。

进入城市轨道交通范围者违反本守则或其他有效的各项法律、法规和规章,或有其他过错,造成本人或他人伤亡或财产损失的,由行为人承担法律责任,造成运营单位损失的,由行为人负责赔偿。行为人有其他违法行为的,视情节轻重移交有关部门处理。

如乘客在轨道交通范围内有任何需要帮助的,应当及时与车站工作人员联系。

广州市城市轨道交通乘坐守则

第一条 为了加强轨道交通运营管理,维护轨道交通乘坐秩序,根据《广州市城市轨道交通管理条例》等规定,制定本守则。

第二条 凡进入轨道交通车站范围者(含出入口、通道),应当遵守《广州市城市轨道交通管理条例》及本守则。

第三条 轨道交通按照政府核定票价标准和优惠政策执行。

第四条 乘客凭有效车票乘坐轨道交通,实行一人一票制,一张车票不可多人同时使用,乘客应遵守轨道交通运营主体规定的票务规则购票乘车。

第五条 一名成年乘客可免费带一名身高不超过1.2米的儿童;所带的儿童超过1名的,按超过人数购票。身高超过1.2米的儿童须凭有效车票乘车。

第六条 乘客每次乘坐轨道交通从进闸到出闸的有效时限根据线网允许的最远乘车里程、列车的速度及乘客候车、换乘所需的合理时间确定,具体由轨道交通运营主体在各车站公示明确。

超过有效时限的,乘客除须缴交当次车程费用以外,还须缴交超时车费,但因轨道交通运营方面的原因导致的除外。

第七条 乘客所使用的车票,不足以支付所到达车站的实际车费时,须补交超程车费。

第八条 每位乘客可以携带总重量不超过30千克且外部尺寸长、宽、高之和不超过1.6米的行李,不需另付车费。总重量超过30千克或外部尺寸长、宽、高之和超过1.6米的行李,一律不得携带进站乘车。

第九条 乘客应自觉接受、配合轨道交通工作人员的安全检查,服从安全检查人员管理,维护安全检查秩序。

第十条 乘客禁止携带以下物品乘坐轨道交通:

(一)枪械弹药和管制刀器具,但国家安全、军务、警务、海关等特种人员持有效证件执行公务的除外;

(二)宠物、家禽等动物,但正在执行公务的专用动物以及有识别标志,且采取保护措施的导盲犬只除外;

(三)易燃、易爆、有毒、放射性、腐蚀性等危险品;

(四)可能危及乘客人身安全或影响轨道交通设施安全的物品(含充气气球),但用于应急抢险的工具除外;

(五)法律、法规、规章规定的其他禁止持有、携带、运输的物品。

第十一条 在车站(含站台)、列车或其他轨道交通设施内禁止以下行为:

(一)追逐打闹、滋事斗殴;

(二)攀爬或者翻越围墙、栏杆、闸机、机车等;

(三)擅自进入轨道、隧道或其他有警示标志的区域;

(四)强拉车门或屏蔽门,阻止车门或屏蔽门关闭,强行上下车;

(五)非法拦截列车,阻断运输;

(六)擅自操作有警示标志的按钮、开关装置;非紧急状态下动用紧急或安全装置;

(七)损害、毁坏轨道交通设施或擅自移动、遮盖轨道交通设施范围内的安全消防警示标志、疏散导向标志、测量设施以及安全防护设备;

(八)在轨道上放置、丢弃障碍物,向列车、机车、维修工程车等设施投掷物品;

(九)携带自行车及手推车乘车,但符合本守则第八条携带行李规定的除外;

(十)故意干扰轨道交通专用通信频率;

(十一)其他危害轨道交通设施安全或影响运营秩序的行为。

第十二条 乘客应当自觉维护车站和列车整洁,爱护公共财物,维护公共秩序,禁止在车站(含站台)、列车或其他轨道交通设施内有以下行为:

(一) 停放车辆、堆放杂物、摆设摊档或者未经许可派发印刷品;
(二) 吸烟,随地吐痰,便溺,乱吐口香糖,乱扔果皮、纸屑等废弃物;
(三) 乱刻,乱写,乱画,乱张贴、悬挂物品;
(四) 乞讨、卖艺、捡拾垃圾;
(五) 兜售物品或进行其他营销活动;
(六) 躺卧、踩踏座席;
(七) 食用有刺激性气味的食品,使用可能伤及他人的餐具(餐刀、餐叉等);
(八) 使用滑板和溜冰鞋;
(九) 其他影响轨道交通公共场所容貌、环境卫生的行为。

第十三条 行动不便者、学龄前儿童必须由健康成年人陪同进站乘车;对于因服用酒精、药物、其他原因而神志不清者或精神障碍患者,须有健康成年人陪同、看护。

第十四条 乘客搭乘轨道交通设施范围内自动扶梯时,应握紧扶手、站稳,同行人应照顾好第十三条所列人员,不得在扶梯上打闹、奔跑、逆行。乘客搭乘轨道交通设施范围内垂直电梯时,应和电梯门保持一定距离,不得在电梯内打闹或蹦跳。

第十五条 乘客应在站台黄色安全线内侧排队候车,在车停稳后依次上车;候车时应照看好同行的第十三条所列人员;禁止在站台边缘与黄色安全线之间行走、坐卧、放置物品或倚靠屏蔽门、站台安全护栏。

列车到达终点站后,乘客应当下车,不得在车厢内逗留。

第十六条 禁止在车站、列车内互相推搡,乘客应注意自我保护,防止掉下站台或被列车挤伤。

上下车时,乘客应留意列车与站台间的空隙,当列车与屏蔽门出现灯闪铃响时,停止上下车。乘车时不要手扶列车车门或挤靠车门。

第十七条 乘客通过轨道交通设施范围内的扇门闸机时,应照顾好同行的第十三条所列人员;不得用手触摸闸机扇门;通过闸机后,不得在闸机通道停留或往返行走。

第十八条 轨道交通客流量激增,严重影响运营秩序,可能危及运营安全时,轨道交通运营主体可以采取限制客流的临时措施,乘客应服从工作人员的指挥。

第十九条 发生自然灾害、安全事故或者其他突发事件时,乘客应服从工作人员的组织指挥或按轨道交通运营主体制定的安全指引操作和疏散。

第二十条 本守则所称车票,是指轨道交通运营主体发行的车票、已与轨道交通运营主体签订协议准许在轨道交通使用的车票以及准许在轨道交通使用的纪念票等特别车票。特别车票的发行公告在票务方面有特别规定的,适用特别规定。

本守则所称不超过,均包含本数。

第二十一条 违反本守则构成违反相关其他法律法规的,按照《广州市城市轨道交通管理条例》的规定移送其他相关部门依法处理;涉嫌犯罪的,依法移送司法机关处理。

第二十二条 本守则自 2016 年 11 月 1 日起施行,有效期五年,有关法律政策依据变化或有效期届满,根据实施情况依法评估修订。

南京市城市轨道交通乘客守则

第一条 乘客须遵守以下票务管理规定:

（一）乘客须持同一张有效车票进出轨道交通付费区，实行一人一票制，一张车票不可多人同时使用；

（二）单程票当日当站进站有效，出站回收，隔日作废。当日购买的单程票，未经使用（即无进、出站信息）时，可在购买当日至售卖车站补票（问询）处办理退票手续。车票已在闸机上验票但乘客因故未能进闸的，自验票起20分钟内可在同一站点免费进站乘车，超过20分钟后单程票作废并予以回收；

（三）乘客进入轨道交通付费区后，车票本次使用有效时间为300分钟，乘客应在车票使用有效时间内出站。超时出站，乘客须补交线网最高单程票价后方可出站；

（四）乘客在车票有效时间内进出同一车站付费区，单程票在出闸时由闸机回收，计次卡扣除一个乘次，其他车票按车票对应折扣进行扣值；

（五）乘客进站乘车车票未刷好，需补交此次乘车费用后，方可出站；乘客乘坐超程时，需补交超过部分乘车费用后，方可出站；乘客上次乘车车票出站未刷好，需补交上次乘车费用后，方可进站；

（六）乘客须配合轨道交通经营单位工作人员查验车票。无票或者持无效车票乘车的，按照线网最高票价补收票款；冒用他人乘车证件乘坐列车的，加收线网最高票价二倍以上十倍以下票款；持伪造证件乘坐列车的，加收线网最高票价五倍以上十倍以下票款，情节严重的，移交公安机关处理；

（七）身高在1.3米以下（含1.3米）的儿童免费乘车，其他按规定可以免费或者优惠乘车的乘客，需主动出示有效证件或乘车卡，经查验或刷卡后乘车。

第二条　乘客应当文明有序进站乘车，自觉维护车站和列车内秩序：

（一）乘客携带的物品重量不得超过20公斤，长、宽、高之和不得超过1.8米。列车拥挤时，携带行李物品的乘客应当听从轨道交通经营单位工作人员的安排，不得强行上车；

（二）乘坐无障碍电梯时先出后进、电梯满员时不得强行进入；

（三）在安全区域内排队候（上）车，协助老、弱、病、残、孕及有需要的乘客优先上下车，主动为其让座；

（四）上下车时，应留意列车与站台间的空隙；当列车关门的提示警铃鸣响、提示灯闪烁时，应停止上下车；乘车时，不要手扶车门或靠近车门。

第三条　精神病患者、智障人士、行动不便者、身高在1.3米以下（含1.3米）的儿童等需在有监护能力的健康成年人陪同下乘车。

禁止患有烈性传染病、健康状况危及他人安全者进站、乘车。

第四条　在轨道交通车站和列车内禁止以下行为：

（一）携带易燃、易爆、有毒和有放射性、腐蚀性以及其他可能危及人身和财产安全的危险物品与违禁物品进站、乘车；

（二）携带活禽和猫、狗等宠物以及其他可能妨碍轨道交通运营的动物（盲人携带导盲犬除外）进站、乘车；

（三）携带充气气球、自行车（含折叠式自行车）等物品或使用滑轮鞋、滑板等进站、乘车；

（四）损害各类轨道交通设施设备；

（五）擅自进入轨道、隧道或者其他有禁止进入标志的区域；

（六）攀爬或者翻越围墙、栏杆、闸机、机车等；

（七）阻碍安全门、车门关闭，强行上下车，倚靠屏蔽门；

（八）在列车车厢内饮食；

（九）赤脚、赤膊、醉酒肇事、吸烟、大声喧哗、随地吐痰、吐口香糖、乱扔果皮纸屑、便溺等不文明行为；

（十）在车站和列车上乞讨、卖艺、躺卧、捡拾废旧物品；

（十一）随意涂写、刻画、张贴或者悬挂物品；

（十二）堆放杂物或者停放车辆；

（十三）其他影响运营安全、环境卫生及有损社会公德的不文明行为。

第五条　列车到达终点站或因列车故障等原因清客时，乘客应服从轨道交通经营单位工作人员的指挥。车站或列车发生意外情况时，乘客应在工作人员的指挥及广播的提示下，有序疏散。

第六条　乘客对轨道交通经营单位违反运营服务承诺及相关规定的行为可以向相关管理部门投诉，但不得影响轨道交通的正常运行。

第七条　乘客违反本守则的，轨道交通经营单位有权劝阻和制止，对不听劝阻者可责令其离开，拒绝为其提供客运服务；因乘客原因造成设备损坏或他人伤害者，乘客应承担相应的民事责任；情节严重的，可以移交执法部门依法处理。

第八条　本守则自发布之日起施行。

附录 B 地铁乘客行为量表(MPBQ)

地铁乘客行为调查问卷

您好,非常欢迎参加"地铁乘客行为"调研。该研究旨在降低乘客行为对地铁运行的影响,进而为提高城市地铁运行安全性提供支持。您的认真回答将会保证数据分析的可靠性。需要强调的是,您的任何回答都是保密的,研究成果中也不会出现任何跟您个人有关的信息,非常感谢您的支持和参与!

与本调研任何有关问题,请联系:×××博士,×××@×××,186××××××××。

一、地铁乘客行为调查

请您凭印象对您在乘坐地铁时发生以下行为的频率在相应位置打"√"。

1-从不发生,2-几乎不发生,3-偶尔发生,4-经常发生,5-总是发生。

序号	您发生以下行为的频率是	从不	几乎不	偶尔	经常	总是
1	从单向入口离开车站或从单向出口进入车站	1	2	3	4	5
2	在车站内逆着人流方向穿梭行走	1	2	3	4	5
3	在运行的自动扶梯上跑动(正向或逆向)	1	2	3	4	5
4	在自动扶梯上不靠右侧站立阻碍他人通行	1	2	3	4	5
5	使用停止运行的自动扶梯	1	2	3	4	5
6	对自动购票机不熟悉,买错车票或影响他人购票	1	2	3	4	5
7	翻越闸机或护栏	1	2	3	4	5
8	逃票	1	2	3	4	5
9	遗失车票	1	2	3	4	5
10	携带禁止性物品	1	2	3	4	5
11	携带超重、超大物品	1	2	3	4	5
12	在车站内吸烟	1	2	3	4	5
13	在车站内随地吐痰、乱扔废物	1	2	3	4	5
14	在车站内赤脚、赤膊	1	2	3	4	5
15	在车站内追逐、打闹	1	2	3	4	5
16	醉酒后乘车	1	2	3	4	5
17	在车站内与其他乘客发生冲突	1	2	3	4	5
18	到达站台后选择最近的车门候车,懒得走到乘客较少的车门	1	2	3	4	5
19	候车时注意力全部集中在手机、报纸等娱乐上	1	2	3	4	5
20	候车时越过安全黄线	1	2	3	4	5

21	候车时不排队或站在下客区	1	2	3	4	5
22	不遵守先下后上抢行上车	1	2	3	4	5
23	关门警铃响后,继续上下车	1	2	3	4	5
24	强行扒开车门上下车	1	2	3	4	5
25	上车后不往车厢内移动,拥堵在车门口	1	2	3	4	5
26	擅自进入轨道区	1	2	3	4	5
27	随身携带物品掉入轨道区	1	2	3	4	5
28	非紧急状态下使用应急设备	1	2	3	4	5
29	在车厢内不拉住固定物体站立	1	2	3	4	5
30	倚靠车门或屏蔽门站立	1	2	3	4	5
31	站在车厢内注意力全部集中在手机、报纸等娱乐上	1	2	3	4	5
32	下错车站或坐反方向	1	2	3	4	5

二、基本信息

1. 性别:□男　□女
2. 年龄:□25及以下　□26~35　□36~45　□46及以上
3. 学历:□高中、中专及以下　□大学、大专　□硕士及以上
4. 您乘坐地铁所在的城市是:_____
5. 您通常在什么时间乘坐地铁?　□早高峰或晚高峰时段　□平峰时段
6. 您通常乘坐_____站地铁?　□1~5　□6~10　□11及以上
7. 您搭乘地铁通常是去?　□上下班　□办事　□购物或游玩　□其他
8. 在近三年内,您乘坐地铁时发生过任何由于您行为导致的危险情况吗?(如有人受伤或险些受伤、列车非正常运行等情况)　□是　□否　如果是,该情况是_____

若您觉得尚有其他乘客行为对地铁运行安全有重要影响,或对本调研有任何建议请写在下面:

_____

_____

问卷已结束,非常感谢您的工作!

附录 C 地铁车站员工评估量表(MSEQ)

地铁乘客行为评估调查问卷

您好,非常欢迎参加"地铁乘客行为"调研。该研究旨在降低乘客行为对地铁运行的影响,进而为提高城市地铁运行安全性提供支持。您的认真回答将会保证数据分析的可靠性。您的任何回答都是保密的,研究成果中也不会出现任何跟您个人有关的信息,非常感谢您的支持和参与!

与本调研任何有关问题,请联系:×××博士,×××@×××,186×××××××××。

一、地铁乘客行为评估

请您根据经验,对乘客发生以下行为的频率及其危险性认真勾画出您所认为的答案,答案没有好坏和对错之分。

发生频率:1-从不发生;2-几乎不发生;3-偶尔发生;4-经常发生;5-总是发生。

危险程度:1-没有危险,仅使自己尴尬或不方便;2-低危险;3-中等危险;4-高危险。

危险对象:N-无;P-对乘客有危险;S-对车站运行有危险;P&S-对乘客和车站运行都有危险。

序号	乘客行为	发生频率					危险程度				危险对象			
		从不	几乎不	偶尔	经常	总是	没危险	低危险	中危险	高危险	无	乘客	车站运行	两者都有
1	从单向入口离开车站或从单向出口进入车站	1	2	3	4	5	1	2	3	4	A	B	C	D
2	在车站内逆着人流方向穿梭行走	1	2	3	4	5	1	2	3	4	A	B	C	D
3	在运行的自动扶梯上跑动(正向或逆向)	1	2	3	4	5	1	2	3	4	A	B	C	D
4	在自动扶梯上不靠右侧站立阻碍他人通行	1	2	3	4	5	1	2	3	4	A	B	C	D
5	使用停止运行的自动扶梯	1	2	3	4	5	1	2	3	4	A	B	C	D
6	对自动购票机不熟悉,买错车票或影响他人购票	1	2	3	4	5	1	2	3	4	A	B	C	D
7	翻越闸机或护栏	1	2	3	4	5	1	2	3	4	A	B	C	D
8	逃票	1	2	3	4	5	1	2	3	4	A	B	C	D
9	遗失车票	1	2	3	4	5	1	2	3	4	A	B	C	D
10	携带禁止性物品	1	2	3	4	5	1	2	3	4	A	B	C	D
11	携带超重、超大物品	1	2	3	4	5	1	2	3	4	A	B	C	D
12	在车站内吸烟	1	2	3	4	5	1	2	3	4	A	B	C	D

13	在车站内随地吐痰、乱扔废物	1	2	3	4	5	1	2	3	4	A	B	C	D
14	在车站内赤脚、赤膊	1	2	3	4	5	1	2	3	4	A	B	C	D
15	在车站内追逐、打闹	1	2	3	4	5	1	2	3	4	A	B	C	D
16	醉酒后乘车	1	2	3	4	5	1	2	3	4	A	B	C	D
17	在车站内与其他乘客发生冲突	1	2	3	4	5	1	2	3	4	A	B	C	D
18	到达站台后选择最近的车门候车,懒得走到乘客较少的车门	1	2	3	4	5	1	2	3	4	A	B	C	D
19	候车时注意力全部集中在手机、报纸等娱乐上	1	2	3	4	5	1	2	3	4	A	B	C	D
20	候车时越过安全黄线	1	2	3	4	5	1	2	3	4	A	B	C	D
21	候车时不排队或站在下客区	1	2	3	4	5	1	2	3	4	A	B	C	D
22	不遵守先下后上,抢行上车	1	2	3	4	5	1	2	3	4	A	B	C	D
23	关门警铃响后,继续上下车	1	2	3	4	5	1	2	3	4	A	B	C	D
24	强行扒开车门上下车	1	2	3	4	5	1	2	3	4	A	B	C	D
25	上车后不往车厢内移动,拥堵在车门口	1	2	3	4	5	1	2	3	4	A	B	C	D
26	擅自进入轨道区	1	2	3	4	5	1	2	3	4	A	B	C	D
27	随身携带物品掉入轨道区	1	2	3	4	5	1	2	3	4	A	B	C	D
28	非紧急状态下使用应急设备	1	2	3	4	5	1	2	3	4	A	B	C	D
29	在车厢内不拉住固定物体站立	1	2	3	4	5	1	2	3	4	A	B	C	D
30	倚靠车门或屏蔽门站立	1	2	3	4	5	1	2	3	4	A	B	C	D
31	站在车厢内注意力全部集中在手机、报纸等娱乐上	1	2	3	4	5	1	2	3	4	A	B	C	D
32	下错车站或坐反方向	1	2	3	4	5	1	2	3	4	A	B	C	D

二、基本信息

1. 您的工作职务是：□司机　□调度员　□站务员　□值班员　□值班站长　□票务员　□保安　其他＿＿＿＿＿＿
2. 您的学历是：□高中、中专及以下　□大学、大专　□硕士　□博士
3. 您在地铁运营公司工作的年限是：□1年以下　□1～3年　□3～5年　□5～10年　□10年以上
4. 您是否参与过客运故障或事故的处理？　□是　□否
5. 在地铁运营实际中，以下哪两项原因相对最常导致地铁的非正常运行？
□设备系统故障　□工作人员失误　□乘客异常行为　□自然灾害　□人为恶意或恐怖袭击　其他＿＿＿＿＿＿

若您觉得尚有其他乘客行为对地铁运行安全有重要影响，或对本调研有任何建议请写在下面：

＿＿

问卷已结束，非常感谢您的工作！

附录 D　突显信念引出的先导调研设计

情景一：一个工作日的早晨，你搭乘地铁去上班或办事，当你到达站台时关门警铃响起，车门即将开始关闭，此时，你加快脚步从最近的车门跳上了车。

情景二：一个工作日的早晨，你搭乘地铁去上班或办事，当你准备上车时车门已经开始关闭，此时，你用手或身体其他部位阻挡正在关闭的车门，并快速挤上了车。

情景一：
1. 在这种情况下，您认为加快速度跑上车的优点是什么，缺点是什么？
   优点：

   缺点：

2. 您能想到哪些人会赞同/反对您在这种情况下加快速度跑上车？（如家人、朋友/搭档、车站管理人员等）
   赞成：

   反对：

3. 在这种情况下，哪些个人或环境因素会使您更有可能/更不可能加快速度跑上车？
   更有可能：

   更不可能：

4. 在这种情况下，以下因素对您是否会加快速度跑上车有重要影响吗？
   □过去的行为经历　□个人道德观念　□安全意识　□情绪因素　□其他人的示范
5. 将来遇到类似的情况，您有可能加快速度跑上车吗？

情景二：

1. 在这种情况下，您认为阻挡车门关闭挤上车的优点是什么，缺点是什么？
   优点：

   缺点：

2. 您能想到哪些人会赞同/反对您在这种情况下阻挡车门关闭挤上车？（如家人、朋友/搭档、车站管理人员等）
   赞成：

   反对：

3. 在这种情况下，哪些个人或环境因素会使您更有可能/更不可能阻挡车门关闭挤上车？
   更有可能：

更不可能：

4. 在这种情况下,以下因素对您是否会阻挡车门关闭挤上车有重要影响吗？
   □过去的行为经历　□个人道德观念　□安全意识　□情绪因素　□其他人的示范
5. 将来遇到类似的情况,您有可能阻挡车门关闭挤上车吗？

受访者基本信息：

1. 性别：□男　□女
2. 年龄：□16～25　□26～35　□36～45　□46～55　□56及以上
3. 学历：□高中、中专及以下　□大学、大专　□硕士　□博士
4. 您目前或曾经需要经常搭乘地铁吗？　□是(一周一次以上)　□否
   如果您经常搭乘地铁,您通常需要乘坐_____站。
5. 在乘坐地铁过程中您最看重的是：□效率性　□舒适性　□安全性
6. 您乘坐地铁时发生过或看到他人发生过任何危险情况吗？（指有人受伤或险些受伤、列车非正常运行等情况）　□是　该情况是_____　□否
7. 您认为自己的安全意识？　□很高　□较高　□一般　□较低　□很低

附录 E　地铁乘客危险行为心理认知量表(PRBQ)

地铁乘客行为心理认知调查问卷

您好，非常欢迎参加"地铁乘客行为"心理认知调研。该研究旨在降低乘客行为对地铁运行的影响，进而为提高城市地铁运行安全性提供支持。您的认真回答将会保证数据分析的可靠性。需要强调的是，您的任何回答都是保密的，研究成果中也不会出现任何跟您个人有关的信息，非常感谢您的支持和参与！

与本调研任何有关问题，请联系：×××博士，×××@×××，186××××××××。

一、作答说明

首先请您仔细阅读两个假设的乘客危险行为场景，需要您充分地理解场景，直到把自己想象成场景中的那个人，然后回答每个场景后设置的选择题。对于不同的行为场景，要回答的问题形式都类似于：

例子：您觉得今天下雨的可能性有多大？

非常不可能　　　　　　　　　　　　　　　　　　　　　　　　　　　　　非常可能
　1　　　　2　　　　3　　　　4　　　　5　　　　6　　　　7

如果您觉得今天"非常不可能"下雨可以选择"1"，如果您觉得今天"非常可能"下雨可以选择"7"，中间的数字从"2"到"6"表示可能性等量地增加。在理解题意后，您可以凭第一感觉认真勾画出您所认为的答案，答案没有好坏和对错之分。还有一些题目使用诸如"非常好""非常安全""非常同意"等词语，但回答的方式是一致的。

二、地铁乘客行为心理认知调查

场景一：一个工作日的早晨，你搭乘地铁去上班或办事，当你到达站台时关门警铃响起，车门即将开始关闭，此时，你加快脚步从最近的车门跳上了车。

BI

1. 如果你处于这种情况，你快速跑上车的可能性有多大？

非常不可能　　　　　　　　　　　　　　　　　　　　　　　　　　　　　非常可能
　1　　　　2　　　　3　　　　4　　　　5　　　　6　　　　7

2. 如果我处于这种情况，我觉得我会快速跑上车的。

非常不同意　　　　　　　　　　　　　　　　　　　　　　　　　　　　　非常同意
　1　　　　2　　　　3　　　　4　　　　5　　　　6　　　　7

143

3. 将来你处于这种情况,你快速跑上车的可能性有多大?
   非常不可能   非常可能
      1   2   3   4   5   6   7

Att

4. 这种情况下快速跑上车可以使我节省时间。
   非常不可能   非常可能
      1   2   3   4   5   6   7

5. 这种情况下快速跑上车会使我被车门夹。
   非常不可能   非常可能
      1   2   3   4   5   6   7

6. 这种情况下快速跑上车会造成列车故障。
   非常不可能   非常可能
      1   2   3   4   5   6   7

7. 这种情况下快速跑上车可以让我赶上车。
   非常不可能   非常可能
      1   2   3   4   5   6   7

8. 这种情况下快速跑上车会使我感到幸运。
   非常不可能   非常可能
      1   2   3   4   5   6   7

9. 这种情况下快速跑上车会使我受伤。
   非常不可能   非常可能
      1   2   3   4   5   6   7

10. 这种情况下,节省时间对我来说是一件_____事情。
    非常坏的   非常好的
       1   2   3   4   5   6   7

11. 这种情况下,被车门夹对我来说是一件_____事情。
    非常坏的   非常好的
       1   2   3   4   5   6   7

12. 这种情况下,造成列车故障对我来说是一件_____事情。
    非常坏的   非常好的
       1   2   3   4   5   6   7

13. 这种情况下,即使我还有些时间,赶上这班车对我来说是一件_____事情。
    非常坏的   非常好的
       1   2   3   4   5   6   7

14. 这种情况下,感到幸运对我来说是一件_____事情。
    非常坏的   非常好的
       1   2   3   4   5   6   7

15. 这种情况下,在赶车过程中受伤对我来说是一件_____事情。
    非常坏的   非常好的
       1   2   3   4   5   6   7

SN

16. 站台工作人员会认为这种情况下我可以快速跑上车。
    非常不可能   非常可能
       1   2   3   4   5   6   7

17. 一般来说,我愿意按站台工作人员所认为的方式乘车。
    非常不同意   非常同意
       1   2   3   4   5   6   7

18. 对我重要的人认为这种情况下我可以快速跑上车。
   非常不可能　　　　　　　　　　　　　　　　　　　　　　　　非常可能
   　　1　　　　2　　　　3　　　　4　　　　5　　　　6　　　　7
19. 一般来说,我愿意按对我重要的人所认为的方式上车。
   非常不同意　　　　　　　　　　　　　　　　　　　　　　　　非常同意
   　　1　　　　2　　　　3　　　　4　　　　5　　　　6　　　　7
20. 其他乘客会认为这种情况下我可以快速跑上车。
   非常不可能　　　　　　　　　　　　　　　　　　　　　　　　非常可能
   　　1　　　　2　　　　3　　　　4　　　　5　　　　6　　　　7
21. 一般来说,我愿意按其他乘客所认为的方式上车。
   非常不同意　　　　　　　　　　　　　　　　　　　　　　　　非常同意
   　　1　　　　2　　　　3　　　　4　　　　5　　　　6　　　　7

PBC
22. 我乘坐地铁时经常是快迟到/赶时间的。
   非常不同意　　　　　　　　　　　　　　　　　　　　　　　　非常同意
   　　1　　　　2　　　　3　　　　4　　　　5　　　　6　　　　7
23. 这种情况下,快迟到/赶时间会使我_____快速跑上车。
   非常不可能　　　　　　　　　　　　　　　　　　　　　　　　非常可能
   　　1　　　　2　　　　3　　　　4　　　　5　　　　6　　　　7
24. 我觉得地铁站台上经常有工作人员在维持秩序。
   非常不同意　　　　　　　　　　　　　　　　　　　　　　　　非常同意
   　　1　　　　2　　　　3　　　　4　　　　5　　　　6　　　　7
25. 这种情况下,有站台工作人员维持秩序会使我_____快速跑上车。
   非常不可能　　　　　　　　　　　　　　　　　　　　　　　　非常可能
   　　1　　　　2　　　　3　　　　4　　　　5　　　　6　　　　7
26. 我觉得自己经常能在车门关闭之前从最近的车门快速跑上车。
   非常不同意　　　　　　　　　　　　　　　　　　　　　　　　非常同意
   　　1　　　　2　　　　3　　　　4　　　　5　　　　6　　　　7
27. 这种情况下,有能力在车门关闭前上车会使我_____快速跑上车。
   非常不可能　　　　　　　　　　　　　　　　　　　　　　　　非常可能
   　　1　　　　2　　　　3　　　　4　　　　5　　　　6　　　　7
28. 我觉得地铁车门的防夹功能经常能够保证我的安全。
   非常不同意　　　　　　　　　　　　　　　　　　　　　　　　非常同意
   　　1　　　　2　　　　3　　　　4　　　　5　　　　6　　　　7
29. 这种情况下,地铁车门有防夹功能会使我_____快速跑上车。
   非常不可能　　　　　　　　　　　　　　　　　　　　　　　　非常可能
   　　1　　　　2　　　　3　　　　4　　　　5　　　　6　　　　7
30. 我经常和其他人一起乘坐地铁。
   非常不同意　　　　　　　　　　　　　　　　　　　　　　　　非常同意
   　　1　　　　2　　　　3　　　　4　　　　5　　　　6　　　　7
31. 这种情况下,旁边有同行的其他人会使我_____快速跑上车。
   非常不可能　　　　　　　　　　　　　　　　　　　　　　　　非常可能
   　　1　　　　2　　　　3　　　　4　　　　5　　　　6　　　　7

MN
32. 这种情况下,快速跑上车对我来说是十分错误的行为。
   非常不同意　　　　　　　　　　　　　　　　　　　　　　　　非常同意
   　　1　　　　2　　　　3　　　　4　　　　5　　　　6　　　　7

33. 这种情况下,我真的不应该快速跑上车。
　　　非常不同意　　　　　　　　　　　　　　　　　　　　　非常同意
　　　　1　　　　2　　　　3　　　　4　　　　5　　　　6　　　　7

PB
34. 过去在这种情况下,我经常会快速跑上车。
　　　非常不同意　　　　　　　　　　　　　　　　　　　　　非常同意
　　　　1　　　　2　　　　3　　　　4　　　　5　　　　6　　　　7
35. 过去我以这种方式乘车的频率是_____。
　　　非常频繁　　　　　　　　　　　　　　　　　　　　　　　从不
　　　　1　　　　2　　　　3　　　　4　　　　5　　　　6　　　　7

PR
36. 在这种情况下,快速跑上车是_____的。
　　　非常不安全　　　　　　　　　　　　　　　　　　　　　非常安全
　　　　1　　　　2　　　　3　　　　4　　　　5　　　　6　　　　7
37. 在这种情况下,快速跑上车会使我发生危险。
　　　非常不可能　　　　　　　　　　　　　　　　　　　　　非常可能
　　　　1　　　　2　　　　3　　　　4　　　　5　　　　6　　　　7

情景二:一个工作日的早晨,你搭乘地铁去上班或办事,当你准备上车时车门已经开始关闭,此时,你用手或身体其他部位阻挡正在关闭的车门,并快速挤上了车。

BI
1. 如果你处于这种情况,你阻挡车门上车的可能性有多大?
　　　非常不可能　　　　　　　　　　　　　　　　　　　　　非常可能
　　　　1　　　　2　　　　3　　　　4　　　　5　　　　6　　　　7
2. 如果我处于这种情况,我觉得我会阻挡车门上车的。
　　　非常不同意　　　　　　　　　　　　　　　　　　　　　非常同意
　　　　1　　　　2　　　　3　　　　4　　　　5　　　　6　　　　7
3. 将来你处于这种情况,你阻挡车门上车的可能性有多大?
　　　非常不可能　　　　　　　　　　　　　　　　　　　　　非常可能
　　　　1　　　　2　　　　3　　　　4　　　　5　　　　6　　　　7

Att

4. 这种情况下阻挡车门上车可以使我节省时间。
   非常不可能   非常可能
   　1　　　　　2　　　　　3　　　　　4　　　　　5　　　　　6　　　　　7

5. 这种情况下阻挡车门上车会使我被车门夹。
   非常不可能   非常可能
   　1　　　　　2　　　　　3　　　　　4　　　　　5　　　　　6　　　　　7

6. 这种情况下阻挡车门上车会造成列车故障。
   非常不可能   非常可能
   　1　　　　　2　　　　　3　　　　　4　　　　　5　　　　　6　　　　　7

7. 这种情况下阻挡车门上车可以让我赶上车。
   非常不可能   非常可能
   　1　　　　　2　　　　　3　　　　　4　　　　　5　　　　　6　　　　　7

8. 这种情况下阻挡车门上车会使我有成就感。
   非常不可能   非常可能
   　1　　　　　2　　　　　3　　　　　4　　　　　5　　　　　6　　　　　7

9. 这种情况下阻挡车门上车会使我受伤。
   非常不可能   非常可能
   　1　　　　　2　　　　　3　　　　　4　　　　　5　　　　　6　　　　　7

10. 这种情况下,节省时间对我来说是一件_____事情。
    非常坏的   非常好的
    　1　　　　　2　　　　　3　　　　　4　　　　　5　　　　　6　　　　　7

11. 这种情况下,被车门夹对我来说是一件_____事情。
    非常坏的   非常好的
    　1　　　　　2　　　　　3　　　　　4　　　　　5　　　　　6　　　　　7

12. 这种情况下,造成列车故障对我来说是一件_____ 事情。
    非常坏的   非常好的
    　1　　　　　2　　　　　3　　　　　4　　　　　5　　　　　6　　　　　7

13. 这种情况下,即使还有些时间,赶上这班车对我来说是一件_____ 事情。
    非常坏的   非常好的
    　1　　　　　2　　　　　3　　　　　4　　　　　5　　　　　6　　　　　7

14. 这种情况下,有成就感对我来说是一件_____ 事情。
    非常坏的   非常好的
    　1　　　　　2　　　　　3　　　　　4　　　　　5　　　　　6　　　　　7

15. 这种情况下,在上车过程中受伤对我来说是一件_____ 事情。
    非常坏的   非常好的
    　1　　　　　2　　　　　3　　　　　4　　　　　5　　　　　6　　　　　7

SN

16. 站台工作人员会认为这种情况下我可以阻挡车门上车。
    非常不可能   非常可能
    　1　　　　　2　　　　　3　　　　　4　　　　　5　　　　　6　　　　　7

17. 一般来说,我愿意按站台工作人员所认为的方式乘车。
    非常不同意   非常同意
    　1　　　　　2　　　　　3　　　　　4　　　　　5　　　　　6　　　　　7

18. 对我重要的人认为这种情况下我可以阻挡车门上车。
    非常不可能   非常可能
    　1　　　　　2　　　　　3　　　　　4　　　　　5　　　　　6　　　　　7

19. 一般来说，我愿意按对我重要的人所认为的方式乘车。
   非常不同意   非常同意
     1   2   3   4   5   6   7

20. 其他乘客会认为这种情况下我可以阻挡车门上车。
   非常不可能   非常可能
     1   2   3   4   5   6   7

21. 一般来说，我愿意按其他乘客所认为的方式乘车。
   非常不同意   非常同意
     1   2   3   4   5   6   7

PBC

22. 我乘坐地铁时经常是快迟到/赶时间的。
   非常不同意   非常同意
     1   2   3   4   5   6   7

23. 这种情况下，迟到/赶时间会使我_____阻挡车门上车。
   非常不可能   非常可能
     1   2   3   4   5   6   7

24. 我觉得地铁站台上经常有工作人员在维持秩序。
   非常不同意   非常同意
     1   2   3   4   5   6   7

25. 这种情况下，有站台工作人员维持秩序会使我_____阻挡车门上车。
   非常不可能   非常可能
     1   2   3   4   5   6   7

26. 我觉得自己经常能够成功地阻挡车门关闭从而挤上车。
   非常不同意   非常同意
     1   2   3   4   5   6   7

27. 这种情况下，有能力成功地阻挡车门关闭会使我_____去挤上车。
   非常不可能   非常可能
     1   2   3   4   5   6   7

28. 我觉得地铁车门的防夹功能经常能够保证我的安全。
   非常不同意   非常同意
     1   2   3   4   5   6   7

29. 这种情况下，地铁车门有防夹功能会使我_____阻挡车门关闭上车。
   非常不可能   非常可能
     1   2   3   4   5   6   7

30. 我经常看到地铁站台有明显的警示标志，禁止乘客阻挡车门关闭上车。
   非常不同意   非常同意
     1   2   3   4   5   6   7

31. 这种情况下，地铁站台有明显的警示标志会使我_____阻挡车门关闭上车。
   非常不可能   非常可能
     1   2   3   4   5   6   7

32. 我经常和其他人一起乘坐地铁。
   非常不同意   非常同意
     1   2   3   4   5   6   7

33. 这种情况下，如果同行的人已经上了车会使我_____阻挡车门关闭上车。
   非常不可能   非常可能
     1   2   3   4   5   6   7

MN

34. 这种情况下,阻挡车门关闭上车对我来说是十分错误的行为。

非常不同意						非常同意
1	2	3	4	5	6	7

35. 这种情况下,我真的不应该阻挡车门上车。

非常不同意						非常同意
1	2	3	4	5	6	7

PB

36. 过去在这种情况下,我经常会阻挡车门上车。

非常不同意						非常同意
1	2	3	4	5	6	7

37. 过去我以这种方式乘车的频率是_____。

非常频繁						从不
1	2	3	4	5	6	7

PR

38. 在这种情况下,阻挡车门上车是_____。

非常不安全						非常安全
1	2	3	4	5	6	7

39. 在这种情况下,阻挡车门上车会使我发生危险。

非常不可能						非常可能
1	2	3	4	5	6	7

SI

40. 我觉得自己总会考虑如何小心安全地乘坐地铁。

非常不同意						非常同意
1	2	3	4	5	6	7

41. 我觉得自己是个安全细心的地铁乘客。

非常不同意						非常同意
1	2	3	4	5	6	7

三、基本信息

1. 性别:□男　□女
2. 年龄:□25及以下　□26～35　□36～45　□46及以上
3. 您通常在什么时间搭乘地铁?　□早高峰或晚高峰时段　□平峰时段
4. 您通常乘坐_____站地铁?　□1～5　□6～10　□11及以上

若您对本调研有任何建议请写在下面:

问卷已结束,非常感谢您的工作!

附录F PRB-MSOV系统动力学模型涉及AnyLogic函数表

函数名称	表达式	功能
离散均匀分布函数	uniform_discr(int min, int max)	在[min, max]之间产生服从均匀分布的随机数
正态分布函数	normal(σ, μ)	产生服从正态分布的随机数,σ和μ分别为随机数的标准差和均值
泊松分布函数	poisson(λ)	产生服从泊松分布的随机数,λ为随机数的标准差和均值
单脉冲函数	pulse(start, width)	脉冲从时刻start开始,函数值为1,延续时长为width,在脉冲时间以外函数值为0
周期性脉冲函数	pulseTrain(start, width, tbetween, time_end)	脉冲从时刻start开始,函数值为1,延续时长为Width,在start+tbetween时刻开始重复此脉冲,直到time_end时刻结束,在脉冲时间以外函数值为0
条件函数	IF ELSE THEN (cond, ontrue, onfalse)	当条件cond为真时,返回ontrue值,反之返回onfalse值
一阶平滑函数	smooth(input, delaytime, initialValue)	对输入量input做指数平滑,平滑时间为delayTime,函数初始值为initialValue
延迟函数	delay(input, delayTime, initialValue)	将输入量input延迟delayTime时间后等值输出,函数初始值为initialValue
积分函数	d(stock_name)/dt	对状态变量stock_name的表达式求积分

彩 图 附 录

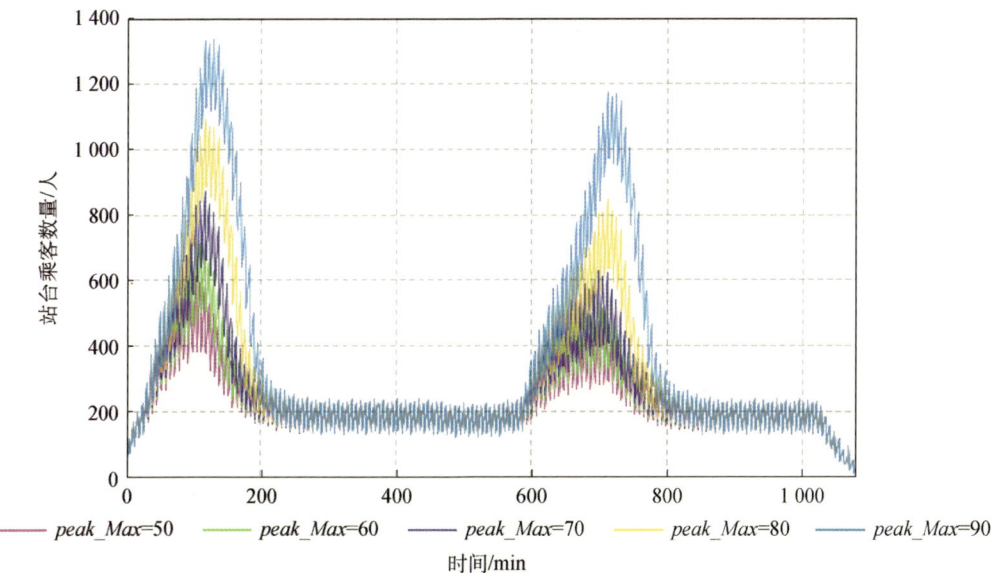

图 6-16 高峰乘客到达率峰值变动时的测试图

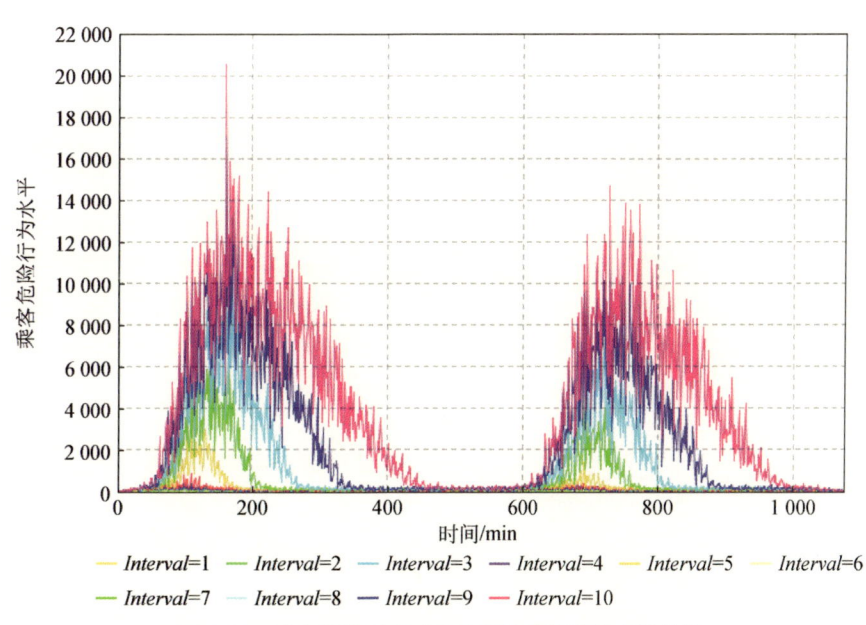

图 6-22 发车间隔时间对危险行为水平的敏感性分析

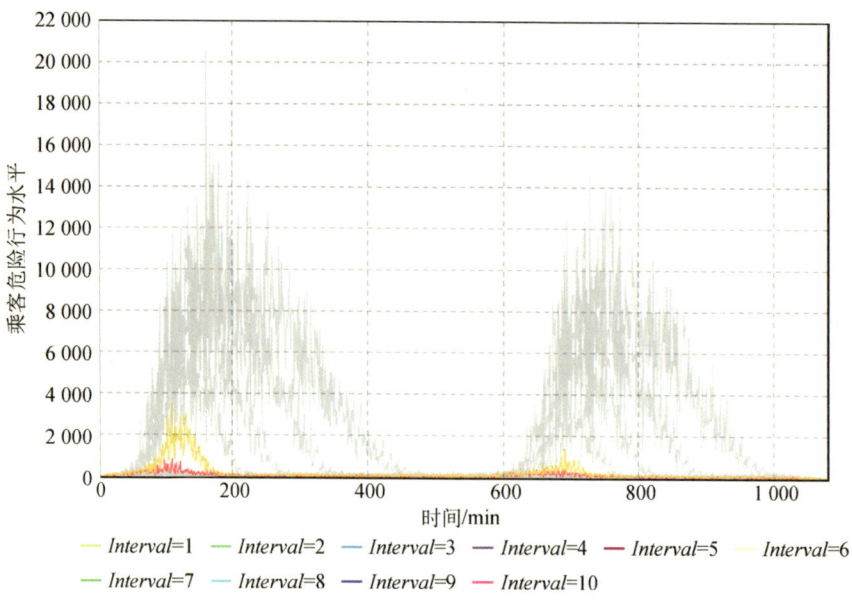

图 6-23 从 $interval=6$ min 开始危险行为水平激增

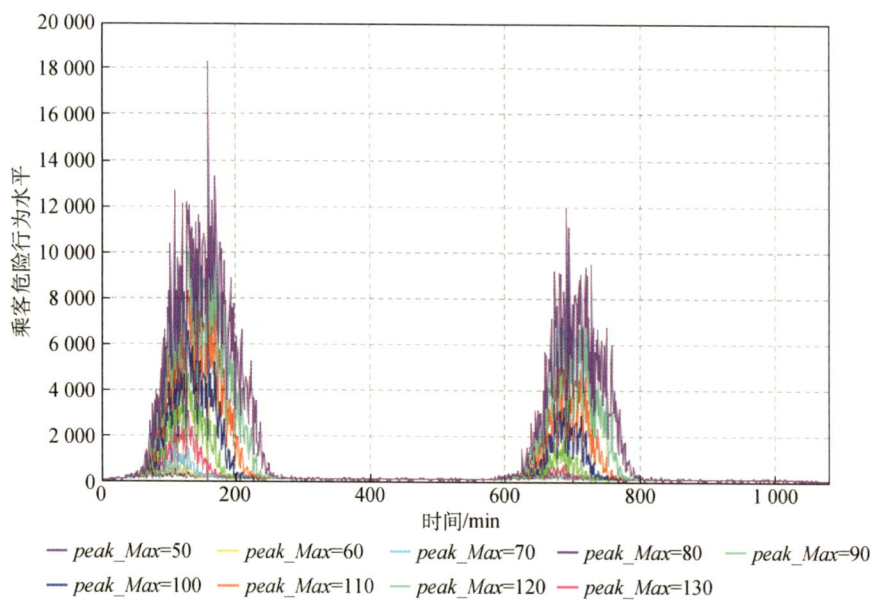

图 6-24 客流高峰峰值对乘客危险行为水平的敏感性分析

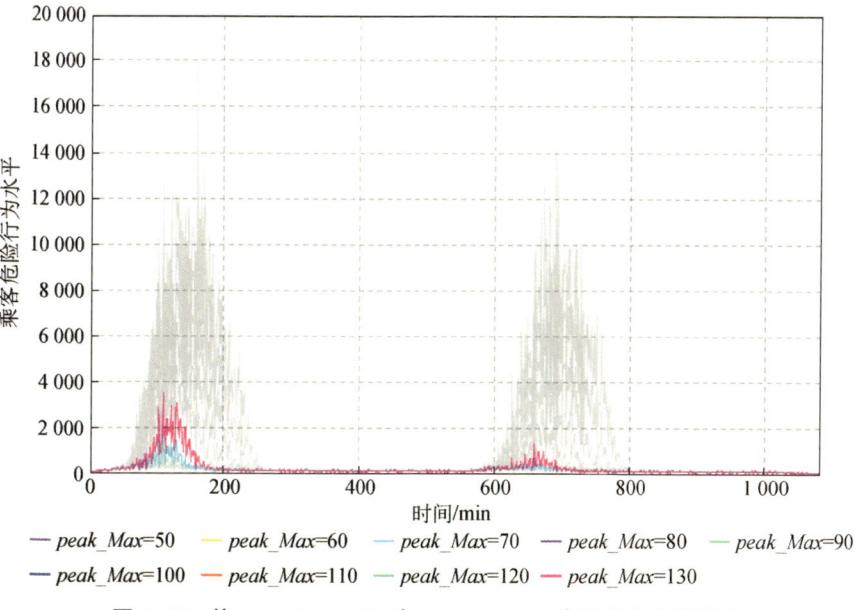

图 6-25　从 $peak\_Max=70$ 到 $peak\_Max=80$ 危险行为水平激增

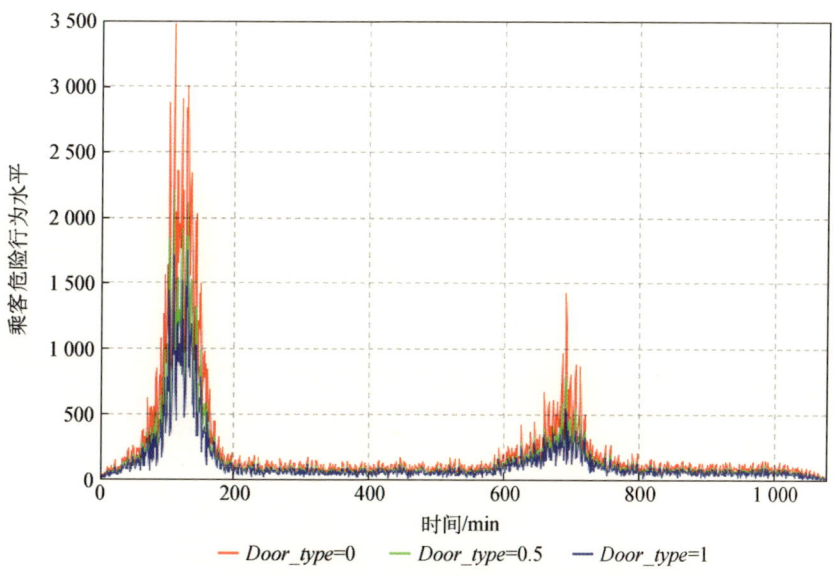

图 6-26　屏蔽门形式对乘客危险行为水平的敏感性分析

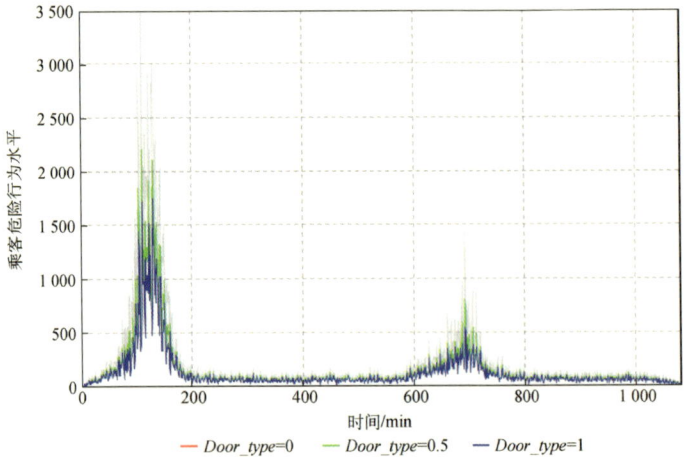

图 6-27 Door_type=0.5 与 Door_type=1 情景下危险行为水平比较

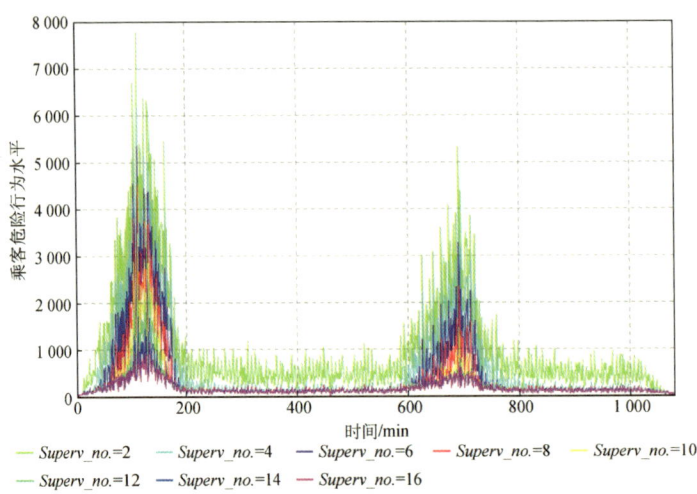

图 6-28 现场管理人员数量对乘客危险行为水平的敏感性分析

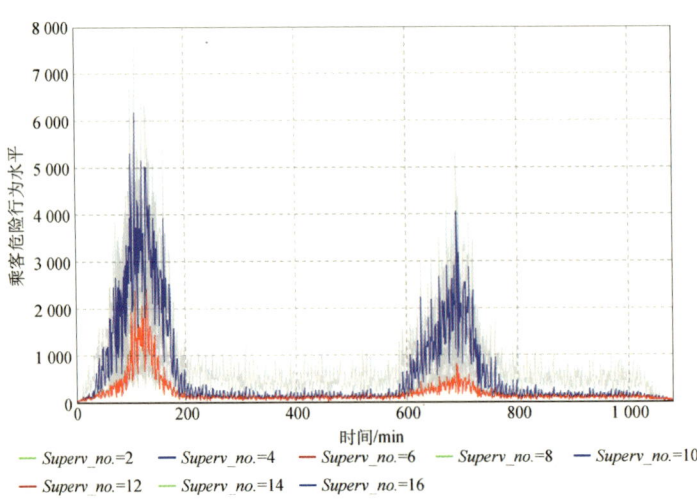

图 6-29 Superv_no.=4 与 Superv_no.=12 情景下的危险行为水平